图解工业会计实操

平准◎编著

中国纺织出版社有限公司
国家一级出版社
全国百佳图书出版单位

内 容 提 要

本书严格依据现行《企业会计准则》，并结合工业企业会计核算的特点，旨在帮助工业企业的会计人员迅速掌握会计工作的要求，从懂规则过渡到能工作。本书充分运用了图解的方式向读者传达工业企业会计的知识，使读者一目了然，使得原本较枯燥的内容能够清晰明了地展现在读者的面前，这样不仅能使读者较快地掌握知识的精髓，也能加深对知识的理解和掌握。这也是本书的特点和优势。本书内容涵盖了工业企业会计日常工作的各个关键点，既可作为会计新人的入门指导书，也可作为现任工业企业会计从业者的案头工作手册，方便随时查用。

图书在版编目（CIP）数据

图解工业会计实操 / 平准编著. -- 北京：中国纺织出版社有限公司，2021. 1（2025. 6重印）

ISBN 978-7-5180-8135-6

Ⅰ. ①图… Ⅱ. ①平… Ⅲ. ①工业会计－会计实务－图解 Ⅳ. ①F406. 72-64

中国版本图书馆CIP数据核字（2020）第211429号

策划编辑：史　岩　　　责任编辑：段子君
责任校对：高　涵　　　责任印制：储志伟

中国纺织出版社有限公司出版发行
地址：北京市朝阳区百子湾东里A407号楼　邮政编码：100124
销售电话：010—67004422　传真：010—87155801
http://www.c-textilep.com
中国纺织出版社天猫旗舰店
官方微博 http://weibo.com/2119887771
河北晔盛亚印刷有限公司印刷　各地新华书店经销
2021年1月第1版　2025年6月第2次印刷
开本：787×1092　1/16　印张：17
字数：336千字　定价：68.00元

前 言

PREFACE

我国《会计法》明确规定："会计机构、会计人员依照本法规定进行会计核算，实行会计监督。"该准则指出了会计的两大基本职能：会计核算和会计监督，其中会计核算又是会计最基本的职能，贯穿于企业经营活动的全过程。随着国际化进程的快速发展，我国的会计准则体系也通过不断地改革和完善，逐渐同国际会计准则趋同。财政部于2006年推出了《企业会计准则》，并于2014年、2018年、2019年做了进一步的补充修订；2016年，在全国范围内进行"营业税改征增值税"改革。这些变化和发展，也对财会人员提出了与时俱进、不断发展的要求。

在我国，工业企业既包括属于国民经济第二产业的加工制造类企业，又包括属于国民经济第三产业的修理修配类企业，其在国民经济发展中发挥着不可替代的重要作用。我国工业企业数量之大，从业人员之多，为会计人员提供了广阔的就业空间。鉴于工业企业自身的相关特点，其对会计人员在从事会计核算的实践中也提出了相应的要求。本书的编制为会计从业人员全面、迅速地掌握工业企业会计核算的相关知识和操作技能提供了参考和指导。

本书以会计科目为主线，结合工业企业的特点，以图表的形式，详细介绍了工业企业中常见经济业务的会计核算方法。此外，本书在对每一知识要点进行讲解时，不仅通过富有逻辑性的图表汇总列举，还搭配了经典的例题解析，实现理论和实践相结合的目的。本书的特点整体表现为由点及面、由浅入深、条理清晰、内容完善，不仅适合企业财务人员、税务人员及相关管理者阅读使用，帮助其在实际工作中及时更新知识、提升操作技能，同时也可作为财经类院校相关专业的参考用书。

由于编者水平有限，书中难免存在不足及错漏之处，恳请读者不吝赐教，以便在今后的出版中更正、修改及完善。

平准

2020 年 11 月

目　录

CONTENTS

第三章 企业筹建期间的会计问题

第四章 企业货币资金的会计处理

第五章 企业采购与付款的会计处理

第六章 企业生产的会计处理

第七章 收入、费用和利润

第八章 企业其他核算业务的会计处理

第九章 企业财务报告的编制

第十章 企业纳税核算与纳税申报

第十一章 企业的清算、破产与重整

第一章

工业企业概况

第一节　工业企业简介

一、工业企业的概念和类型

（一）工业企业的概念

工业企业，是指从事生产、流通、服务等经济活动，实行自主经营、自负盈亏、独立核算、依法成立的基本经济组织。

（二）工业企业的类型

工业企业的类型如图 1-1 所示。

按生产过程分
原料工业企业
加工工业企业
装配工业企业
按行业和产品分
重工企业
轻工企业
按生产规模分
大型工业企业
中型工业企业
小型工业企业

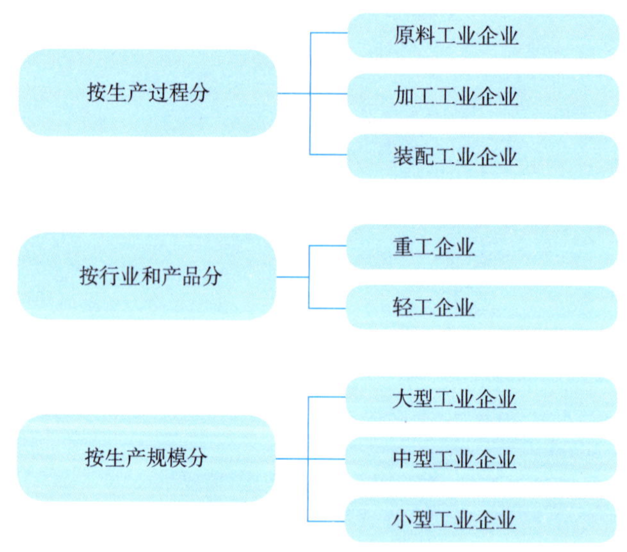

图1-1　工业企业的类型

二、工业企业的特征

工业企业的特征如图 1-2 所示。

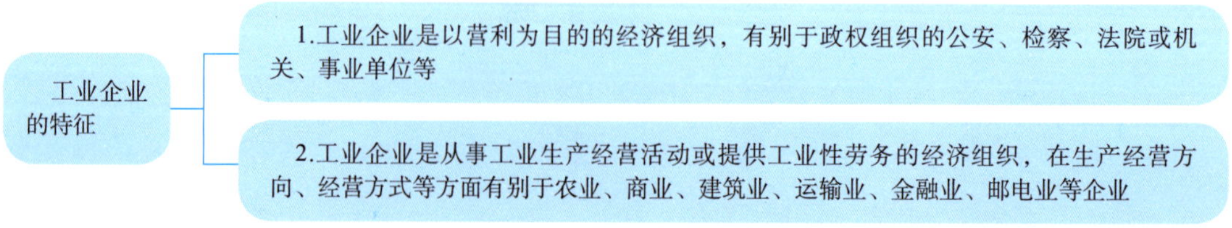

工业企业的特征
1.工业企业是以营利为目的的经济组织，有别于政权组织的公安、检察、法院或机关、事业单位等
2.工业企业是从事工业生产经营活动或提供工业性劳务的经济组织，在生产经营方向、经营方式等方面有别于农业、商业、建筑业、运输业、金融业、邮电业等企业

工业企业的特征

3.工业企业是自主经营、自负盈亏、独立核算的商品生产者和经营者。工业企业作为经济组织，拥有一定的人力、物力、财力资源以及充分的独立经营自主权，包括资产的处置权和产品的生产销售权，企业是商品的生产者和经营者，是市场交换的主体

4.工业企业是具有法人资格的经济实体。工业企业作为依法成立的具有法人资格的经济实体，必须完备三个法律程序：
（1）必须正式在国家工商管理部门注册备案；
（2）必须有特定的名称、固定的经营场所、一定的资金、一定的组织机构和企业章程；
（3）能独立对外行使法定权利和承担法律义务。
工业企业作为法人单位，其合法权益受法律保护，并能直接承担经营活动中的法律责任

图1-2　工业企业的特征

第二节　工业企业岗位设置

一、工业企业财务部门的组织结构

工业企业按照《企业会计制度》《会计法》的要求，成立财务部门，并设置相应的核算岗位，明确职责，以确保财务工作顺利完成。工业企业财务部门岗位设置如图 1-3 ～图 1-9 所示。

1. 财务经理的岗位职责

财务经理的岗位职责

（1）具体领导本企业的会计工作，协助总经理负责领导企业的财务会计工作，组织企业开展全面经济核算，对各项财务会计工作定期研究、检查和总结，不断地改进和完善

（2）参与制订公司的生产经营方针和策略，参与制订公司的发展规划，参与讨论审批年度综合计划

（3）参与制定公司的经济责任制，组织建立和健全公司的经济核算办法及财务会计制度

（4）负责组织审查重要的经济合同

（5）负责组织产品价格的制定

（6）组织公司开展财务成果预测，参与公司重大项目的可行性研究，以便为公司提供可靠的资料和可行性建议

（7）与总经理、部门经理配合，推广现代管理方法，提高公司的现代化管理水平

（8）组织会计人员学习，负责对会计人员的考核，参与研究会计人员的任用和调配

图1-3　财务经理的岗位职责

2. 报表及总账会计的岗位职责

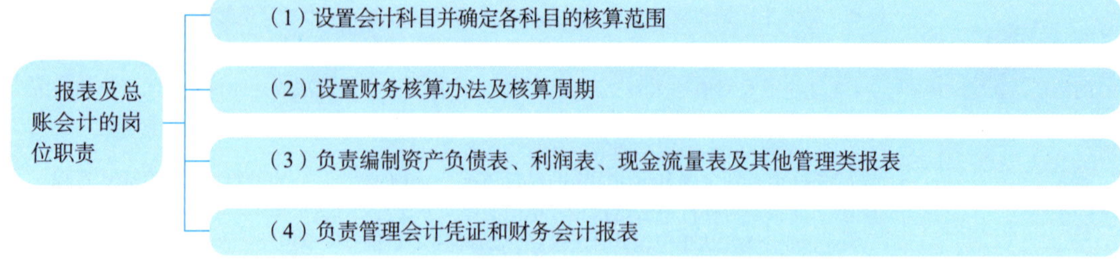

图1-4 报表及总账会计的岗位职责

3. 成本会计的岗位职责

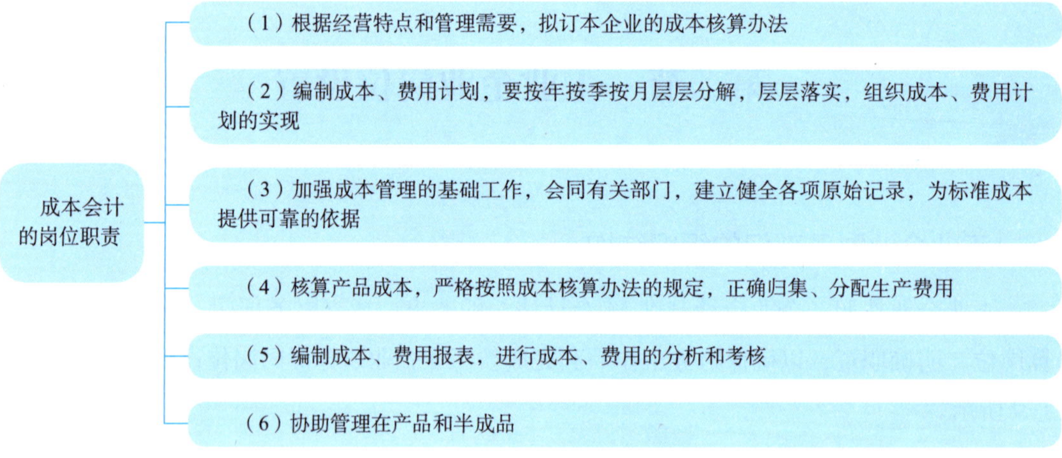

图1-5 成本会计的岗位职责

4. 税务会计的岗位职责

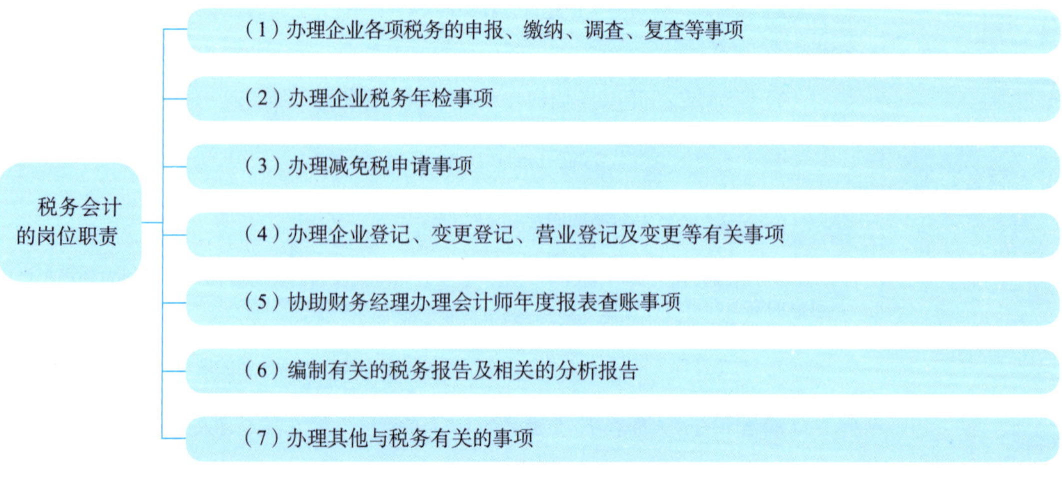

图1-6 税务会计的岗位职责

5. 应收会计的岗位职责

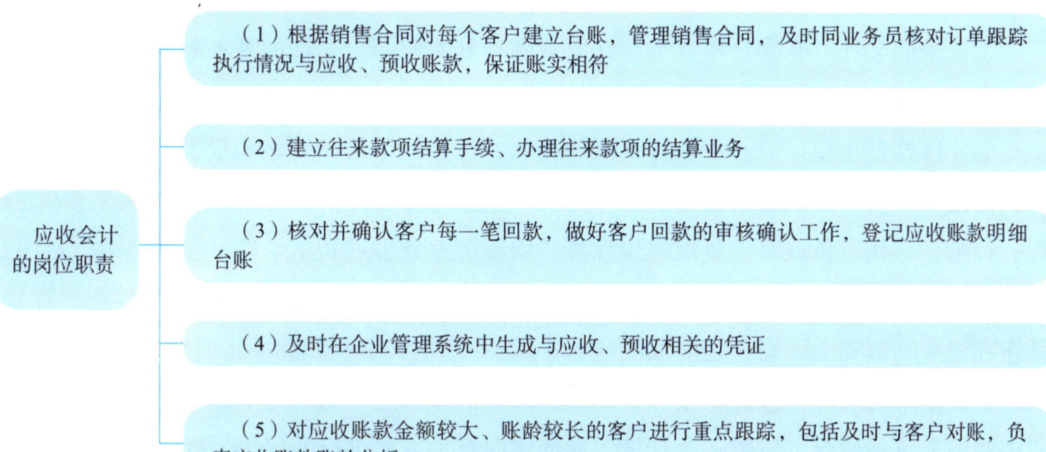

图1-7　应收会计的岗位职责

6. 应付会计的岗位职责

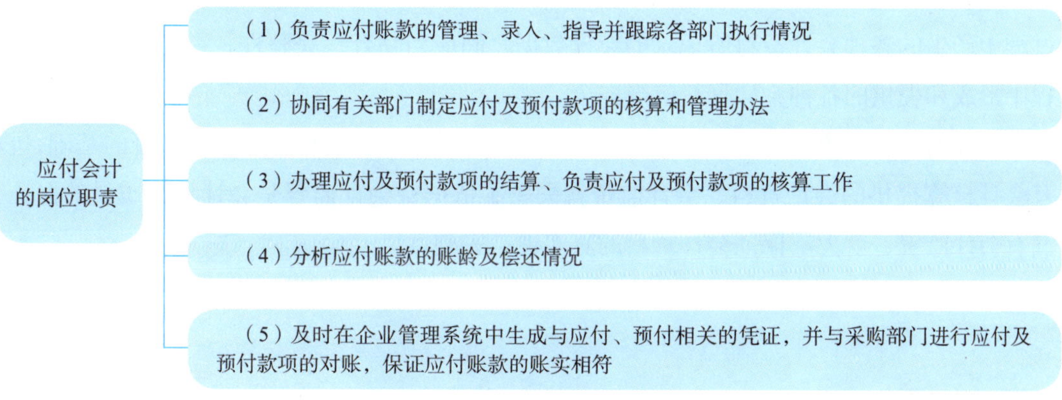

图1-8　应付会计的岗位职责

7. 出纳的岗位职责

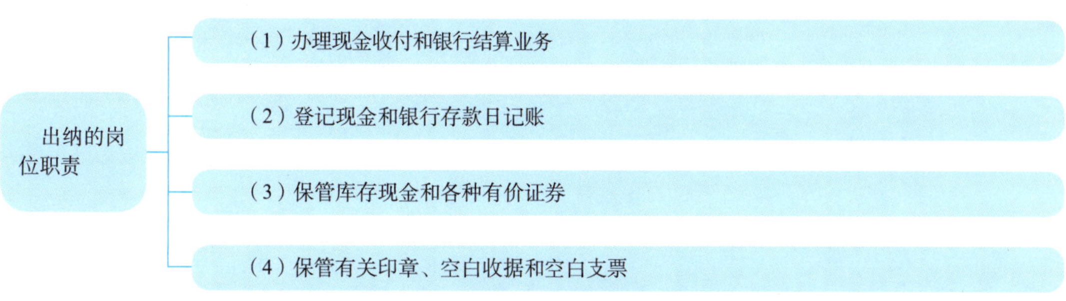

图1-9　出纳的岗位职责

二、工业企业会计的职能

工业企业会计具有会计核算与会计监督两种基本职能。会计的基本职能反映的是会计在对经济过程的控制和观念（结果）的总结方面所发挥的作用。

会计核算是指会计对经济业务事项的确认、计量、记录、算账和报账的工作过程。确认，是指是否将发生的经济业务事项作为资产、负债等会计要素加以记录和列入报表的过程；计量，是用货币或其他量度单位计算各项经济业务事项和结果的过程；记录，是用专门的会计方法在会计凭证、会计账簿、财务会计报告中登记经济业务事项的过程；算账，是指在记账的基础上，对一定时期的收入、费用（成本）、利润和一定时期的资产、负债、所有者权益进行的计算过程；报账，是指在算账的基础上，对一定时期的财务状况、经营成果和现金流量情况，以财务会计报告的形式向有关方面进行的报告过程。

会计监督是指会计对经济业务事项的合法性、真实性、准确性、完整性进行审查的工作过程。合法性，是指会计确认经济业务事项或生成会计资料的程序必须符合会计法律法规和其他相关法律法规的规定；真实性，是指会计计量、记录的经济业务事项必须是实际发生或按规定生成的会计资料，避免会计资料因人为因素的失真；准确性，是指生产经营过程中产生的各种会计资料所记录的会计数据之间应当吻合；完整性，是指在会计核算过程中形成和提供的各种会计资料应当齐全。

会计的两项基本职能是相辅相成、辩证统一的关系。会计核算是会计监督的基础，没有会计核算提供的会计资料，会计监督就失去了依据；会计监督是会计核算质量的保证，没有会计监督，就无法保证会计资料的真实性、完整性。

第二章

工业企业会计

第一节　工业企业会计

一、工业企业会计基本假设

会计基本假设是企业会计确认、计量和报告的前提，是对会计核算所处时间、空间环境等所做的合理设定。会计基本假设包括会计主体、持续经营、会计分期和货币计量，如图 2-1 所示。

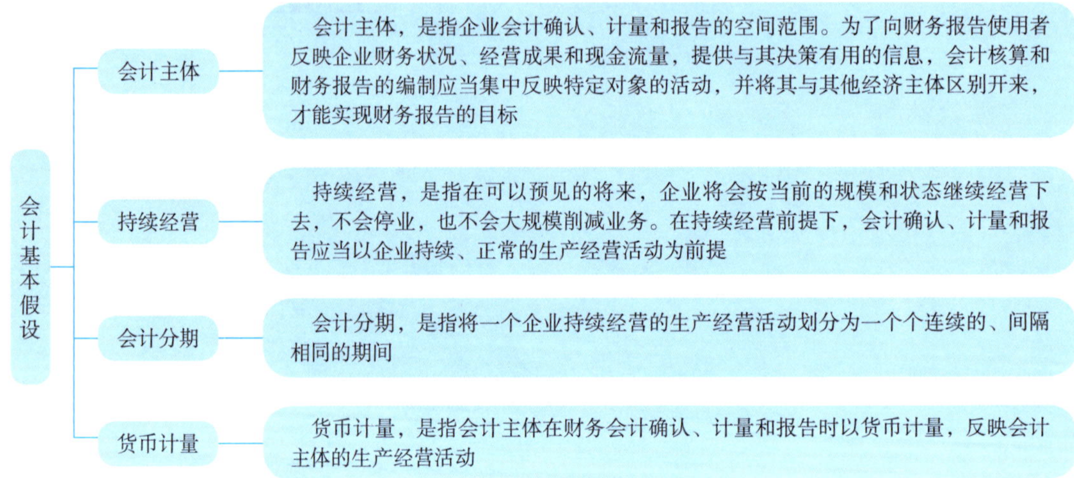

图2-1　会计基本假设

（一）会计主体

明确会计主体，才能划定会计所要处理的各项交易或事项的范围，才能将会计主体的交易或者事项与会计主体所有者的交易或者事项以及其他会计主体的交易或者事项区分开来。在会计工作中，只有那些影响企业本身经济利益的各项交易或事项才能加以确认、计量和报告。企业所有者的经济交易或者事项是属于企业所有者主体所发生的，不应纳入企业会计核算的范围，但是企业所有者投入到企业的资本或者企业向所有者分配的利润，则属于企业主体所发生的交易或者事项，应当纳入企业会计核算的范围。

会计主体不同于法律主体。一般来说，法律主体必然是一个会计主体。例如，一个企业作为一个法律主体，应当建立财务会计系统，独立反映其财务状况、经营成果和现金流量。但是，会计主体不一定是法律主体。例如，在企业集团内部，一个母公司拥有若干子公司，母子公司虽然是不同的法律主体，但是母公司对于子公司拥有控制权，为了全面反映企业集团的财务状况、经营成果和现金流量，就有必要将企业集团作为一个会计主体，编制合并财务报表。再如，由企业管理的证券投资基金、企业年金基金等，尽管不属于法律主体，但属于会计主体，应当对每项基金进行会计确认、计量和报告。

（二）持续经营

企业是否持续经营，在会计原则、会计方法的选择上有很大差别。一般情况下，应当假定企业将会按照当前的规模和状态继续经营下去，这就意味着会计主体将按照既定用途使用资产，按照既定的合约条件清偿债务，会计人员就可以在此基础上选择会计原则和会计方法。如果判断企业会持续经营，就可以假定企业的固定资产会在持续经营的生产经营过程中长期发挥作用，并服务于生产经营过程，固定资产就可以根据历史成本进行记录，并采用折旧的方法，将历史成本分摊到各个会计期间或相关产品的成本中。如果判断企业不会持续经营，固定资产就不应采用历史成本进行记录并按期计提折旧。

如果一个企业在不能持续经营时还假定企业能够持续经营，并仍按持续经营基本假设选择会计确认、计量和报告原则与方法，就不能客观地反映企业的财务状况、经营成果和现金流量，会误导会计信息使用者的经济决策。

（三）会计分期

会计分期的目的，在于通过会计期间的划分，将持续经营的生产经营活动划分成连续、相等的期间，据以结算盈亏，按期编报财务报告，从而及时向财务报告使用者提供有关企业财务状况、经营成果和现金流量的信息。

在会计分期假设下，企业应当划分会计期间，分期结算账目和编制财务报告。会计期间通常分为年度和中期。中期，是指短于一个完整的会计年度的报告期间。

（四）货币计量

在会计的确认、计量和报告过程中之所以选择货币作为基础进行计量，是由货币的本身属性决定的。货币是商品的一般等价物，是衡量一般商品价值的共同尺度，能充分反映企业的生产经营情况，所以，基本准则规定，会计确认、计量和报告选择货币作为计量单位。

货币计量也有缺陷，某些影响企业财务状况和经营成果的因素，如企业经营战略、研发能力、市场竞争力等，往往难以用货币来计量，但这些信息对于使用者决策来讲也很重要，为此，企业可以在财务报告中补充披露有关非财务信息来弥补上述缺陷。

二、工业企业会计信息质量要求

会计信息质量要求是对企业财务报告中所提供会计信息质量的基本要求，是使财务报告中所提供会计信息对投资者等使用者决策有用应具备的基本特征，它主要包括可靠性、相关性、可理解性、可比性、实质重于形式、重要性、谨慎性和及时性，如图 2-2 所示。

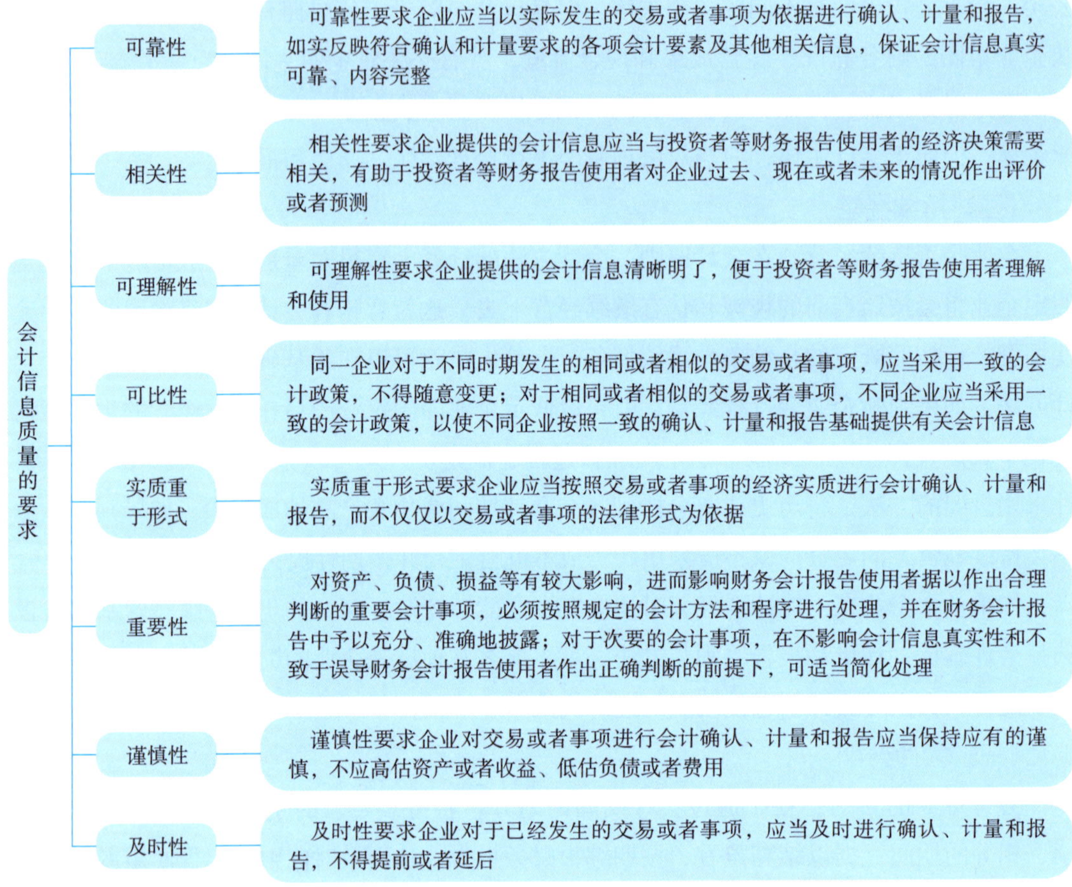

图2-2　会计信息质量的要求

（一）可靠性

为了贯彻可靠性要求，企业应当做到以下三点：

（1）以实际发生的交易或者事项为依据进行确认、计量，将符合会计要素定义及其确认条件的资产、负债、所有者权益、收入、费用和利润等如实反映在财务报表中，不得根据虚构的、没有发生的或者尚未发生的交易或者事项进行确认、计量和报告。

（2）在符合重要性和成本效益原则的前提下，保证会计信息的完整性，其中包括应当编报的报表及其附注内容等应当保持完整，不能随意遗漏或者减少应予披露的信息，与使用者决策相关的有用信息都应当充分披露。

（3）包括在财务报告中的会计信息应当是中立的，无偏向的。

（二）相关性

会计信息是否有用，是否具有价值，关键是看其与使用者的决策需要是否相关，是否有助于决策或者提高决策水平。相关的会计信息应当能够有助于使用者评价企业过去的决策，证实或者修正过去的有关预测，因而具有反馈价值。相关的会计信息还应当具有预测价值，有助于使用者预测企业未来的财务状况、经营成果和现金流量。

（三）可理解性

要使使用者有效地使用会计信息，让其了解会计信息的内涵，弄懂会计信息的内容，这就要求财务报告所提供的会计信息清晰明了，易于理解。这样才能提高会计信息的有用性，实现财务报告的目标，向投资者等财务报告使用者提供决策有用的信息。

（四）可比性

可比性要求企业提供的会计信息应当相互可比。主要包括两层含义：

（1）同一企业不同时期可比。为了便于投资者等财务报告使用者了解企业财务状况、经营成果和现金流量的变化趋势，比较企业在不同时期的财务报告信息，全面、客观地评价过去、预测未来，从而作出决策，会计信息应当可比。同一企业不同时期发生的相同或者相似的交易或者事项，应当采用一致的会计政策，不得随意变更。

（2）不同企业相同会计期间可比。不同企业同一会计期间发生的相同或者相似的交易或者事项，应当采用相同或相似的会计政策，确保会计信息口径一致、相互可比，以使不同企业按照一致的确认、计量和报告要求提供有关会计信息。

（五）实质重于形式

企业发生的交易或事项在多数情况下，其经济实质和法律形式是一致的。但在某些特定情况下，会出现不一致。例如，以融资租赁方式租入的资产，虽然从法律形式来讲企业并不拥有其所有权，但是由于租赁合同中规定的租赁期相当长，接近于该资产的使用寿命；租赁期结束时承租企业有优先购买该资产的选择权；在租赁期内承租企业有权支配资产并从中受益等，因此，从其经济实质来看，企业能够控制融资租入资产所创造的未来经济利益，在会计确认、计量和报告上就应当将以融资租赁方式租入的资产视为企业的资产，列入企业的资产负债表。

（六）重要性

重要性要求企业提供的会计信息应当反映与企业财务状况、经营成果和现金流量有关的所有重要交易或者事项。在实务中，如果会计信息的省略或者错报会影响投资者等财务报告使用者的决策判断，该信息就具有重要性。重要性的应用需要依赖职业判断，企业应当根据其所处环境和实际情况，从项目的性质和金额大小两方面加以判断。

（七）谨慎性

在市场经济环境下，企业的生产经营活动面临着许多风险和不确定性，如应收款项的可收回性、固定资产的使用寿命、无形资产的使用寿命、售出存货可能发生的退货或者返修等。会计信息质量的谨慎性要求，需要企业在面临不确定性因素的情况下作出职业判断时，应当保持应有的谨慎，充分估计到各种风险和损失，既不高估资产或者收益，也不低估负债或者费用。例如，要求企业对可能发生的资产减值损失计提资产减值准备、对售出商品可能发生的保修义务等确认预计负债等，就体现了会计信息质量的谨慎性要求。

（八）及时性

及时性要求企业对于已经发生的交易或者事项，应当及时进行确认、计量和报告，不得提前或者延后。即使是可靠、相关的会计信息，如果不及时提供，就失去了时效性，对于使用者的效用就大大降低。在会计确认、计量和报告过程中贯彻及时性，一是要求及时收集会计信息，即在经济交易或者事项发生后，及时收集整理各种原始单据或者凭证；二是要求及时处理会计信息，即按照会计准则的规定，及时对经济交易或者事项进行确认或者计量，并编制财务报告；三是要求及时传递会计信息，即按照国家规定的有关时限，及时地将编制的财务报告传递给财务报告使用者，便于其及时使用和决策。

三、会计核算确认与计量的原则

（一）权责发生制原则

权责发生制原则要求企业的会计核算应当以权责发生制为基础。凡是当期已经实现的收入和已经发生或应当负担的费用，不论款项是否收付，都应当作为当期的收入和费用；凡是不属于当期的收入和费用，即使款项已在当期收付，也不作为当期的收入和费用。

工业企业中，会计核算应采用权责发生制原则。

（二）配比原则

配比原则要求企业在进行会计核算时，收入与其成本、费用应当相互配比，同一会计期间内的各项收入和与其相关的成本、费用，应当在该会计期间内确认。

（三）历史成本原则

历史成本原则要求企业的各项财产在取得时应当按照实际成本计量。其后，各项财产如果发生减值，应当按照规定计提相应的减值准备。除法律、行政法规和国家统一的会计制度另有规定者外，企业一律不得自行调整其账面价值。

如果资产已经发生了减值，其账面价值已经不能反映其未来可收回金额，企业就应当按照规定计提相应的减值准备。

（四）划分收益性支出与资本性支出原则

企业的会计核算应当合理划分收益性支出与资本性支出的界限。凡支出的效益仅及于本会计年度（或一个营业周期）的，应当作为收益性支出；凡支出的效益及于几个会计年度（或几个营业周期）的，应当作为资本性支出。

如果企业在会计核算时没有正确划分收益性支出与资本性支出，将原本应计入资本性支出的计入收益性支出，就会低估资产和当期收益；将原本应计入收益性支出的计入资本性支出，就会高估资产和当期收益。这两种情况，都不利于会计信息使用者正确地理解企业的财务状况和经营成果，不利于会计信息使用者的决策。

第二节　工业企业会计要素与会计等式

一、工业企业会计要素

会计要素是对会计对象进行的基本分类，是设计会计报表结构和内容的依据，也是对经济业务事项进行确认和计量的依据。对会计要素进行严格的定义，能够为会计核算奠定坚实的基础。会计要素包括资产、负债、所有者权益、收入、费用和利润，如图 2-3 所示。其中资产、负债、所有者权益构成资产负债表的基本框架，收入、费用、利润构成利润表的基本框架，因而这六个会计要素又称会计报表要素。

反映财务状况
资产
负债
所有者权益
会计要素
收入
费用
利润
反映财务状况

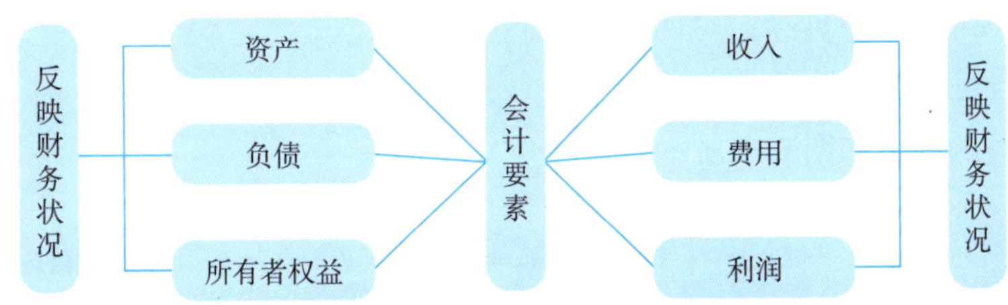

图2-3　会计要素

（一）资产

资产的内容如图 2-4 所示。

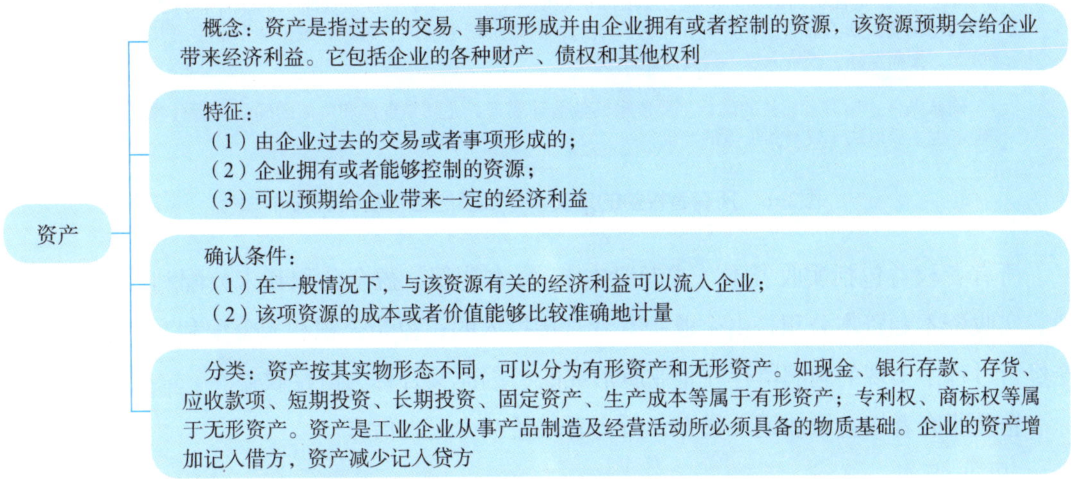

资产
概念：资产是指过去的交易、事项形成并由企业拥有或者控制的资源，该资源预期会给企业带来经济利益。它包括企业的各种财产、债权和其他权利
特征：
（1）由企业过去的交易或者事项形成的；
（2）企业拥有或者能够控制的资源；
（3）可以预期给企业带来一定的经济利益
确认条件：
（1）在一般情况下，与该资源有关的经济利益可以流入企业；
（2）该项资源的成本或者价值能够比较准确地计量
分类：资产按其实物形态不同，可以分为有形资产和无形资产。如现金、银行存款、存货、应收款项、短期投资、长期投资、固定资产、生产成本等属于有形资产；专利权、商标权等属于无形资产。资产是工业企业从事产品制造及经营活动所必须具备的物质基础。企业的资产增加记入借方，资产减少记入贷方

图2-4　资产的概念、特征及确认条件

（二）负债

负债的内容如图 2-5 所示。

负债
- 定义：负债，是指企业过去的交易或者事项形成的、预期会导致经济利益流出企业的现时义务
- 特征：
（1）负债是企业承担的现时义务；
（2）负债的清偿预期会导致经济利益流出企业；
（3）负债是由企业过去的交易或者事项形成的
- 确认条件：
（1）与该义务有关的经济利益很可能流出企业；
（2）未来流出的经济利益的金额能够可靠地计量

图2-5　负债的概念、特征及确认条件

负债是工业企业筹措资金的重要渠道，它可以解决企业经营过程中遇到的资金暂时短缺困难。同时，它又是企业经营过程中必须重视的一种风险，负债过大，无法按期偿还，都会导致企业经营失败。

企业的负债增加记入贷方，负债减少记入借方。

（三）所有者权益

所有者权益的内容如图 2-6 所示。

所有者权益
- 定义：所有者权益，是指企业资产扣除负债后，由所有者享有的净资产，也叫剩余权益。公司的所有者权益又称为股东权益。所有者权益反映了所有者对企业资产的剩余索取权，是企业资产中扣除债权人权益后应由所有者享有的部分
- 与负债的区别：
（1）性质上的区别。负债是企业债权人对企业资产的要求权即债权，所有者权益是企业的投资者对企业净资产的要求权即所有权；
（2）权利上的区别。债权人与企业只有债权债务关系，无权参与企业的经营管理，也不参与企业的利润分配，而投资人则有法定参与管理企业或委托他人管理企业的权利，同时也有参与企业利润分配的权利；
（3）偿还责任上的区别。负债有规定的偿还期限，一般要求企业按规定的利率计算并支付利息，到期偿还本金，所有者权益在企业正常经营期间，只要不发生清算、破产、减少注册资本或其他终止经营情况，无需偿还，投资人也不得要求返还投资
- 确认条件：所有者权益的确认主要依赖其他会计要素，尤其是资产和负债的确认；所有者权益金额的确定也主要取决于资产和负债的计量

图2-6　所有者权益的定义、与负债的区别及确认条件

所有者权益包括实收资本（或者股本）、资本公积、盈余公积和未分配利润。一般来说，实收资本和资本公积是由企业所有者直接投入的；盈余公积和未分配利润是企业在生产经营过程中实现的利润留存在企业所形成的，因而又合称为留存收益。

企业所有者权益增加记入贷方，所有者权益减少记入借方。

（四）收入

收入的内容如图 2-7 所示。

收入

定义：收入，是指企业在日常活动中形成的、会导致所有者权益增加的、与所有者投入资本无关的经济利益的总流入

特征：
（1）收入应当是企业在日常活动中形成的；
（2）收入应当会导致经济利益的流入，该流入不包括所有者投入的资本；
（3）收入应当最终会导致所有者权益的增加

确认条件：
（1）与收入相关的经济利益很可能流入企业；
（2）经济利益流入企业的结果会导致企业资产的增加或者负债的减少；
（3）经济利益的流入额能够可靠地计量

图2-7　收入的概念、特征及确认条件

（五）费用

费用的内容如图 2-8 所示。

费用

定义：费用，是指企业在日常活动中发生的、会导致所有者权益减少的、与向所有者分配利润无关的经济利益的总流出

特征：
（1）费用应当是企业在日常活动中发生的；
（2）费用应当会导致经济利益的流出，该流出不包括向所有者分配的利润；
（3）费用应当最终会导致所有者权益的减少

确认条件：
（1）与费用相关的经济利益应当很可能流出企业；
（2）经济利益流出企业的结果会导致资产的减少或者负债的增加；
（3）经济利益的流出额能够可靠地计量

确认的注意事项：
（1）企业为生产产品、提供劳务等发生的可归属于产品成本、劳务成本等的费用，应当在确认产品销售收入、劳务收入等时，将已销售产品、已提供劳务的成本等计入当期损益；
（2）企业发生的支出不产生经济利益的，或者即使能够产生经济利益但不符合或者不再符合资产确认条件的，应当在发生时确认为费用，计入当期损益利益的流入额能够可靠地计量

图2-8　费用的概念、特征及确认条件

（六）利润

利润的内容如图 2-9 所示。

利润

定义：利润是指企业一定期间的经营成果。利润包括营业利润、利润总额和净利润

构成：营业利润=营业收入-营业成本-税金及附加-销售费用-管理费用-财务费用-资产减值损失-信用减值损失+公允价值变动收益（-公允价值变动损失）+投资收益（-投资损失）+资产处置收益（-资产处置损失）+其他收益
利润总额=营业利润+营业外收入-营业外支出
净利润=利润总额-所得税费用

图2-9　利润的概念及构成

二、工业企业会计要素计量属性

会计计量是为了将符合确认条件的会计要素登记入账并列报于财务报表而确定其金额的过程。企业应当按照规定的会计计量属性进行计量，确定相关金额。从会计角度，计量属性反映的是会计要素金额的确定基础，主要包括历史成本、重置成本、可变现净值、现值和公允价值，如图 2-10 所示。

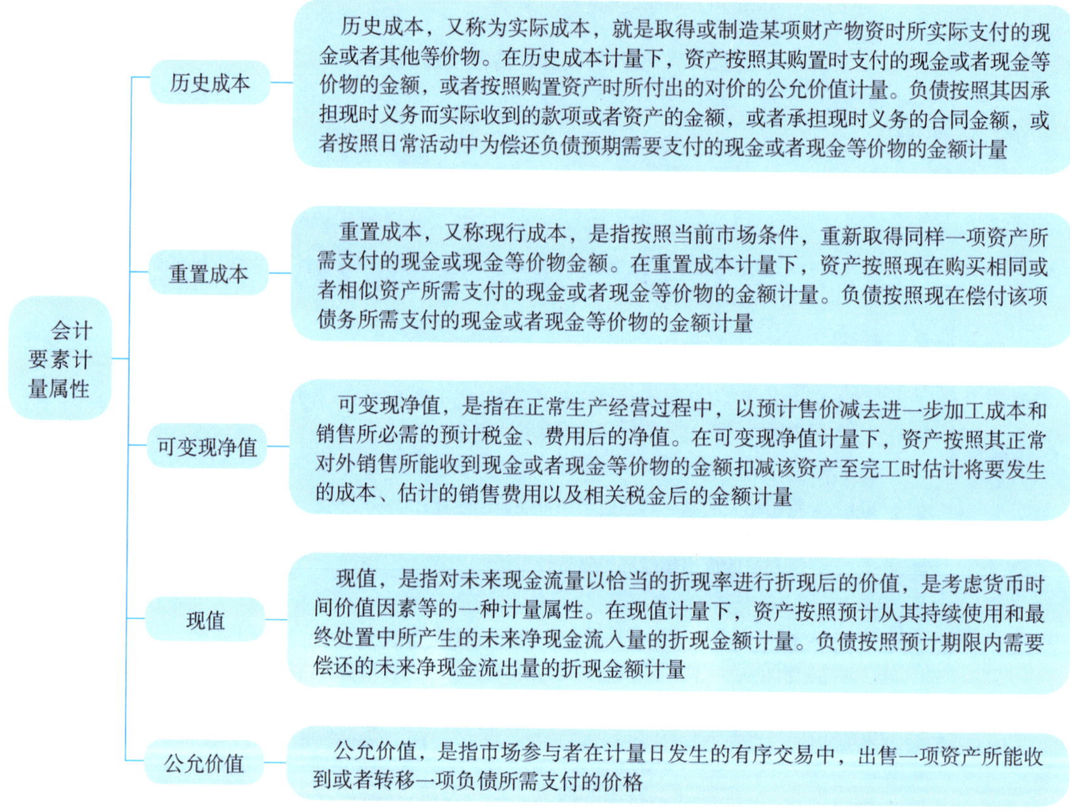

图2-10 工业企业会计要素计量属性

三、会计等式

会计等式，又称会计方程式或会计平衡公式，它是表明各会计要素之间基本关系的等式。

（一）会计等式的表现形式

1. 财务状况等式

企业资产来源于企业所有者投入和向债权人借入。企业资产、负债与所有者权益之间的恒等关系可用公式表示为：

资产=负债＋所有者权益

这一等式反映了企业某一特定时点资产、负债和所有者权益三者之间的平衡关系，它是复式记账法的理论基础，也是编制资产负债表的依据。

2. 经营成果等式

企业在取得收入的同时，必然要发生相应的费用。通过收入与费用的比较，才能确定一定时期的盈利水平，确定实现的利润总额。它们之间的关系用公式表示为：

收入-费用=利润

这一等式反映了利润的实现过程，称为经营成果等式或动态会计等式。收入、费用和利润之间的上述关系，是编制利润表的依据。

3. 财务状况与经营成果相结合的等式

“资产 = 负债 + 所有者权益”反映的是资金运动的静态状况，“收入 - 费用 = 利润”反映的是资金运动的动态状况。资金运动的动态状况最后必然反映到各项静态会计要素的变化上，从而使两个会计等式之间建立起勾稽关系。六个会计要素之间的关系可用下式表示：

资产=负债+所有者权益+（收入-费用）=负债+所有者权益+利润

（二）经济业务对会计等式的影响

经济业务，又称会计事项，是指在经济活动中使会计要素发生增减变动的交易或者事项。工业企业中的经济业务按其对财务状况等式的影响不同可以分为以下九种基本类型：

（1）一项资产增加、另一项资产等额减少的经济业务。

（2）一项资产增加、一项负债等额增加的经济业务。

（3）一项资产增加、一项所有者权益等额增加的经济业务。

（4）一项资产减少、一项负债等额减少的经济业务。

（5）一项资产减少、一项所有者权益等额减少的经济业务。

（6）一项负债增加、另一项负债等额减少的经济业务。

（7）一项负债增加、一项所有者权益等额减少的经济业务。

（8）一项所有者权益增加、一项负债等额减少的经济业务。

（9）一项所有者权益增加、另一项所有者权益等额减少的经济业务。

第三节　工业企业的会计循环与营业周期

一、工业企业的会计循环

会计循环是指企业将一定时期内发生的所有经济业务，依照一定步骤、方法加以记录、归类、汇总直至编制会计报表，这样一个周而复始循环往复的过程。在会计实务中，科学地组织会计循环，对于有效地保证会计信息质量；连续、系统地记录和反映各项经济业务的发生和完成情况，提供连续、全面的会计信息具有重要意义。

会计循环的步骤如图 2-11 所示。

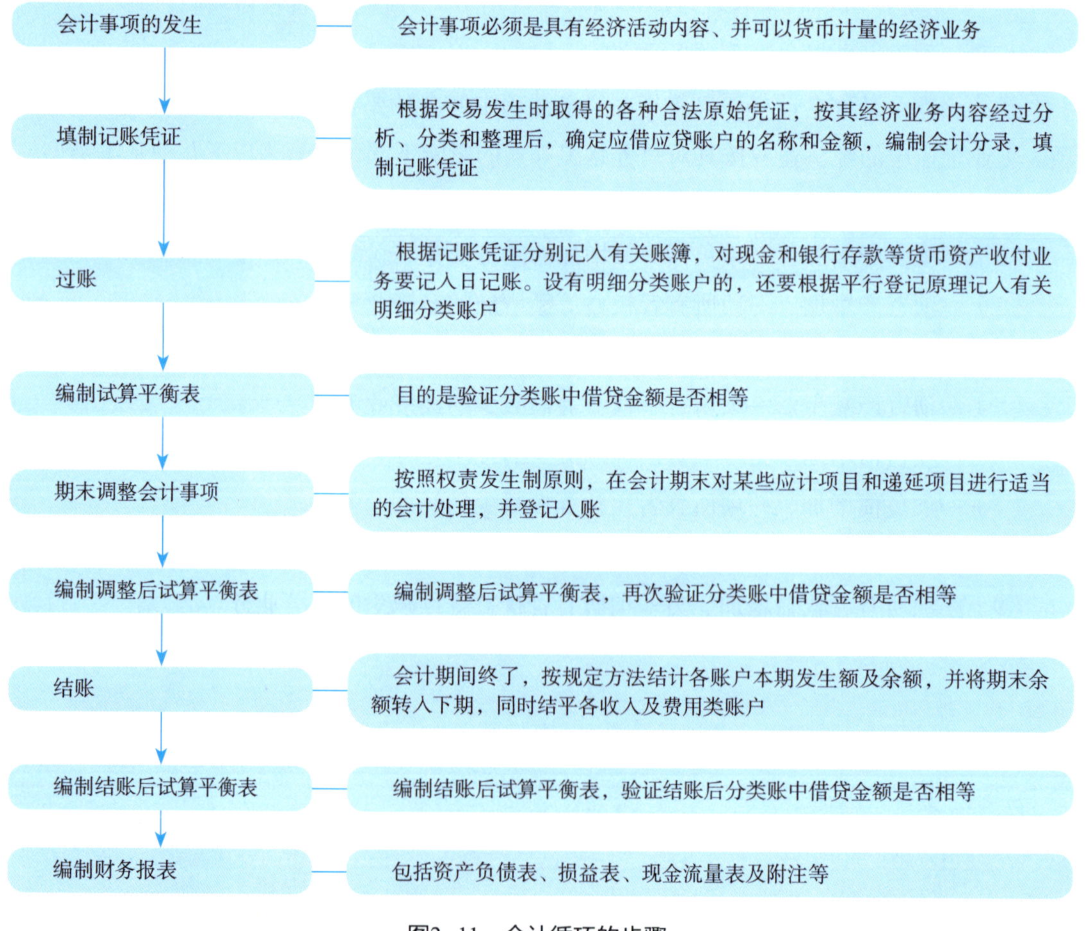

图2-11　会计循环的步骤

二、工业企业的营业周期

营业周期是指企业从购买用于加工的资产起至实现现金或现金等价物的期间。正常营业周期通常短于一年，在一年内有几个营业周期。但是，因生产周期较长也有可能导致正常营业周期长于一年。当正常营业周期不能确定时，企业应当以一年（12个月）作为正常营业周期。一般情况下，工业企业的生产经营活动分为供应、生产、销售三个阶段。

在供应阶段，工业企业要购买原材料等劳动对象，会与供应单位发生货款的结算关系。

在生产阶段，工业企业制造产品中会发生原材料的消耗、机器设备的磨损，为生产工人支付劳动报酬，企业在生产成本的计算中会发生内部结算关系，与职工会发生工资结算关系；在经营管理过程中也会发生必要的物资耗费、为管理人员支付劳动报酬，企业会发生期间费用结算和与职工的工资结算关系。

在销售阶段，企业将生产的产品（商品）销售出去，发生有关销售费用、收回货款、交纳税金等业务，与购货单位发生贷款结算关系、同税务机关发生税务结算关系。在计算出财务成果后，还要提取盈余公积并向所有者分配利润。资金从货币资金形态开始，经过购进阶段形成储备资金，经过销售阶段取得销售收入又回到货币资金形态形成资金循环；资金的不断循环，周而复始，称为资金周转。

第三章

企业筹建期间的会计问题

第一节　企业成立的资金来源

一、股东出资方式

投资者可以用现金投资，也可以用现金以外的其他有形资产投资，符合国家规定比例的，还可以用无形资产投资。

二、会计处理

企业应当设置“实收资本”科目，股份有限公司设置为“股本”科目，核算企业接受投资者投入的实收资本。

企业收到投资时，作如下会计处理：收到投资人投入的现金，应在实际收到或者存入企业开户银行时，按实际收到的金额，借记“银行存款”科目；以实物资产投资的，应在办理实物产权转移手续时，借记有关资产科目；以无形资产投资的，应按照合同、协议或公司章程规定移交有关凭证时，借记“无形资产”科目；按投入资本在注册资本或股本中所占份额，贷记“实收资本”或“股本”科目，按其差额，贷记“资本公积——资本溢价”或“资本公积——股本溢价”等科目。

初建有限责任公司时，各投资者按照合同、协议或公司章程投入企业的资本，应全部记入“实收资本”科目，注册资本为在公司登记机关登记的全体股东认缴的出资额。在企业增资时，如有新投资者介入，新介入的投资者缴纳的出资额大于其按约定比例计算的其在注册资本中所占的份额部分，不记入“实收资本”科目，而作为资本公积，记入“资本公积”科目。

第二节　企业设立时期发生的费用

一、开办费

（一）企业的筹建期

自企业批准筹建之日起，到开始生产、经营（包括试生产、试营业）之日止的期间为筹建期，"开始生产、经营（包括试生产）之日"，具体是指从企业设备开始运作，开始投料制造产品或卖出同第一宗商品之日起，为企业筹建期结束日。

（二）开办费

开办费是指企业在筹建期间发生的费用支出。包括筹建期人员工资、办公费、培训费、差旅费、印刷费、注册登记费以及不计入固定资产和无形资产购建成本的汇兑损益和利息支出。

（三）不列入开办费范围的支出

不列入开办费范围的支出如图 3-1 所示。

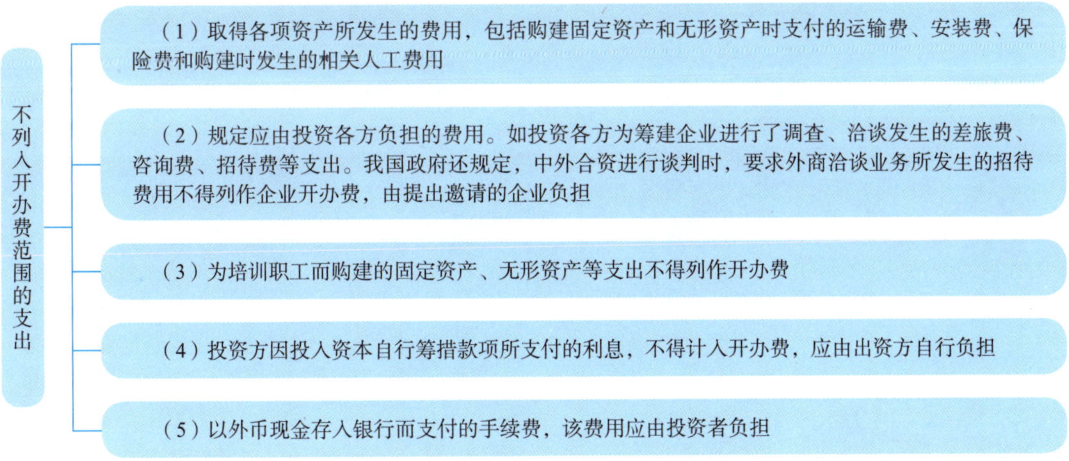

不列入开办费范围的支出：

（1）取得各项资产所发生的费用，包括购建固定资产和无形资产时支付的运输费、安装费、保险费和购建时发生的相关人工费用

（2）规定应由投资各方负担的费用。如投资各方为筹建企业进行了调查、洽谈发生的差旅费、咨询费、招待费等支出。我国政府还规定，中外合资进行谈判时，要求外商洽谈业务所发生的招待费用不得列作企业开办费，由提出邀请的企业负担

（3）为培训职工而购建的固定资产、无形资产等支出不得列作开办费

（4）投资方因投入资本自行筹措款项所支付的利息，不得计入开办费，应由出资方自行负担

（5）以外币现金存入银行而支付的手续费，该费用应由投资者负担

图3-1　不列入开办费范围的支出

二、开办费的会计处理

企业可以选择以下两种方法进行会计处理：

（1）将开办费作为长期待摊费用，自支出发生月的次月，不低于 3 年分期摊销。

【例 3-1】某股份公司 2019 年 7 月开始生产经营，6 月发生的开办费总额 96 万元，公司按照 5 年分期摊销，则每月摊销金额为 96 ÷ 5 ÷ 12=1.6（万元）

7 月摊销时，会计分录如下：

借：管理费用——开办费摊销　　　　16 000

　贷：长期待摊费用——开办费　　　　16 000

（2）费用发生时，直接计入管理费用。

借：管理费用——开办费

　贷：银行存款 / 现金

【例 3-2】某股份公司 2019 年 7 月开始生产经营，6 月发生的开办费总额 96 万元，当月做如下会计处理：

借：管理费用——开办费　　　　960 000

　贷：银行存款 / 现金　　　　960 000

第四章

企业货币资金的会计处理

第一节　货币资金概述

一、货币资金的构成

货币资金是指在企业生产经营过程中处于货币形态的那部分资金，按其形态和用途不同可分为包括库存现金、银行存款和其他货币资金，是资产负债表的一个流动资产项目，其金额为库存现金、银行存款和其他货币资金三个总账账户的期末余额之和。货币资金是企业中最活跃的资金，流动性最强，是企业的重要支付手段和流通手段。

二、货币资金的有关规定

货币资金的有关规定如图 4-1 所示。

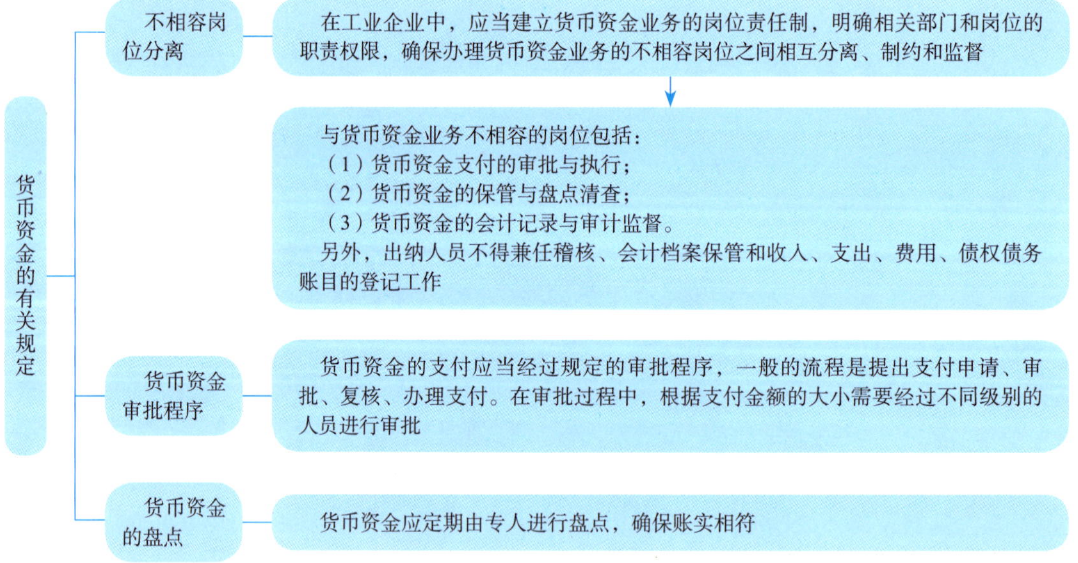

图4-1　货币资金的有关规定

第二节　库存现金

一、库存现金的管理

（一）库存现金的使用范围

库存现金是企业为了满足经营过程中零星支付需要而保留的现金，允许企业使用现金结算的范围如图 4-2 所示。

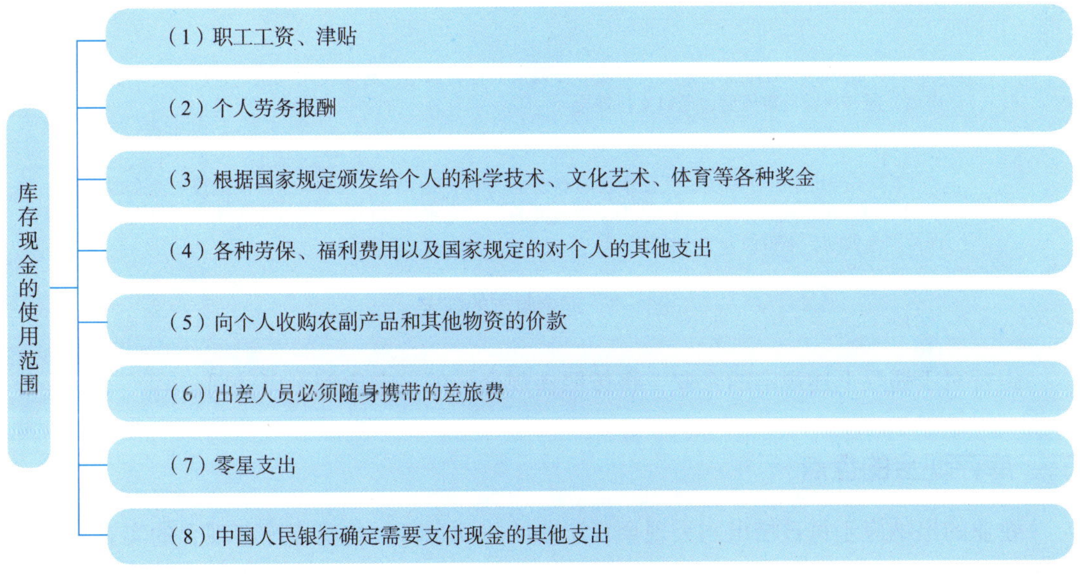

图4-2　库存现金的使用范围

属于上述现金结算范围的支出，企业可以根据需要向银行提取现金支付，不属于上述现金结算范围的款项支付一律通过银行进行转账结算。

（二）库存现金的限额

库存现金限额是指为保证各单位日常零星支出按规定允许留存的现金的最高数额。库存现金的限额，由开户银行根据开户单位的实际需要和距离银行远近等情况核定。其限额一般按照单位 3 ～ 5 天日常零星开支所需现金确定。远离银行或交通不便的企业，银行最多可以根据企业 15 天的正常开支需要量来核定库存现金的限额。正常开支需要量不包括企业每月发放工资和不定期差旅费等大额现金支出。库存限额一经核定，要求企业必须严格遵守，不能任意超过，超过限额的现金应及时存入银行；库存现金低于限额时，可以签发现金支票从银行提取现金，补足限额。

（三）现金收支的规定

企业应当按照中国人民银行的现金管理办法和财政部关于各单位货币资金管理和控制的规定，办理有关现金收支业务。办理现金收支业务时，应当遵守的规定如图 4-3 所示。

现金收支的规定

（1）企业现金收入应于当日送存开户银行。当日送存有困难的，由开户银行确定送存时间

（2）企业支付现金，可以从本企业库存现金限额中支付或者从开户银行提取，不得从本企业的现金收入中直接支付（即坐支）。因特殊情况需要坐支现金的，应当事先报经开户银行审查批准，由开户银行核定坐支范围和限额。企业应定期向银行报送坐支金额和使用情况

（3）企业从开户银行提取现金，应当写明用途，由本单位财会部门负责人签字盖章，经开户银行审核后，予以支付现金

（4）企业因采购地点不固定、交通不便以及其他特殊情况必须使用现金的，应向开户银行提出申请，经开户银行审核后，予以支付现金

（5）不准用不符合制度的凭证顶替库存现金，即不得“白条顶库”；不准谎报用途套取现金；不准用银行账户代其他单位和个人存入或支取现金；不准用单位收入的现金以个人名义存储，不准保留账外公款，不得设置“小金库”等

图4-3　现金收支的规定

银行对于违反上述规定的企业，将按照违规金额的一定比例予以处罚。

二、库存现金的盘点

企业的出纳应于每日结出当天现金日记账的账面余额，再盘点库存现金的实有数，看两者是否完全相符。通过对库存现金进行实地盘点，按照“库存现金实有数 + 未记账的付款凭证金额 - 未记账的收款凭证金额 = 现金日记账账存余额”的公式与现金日记账进行核对，清查完毕，要编制库存现金盘点报告表。

另外，还应确保现金日记账与现金收付款凭证金额、现金总分类账的金额一致。

第三节　银行存款

一、银行存款账户管理

按照国家《支付结算办法》的规定，企业应在银行开立账户，办理存款、取款和转账等结算。企业在银行开立人民币存款账户，必须遵守中国人民银行《银行账户管理办法》的各项规定。

（一）银行存款账户

银行存款账户的分类如图 4-4 所示。

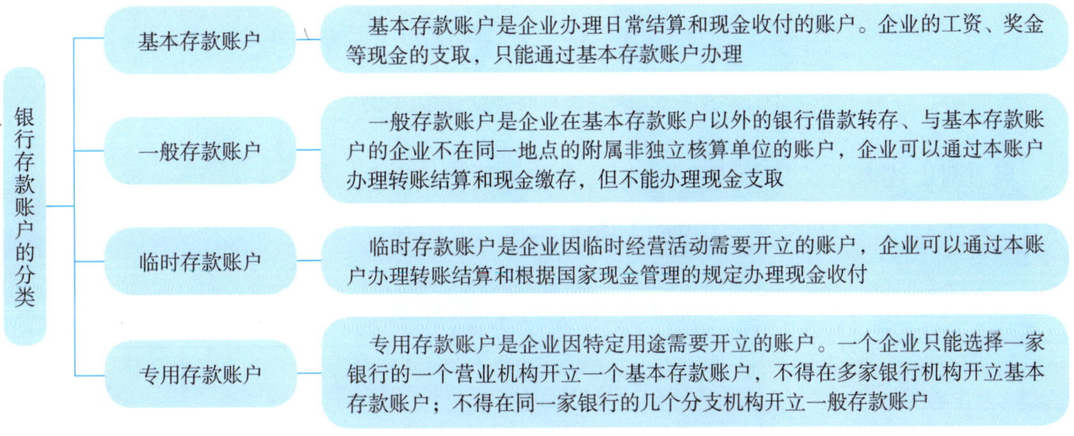

图4-4　银行存款账户的分类

（二）银行存款结算

企业通过银行办理支付结算时，应当认真执行国家各项管理办法和结算制度。中国人民银行 1997 年 9 月 19 日颁布的《支付结算办法》规定：单位和个人办理支付结算，不准签发没有资金保证的票据或远期支票，套取银行信用；不准签发、取得和转让没有真实交易和债权债务的票据，套取银行和他人资金；不准无理拒绝付款，任意占用他人资金；不准违反规定开立和使用账户。

二、银行存款的对账

企业应当指定专人定期核对银行账户，查看银行对账单与银行存款日记账金额是否相等，每月至少核对一次，编制银行存款余额调节表。另外应指派对账人员以外的其他人员进行审核，确定银行存款账面余额与银行对账单余额是否调节相符，如不符，应及时查明原因，做出处理。

实务操作中，很多情况下银行对账单与银行存款日记账的金额是不相等的，因为有很多业务正在进行中，因此各种收付款的结算凭证在传递过程中存在一定的时间差异，导致存在很多未达账项。未达账项主要包括 4 种情况，常见举例如图 4-5 所示。

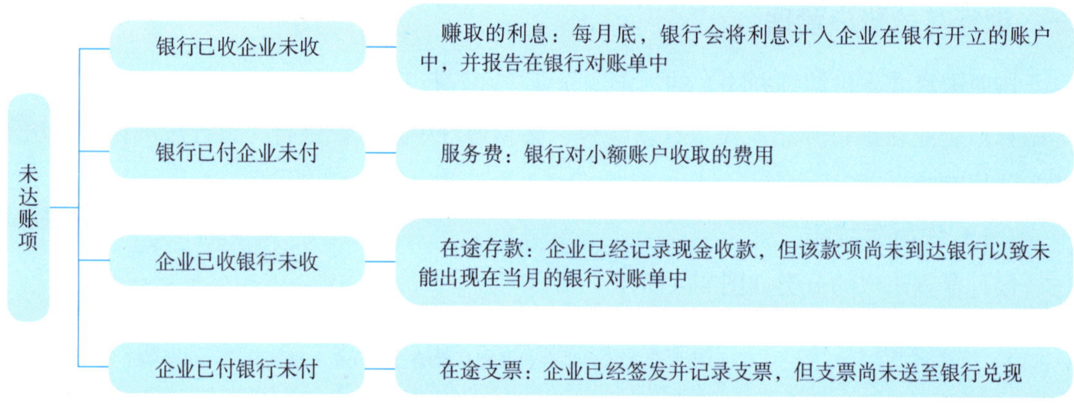

图4-5　未达账项4种情况常见举例

经过对上述未达账项的调整，在银行存款余额调节表中，如表 4-1 所示，企业银行存款日记账余额与银行对账单余额的“调整后余额”应相等。

表 4-1　银行存款余额调节表

项目	金额	项目	金额
企业银行存款日记账余额		银行对账单余额	
加：银行已收企业未收		加：企业已收银行未收	
减：银行已付企业未付		减：企业已付银行未付	
调整后余额		调整后余额	

第四节　其他货币资金

一、其他货币资金的内容

企业的其他货币资金如图 4-6 所示。

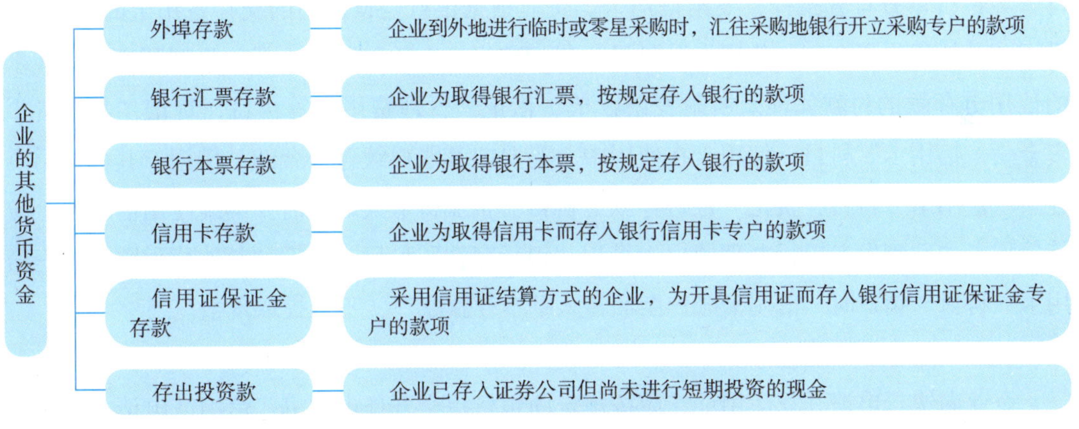

图4-6　企业的其他货币资金

二、其他货币资金的会计处理

（一）外埠存款

企业将款项委托当地银行汇往采购地开立专户时，借记“其他货币资金——外埠存款”科目，贷记“银行存款”科目。收到采购员交来购货发票等报销凭证时，借记“材料采购”等科目，贷记“其他货币资金——外埠存款”科目。结束在外地的采购后，将多余的款项转回时，借记“银行存款”科目，贷记“其他货币资金——外埠存款”科目。

（二）银行汇票存款

企业为取得银行汇票，应填制“银行汇票委托书”并送交银行。企业取得银行汇票以后，根据银行签章退回的委托书存根联，借记“其他货币资金——银行汇票”科目，贷记“银行存款”科目。企业使用银行汇票以后，根据发票账单及开户行转来的银行汇票第四联等有关凭证，借记“材料采购”等科目，贷记“其他货币资金——银行汇票”科目。如有多余款或因汇票超过付款期等原因发生退回，应借记“银行存款”科目，贷记“其他货币资金——银行汇票”科目。

（三）银行本票存款

企业为取得银行本票，应向银行提交“银行本票申请书”，将款项交给银行。企业取得银行本票后，根据银行签章退回的申请书存根联，借记“其他货币资金——银行本票”科目，贷记“银行存款”科目。付出银行本票后，根据发票账单等有关凭证，借记“材料采购”等科目，贷记“其他货币资金——银行本票”科目。因本票过期等原因要求退款时，应填制进账单一式两联，连同本票一并送交银行，根据银行签章退回的进账单第一联，借记“银行存款”科目，贷记“其他货币资金——银行本票”科目。

（四）信用卡存款

企业法人代表申领信用卡，按规定填制申请表，连同支票和有关资料一并送交发卡银行，经银行审查符合条件，发给信用卡。企业根据银行盖章退回的交存备用金的进账单，借记“其他货币资金——信用卡”科目，贷记“银行存款”科目。企业收到开户银行转来的信用卡存款的付款凭证及所附发票账单，借记“管理费用”等科目，贷记“其他货币资金——信用卡”科目。信用卡在使用中，需要向其账户续存资金的，借记“其他货币资金——信用卡”科目，贷记“银行存款”科目。企业持卡人如不需要继续使用信用卡，应持信用卡主动到发卡银行办理销户，借记“银行存款”科目，贷记“其他货币资金——信用卡”科目。销户时，信用卡账户余额转入基本存款账户，不得提取现金。

（五）信用证保证金存款

企业向银行申请开立信用证，应按规定向银行提交开证申请书、信用证申请人承诺书和购销合同。企业向银行缴纳保证金，根据银行退回的进账单第一联，借记“其他货币资金——信用证保证金”科目，贷记“银行存款”科目。根据开证行交来的信用证通知书及有关的单据列明的金额，借记“材料采购”或“原材料”“库存商品”“应交税费——应交增值税（进项税额）”等科目，贷记“其他货币资金——信用证保证金”科目和“银行存款”科目。

（六）存出投资款

企业向证券公司划出资金时，应按实际划出的金额，借记“其他货币资金——存出投资款”科目，贷记“银行存款”科目；购买股票、债券等时，按实际发生的金额，借记“交易性金融资产”科目，贷记“其他货币资金——存出投资款”科目。

第五章

企业采购与付款的会计处理

第一节　原材料采购及账务处理

一、原材料采购

材料是工业企业生产加工的劳动对象，是产品生产中必不可少的物质要素。工业企业的材料品种繁多，规格复杂，收发频繁，为了便于管理与核算，相对准确地计算产品成本，必须对材料进行科学的分类。

材料按其在生产经营过程中的作用不同，可分为以下六类，如图 5-1 所示。

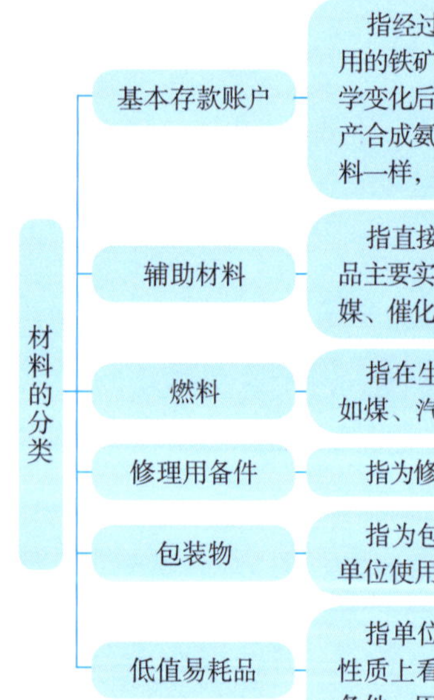

指经过生产加工后构成产品实体或主要成分的各种原料和材料。如在加工企业中，炼铁用的铁矿石，纺纱用的原棉，炼油用的原油，制造机器用的钢材等，在化学工业中，经过化学变化后形成产品主要成分的各种原料和材料，如氯碱工业生产烧碱用的食盐，化肥工业生产合成氨用的煤、焦炭等。企业如有外购半成品，作为进一步加工用的，就其性质看与原材料一样，也是用来加工生产以构成产品实体或主要成分的劳动对象，因而也可列入本类

指直接用于生产过程，有助于产品的形成或为产品生产创造正常劳动条件，但不构成产品主要实体的各种材料，如漂染用的漂白剂、染料，防腐用的油漆，化学反应中用的各种触媒、催化剂，维护机器用的润滑油、防锈剂，清洁用的扫帚、抹布，照明用的电灯泡等

指在生产过程中用来燃烧发热的各种燃料，包括固体燃料、液体燃料和气体燃料，如煤、汽油、天然气等

指为修理本企业的机器设备和运输设备等所专用的各种备品配件，如齿轮、阀门、轴承等

指为包装本企业产品，并准备随同产品一起出售的，或者在销售过程中租借给购货单位使用的各种包装用的物品，如桶、箱、坛、袋、瓶等

指单位价值较低，容易耗损的各种工具、管理用具、玻璃器皿以及劳保用品等。从性质上看，低值易耗品并不是劳动对象，而是劳动资料，但由于它不具备固定资产的条件，因而把它列为材料的一类

图5-1　材料的分类

上述分类，是按照材料在生产过程中的作用来划分的，因而同一种材料在不同的企业中，就有可能划分在不同的类别中，当然也存在一种材料兼有多种用途的情况，这时应按其主要用途进行分类。应指出，为了加强材料实物的管理，搞好成本核算工作的需要，各类材料还可以按其物理性能、技术特征、规格等标准作进一步分类。

二、与原材料采购相关的会计凭证

工业企业的原材料存货主要是从外部购入的，也有企业自制的和委托加工的。企业收

到存货时，不论其取得的来源，都要认真检查其品种、规格和质量，同时还要根据存货的不同情况，分别采用点数、过磅、量度等方法，正确计算数量，办理验收入库的手续和填制必要的凭证。

（一）外购原材料的收入凭证

外购存货验收入库后，一般由仓库人员根据购货发票等结算单据和实际验收入库数量填制入库单。为便于分类和汇总，“收料单”可以一料一单（同类材料也可以采用一料多单，如同一品种同日分批到达，可于当日汇总填一份“收料单”），入库单一般一式三联：一联作为仓库登记存货明细账的依据，一联送交供应部门存查，一联连同购货发票等结算单据交财会部门作为记账的依据。

（二）自制原材料收入凭证

为了正确核算原材料成本，企业自制或生产过程中回收的废料，一般由交料部门填“材料交库单”，作为材料收入的凭证。在单上注明“自制完工入库”或“废料交库”，待仓库验收后，在凭证上填明实收数量，并由收交双方在凭证上签章，以明确责任。委托外单位加工完成的材料、半成品等存货，可以采用收料单或商品验收单办理入库手续（加盖委托加工戳记或注明其他标志以区别于外购存货），也可以采用“委托加工存货入库单”办理入库手续。

（三）原材料的发出凭证

原材料的发出凭证如图 5-2 所示。

原材料的发出凭证

领料单

领料单是一种一次使用的领发料凭证。每领一次填制一份，适用于办理零星领用材料或不经常领用、没有消耗定额的材料领发业务。领料单由领料车间或部门按用途填写，一般一式三联。领用时按材料目录填写领用材料的编号、名称、规格、请领数量和价格等，经负责人员审核签证后，据以办理领料手续。发料时由仓库保管人员填写实发数量，并由双方共同签章。领料单一联留领料单位带回备查，一联作为仓库登记账（卡）的依据，一联转财会部门作为核算依据

限额领料单

限额领料单是一种在有效期内（通常为一个月）在规定的领料限额内可多次使用的累计领发料凭证。限额领料单是在月份开始前，由生产计划部门和供应部门根据月度生产作业计划和材料消耗定额核定当月领用材料的限额，按车间和使用部门签发限额领料单，详细填列材料的编号、名称、规格、用途以及在月内可以领用的材料限额。限额领料单一般一式两联：一联交仓库作为发料的依据；一联交领料部门据以领料。

领料部门根据生产进度和实际需要，每次领用材料时，在限额领料单内填明请领的数量，向仓库申请领取材料。仓库发料时，首先审核请领数量是否在规定的领用限额之内，如在限额之内可如数发料，并在两联限额领料单内填写发料数量和限额余额，由发料人和领料人分别签章，月末结算全月累计实发数量及金额、交财会部门进行发出材料的核算

领料登记表

领料登记表是一种可多次使用的累计领发料凭证。多适用于车间、班组或部门办理经常领用的各种消耗材料领用业务。领料登记表按月份一单一料开设，一般一式三联，平时放仓库存管，领料时由领料人在表内填写领用数量并签章，仓库据以发料。月末，仓库将领料登记表按领料单位和用途加以汇总后，一联留仓库作为登记材料明细账的依据，一联送交领料单位存查，一联转财会部门据以进行核算。采用领料登记表的形式，可大量减少日常领料凭证的填制、审批手续，给领料部门提供了便利，而且便于对各部门耗用的经常性消耗材料加以汇总。为了确定本月实际消耗材料的费用，正确计算产品成本，对于各车间或部门已领用但尚未消耗的各种材料，应在月末办理退料手续。对于下月不再继续使用的材料应当退回仓库，一般可用红字填写领料单（冲减本月领料数额），送交仓库据以收料，对于下月仍需使用的材料，可办理假退料手续，材料不退回仓库，同时填制本月红字领料单和下月领料单，一并交仓库转账

图5-2　原材料的发出凭证

三、原材料采购的账务处理

（一）原材料按实际成本核算

1. 原材料总分类核算的科目设置

按实际成本计价进行材料采购收发的总分类核算时，应设置“原材料”“在途物资”“应付账款”“预付账款”等科目，如图 5-3 所示。

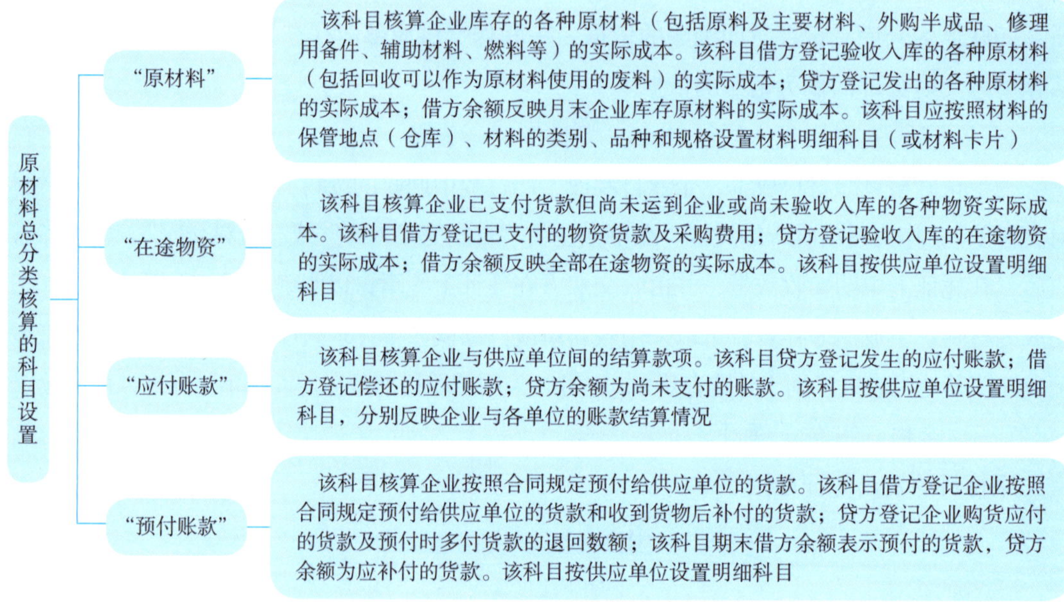

图5-3 原材料总分类核算的科目设置

企业在支付货款的同时，应按规定支付增值税。增值税一般应按货款价值的 13% 计算，与货款同时支付。支付时应借记“应交税金——应交增值税”科目。购进存货的增值税，作为本期按销售额计算的应交增值税的扣除税额。购进货物时所支付的运杂费，按规定运费部分可按一定扣除率计算进项税额准予扣除。

2. 原材料购入的核算

企业外购的材料，由于采购地点不同，运输方式和货款结算方式等不同，因而会出现材料入库与货款结算日期有时一致，有时不一致的情况。不同情况下，传递到财务部门的存货入库单据和采购结算单据先后不同，对此应区分不同情况进行账务处理。

（1）付款，同时收料。企业在本地采购的材料，采用同城结算的方式付款后，材料可随即收到；从外地采购的材料，有时付款和收料的时间也很接近。货款、增值税及采购费用的支付及材料的验收工作可在较短的时间内完成。这时应根据银行结算凭证，发票、运杂费等单据和收料单等凭证，填制付款并收料的记账凭证。

【例 5-1】安邦公司从外地购入 A 材料一批，买价 8 000 元，供货单位发货时代垫运费 500 元（可抵扣的增值税 45 元），共计 8 500 元，另外按 A 材料购买价的 13% 交纳增值税。货款、运费以及增值税已通过银行支付，材料验收入库。根据有关凭证作账务处理如下：

借：原材料——A 材料　　8 455
　　应交税金——应交增值税（进项税额）　　1 099
　贷：银行存款　　9 554

（2）付款在先，收料在后。企业从外地购买材料，由于材料运输时间往往超过银行结算凭证的传递和承付时间，因此会发生货款先支付而材料尚未运到的情况。为了反映和监督已经付款尚未入库的材料情况，应通过“在途物资”科目进行核算。

【例 5-2】安邦公司从外地购入生产用 B 材料一批，买价 30 000 元，对方代垫运杂费 800 元（其中可抵扣的增值税 72 元），另外按 B 材料购买价的 13% 交纳增值税。货款、运费以及增值税通过银行支付，材料尚未入库。根据银行结算凭证及所附发票及运费单据作账务处理如下：

借：在途物资　　30 728
　　应交税金——应交增值税（进项税额）　　3 995
　贷：银行存款　　34 723

待材料运到并验收入库时，根据在途材料明细账的记录和收料单，作账务处理如下：

借：原材料——B 材料　　30 728
　贷：在途物资　　30 728

（3）收料在先，付款在后。外购材料在运输较顺畅而结算手续办理不够及时或传递时间过长时，会出现材料先到而结算凭证未到的情况。有时也存在材料先到并验收入库，而企业因存款不足或其他原因暂时不能付款的情况。对此，应区别不同情况进行账务处理。

①材料已收到，结算凭证也已到达，企业因存款不足暂未付款。出现这种情况时，由于双方的购销关系已经确立，企业购入了材料，应承担偿还供应单位货款的债务。因此，应通过“应付账款”科目进行反映；若企业与供货方达成协议，采用商业汇票形式延期付款时，则应通过“应付票据”科目进行反映。

【例 5-3】安邦公司从某单位购进 C 原材料一批，货款 15 000 元，对方代垫运费

400元（可抵扣的增值税36元），另外按货款的13%交纳增值税，收到结算凭证，材料验收入库，企业因存款不足尚未付款，作账务处理如下：

借：原材料——C材料　　15 364

　　应交税金——应交增值税（进项税额）　　1 997

　贷：应付账款　　17 361

待以后支付该批材料款项时，作账务处理如下：

借：应付账款　　17 361

　贷：银行存款　　17 361

若同意对方延期付款，对方开出并承兑商业汇票抵付上项应付账款时，应作账务处理如下：

借：应付账款　　17 361

　贷：应付票据　　17 361

②材料已收到，但结算凭证未到。遇到这种情况时，通常几天之内即可收到结算凭证，因此可以先不进行总分类核算。待结算凭证到达，支付款项后再据以编制付款并收料的记账凭证。但遇到月末结算凭证仍未到达时，为了如实反映企业月末资产的结存情况和负债情况，对这批材料可先按照合同价格或计划价格暂估入账，并通过“应付账款”科目下设“暂估应付账款”科目进行核算。

【例5-4】安邦公司从外地购入D辅助材料一批，提货手续已办理完毕，材料并已验收入库，月末结算凭证仍未到达，按合同价格3 500元暂估入账，作账务处理如下：

借：原材料——D辅助材料　　3 500

　贷：应付账款——暂估应付账款　　3 500

待下月初，用红字金额冲销上述分录：

借：原材料——D辅助材料　　3 500（红字）

　贷：应付账款——暂估应付账款　　3 500（红字）

收到该批材料结算凭证时，按实际支付的辅助材料买价4 000元、运费100元（可抵扣的增值税9元），增值税按购买价的13%计算，作账务处理如下：

借：原材料——D辅助材料　　4 091

　　应交税金——应交增值税（进项税额）　　531

　贷：银行存款　　4 622

（4）预付货款，收料后再结算。企业按照订货合同的规定，须付一定比例的货款给供货单位，供货单位根据合同规定的期限和批量发货，发货后双方再结算货款。

【例5-5】安邦公司向星光工厂订购E原材料一批，货款5万元，按合同规定预付货款3万元。支付预付款时，作账务处理如下：

借：预付账款——星光工厂　　30 000

　贷：银行存款　　30 000

收到星光工厂按合同规定的数量和期限发来的原料，该批材料全部货款5万元，以及按货款的13%计算的增值税0.65万元，扣除企业已预付的3万元货款后，其余款额通过银行付清。作账务处理如下：

借：原材料——E材料　　50 000

　　应交税金——应交增值税（进项税额）　　6 500

　贷：预付账款——星光工厂　　56 500

借：预付账款——星光工厂　　26 500

　贷：银行存款　　26 500

（二）原材料按计划成本核算

1. 核算的基本程序

（1）首先制订各种存货的计划成本目录，规定存货的分类、名称、规格、计量单位和计划单位成本。除一些特殊情况外，计划单位成本在本年度内一般不作调整。

（2）平时收到的存货，都按计划单位成本计算出收入存货的计划成本填入收料单内，并按实际成本与计划成本的差额，作为“材料成本差异”分类登记。

（3）平时发出的存货，都按计划成本计算，月份终了时再计算本月发出存货应负担的成本差异额，随同本月发出存货的计划成本记入有关科目，将发出存货的计划成本调整为实际成本。

2. 原材料总分类核算的科目设置

按计划成本计价进行材料采购收发的核算时，“原材料”科目按计划成本计价反映各种材料的增减变动。为了核算购入材料的实际成本与计划成本以及入库材料的成本差异额，还应设置“物资采购”和“材料成本差异”科目。“物资采购”科目核算企业购入物资的实际采购成本。该科目借方登记购入物资的货款和采购费用以及结转入库物资的实际成本小于计划成本的节约差异额；贷方登记结转入库物资的计划成本以及入库物资实际成本大于计划成本的差异额；借方余额为月末在途物资的实际成本。该科目按材料类别设置明细科目。

“材料成本差异”科目核算企业各种材料实际成本与计划成本的差异额，是各材料科目的调整科目。该科目借方登记入库材料实际成本大于计划成本的超支差异额；贷方登记入库材料实际成本小于计划成本的节约差异及月末分配转出的发出材料应负担的差异额（超支差异额用蓝字，节约差异额用红字），该科目月末余额可能在借方也可能在贷方，表示月末结存材料应负担的超支或节约的差异额。该科目按材料类别设置明细科目。

3. 外购材料业务的核算

企业外购材料的货款及发生的采购费用，在取得和审核有关凭证后，按实际数额借记"物资采购"科目，贷记"银行存款""应付票据"等科目；对随货款一起支付的增值税，应借记"应交税金——应交增值税"科目，贷记"银行存款""应付票据"等科目；材料验收入库时，结转入库材料的计划成本，借记有关材料科目，贷记"物资采购"科目，并结转入库材料的成本差异。实际成本小于计划成本的差异额，借记"物资采购"科目，贷记"材料成本差异"科目，实际成本大于计划成本的差异额，借记"材料成本差异"科目，贷记"物资采购"科目。为了简化总分类核算工作，外购材料入库时不必逐笔按计划成本结转，可于月末汇总结转，即月末将本月收到结算凭证的收料凭证按材料类别分别汇总其计划成本和实际成本，计算成本差异额，据以编制入库材料计划成本和结转成本差异额的会计分录。

外购材料收入业务举例如下。

【例 5-6】安邦公司从外地购入甲种原料 3 000 公斤，单价 50 元，发生运杂费 6 500 元（其中可抵扣的增值税 45 元），随货款一起支付增值税 1.95 万元。结算凭证已到，货款、运杂费及增值税通过银行支付，材料入库 3 000 公斤，计划单价 51 元。支付货款、运杂费和增值税时，作账务处理如下：

借：物资采购——原材料　　156 455

　　应交税金——应交增值税（进项税额）　　19 545

　贷：银行存款　　176 000

材料验收入库，材料收料单上注明实收数量和计划单价，待月末将各种材料的收料单汇总，编制"收料凭证汇总表"后，再作结转入库材料计划成本和成本差异额的账务处理。

【例 5-7】从上海钢厂购入钢材 30 吨，货款 90 000 元，对方代垫运费 1 000 元（其中可抵扣的增值税 90 元）。随货款一起支付增值税 11 700 元。收到结算凭证，钢材 30 吨已验收入库，计划单价 2 980 元，货款尚未支付。根据结算凭证，作账务处理如下：

借：物资采购——原材料　　90 910

　应交税金——应交增值税（进项税额）　　11 790

　贷：应付账款——上海锅厂　　102 700

若双方商定采用商业汇票结算方式，下月付款，开出商业汇票抵付上项应付账款时，作账务处理如下：

借：应付账款——上海钢厂　　102 700

　贷：应付票据　　102 700

【例 5-8】从本地购入 A 元件 900 个，单价 40 元，同时支付增值税 4 680 元。A 元件 900 件入库，计划单价 41 元，作账务处理如下：

借：物资采购——原材料　　36 000

　应交税金——应交增值税（进项税额）　　4 680

　贷：银行存款　　40 680

【例 5-9】从本地购入轴承 50 个，单价 100 元，增值税 650 元，发票已到，但轴承尚未入库，货款和增值税均已通过银行支付。作账务处理如下：

借：物资采购——原材料　　5 000

　应交税金——应交增值税（进项税额）　　650

　贷：银行存款　　5 650

【例 5 10】月末，汇总本月收到结算凭证的外购入库材料的实际成本、计划成本和成本差异。根据收料凭证汇总表，结转入库材料的计划成本。作账务处理如下：

借：原材料　　279 300

　贷：物资采购——原材料　　279 300

结转本月入库材料的节约差异额，作账务处理如下：

借：物资采购——原料　　9 065

　贷：材料成本差异——原料　　9 065

第二节　固定资产购置及账务处理

一、固定资产购置

（一）固定资产的定义

固定资产，是指同时具有下列特征的有形资产：

（1）为生产商品、提供劳务、出租或经营管理而持有的；

（2）使用寿命超过一个会计年度；

（3）属于有形资产。

从固定资产的定义看，固定资产具有三个特征，如图 5-4 所示。

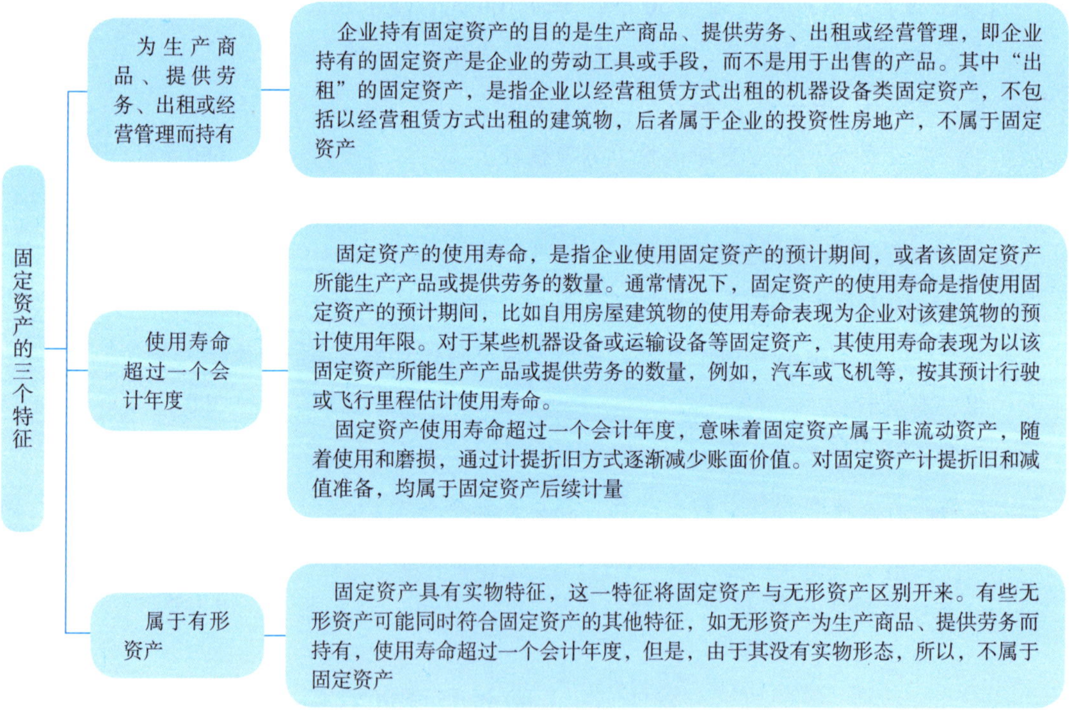

固定资产的三个特征

为生产商品、提供劳务、出租或经营管理而持有

企业持有固定资产的目的是生产商品、提供劳务、出租或经营管理，即企业持有的固定资产是企业的劳动工具或手段，而不是用于出售的产品。其中“出租”的固定资产，是指企业以经营租赁方式出租的机器设备类固定资产，不包括以经营租赁方式出租的建筑物，后者属于企业的投资性房地产，不属于固定资产

使用寿命超过一个会计年度

固定资产的使用寿命，是指企业使用固定资产的预计期间，或者该固定资产所能生产产品或提供劳务的数量。通常情况下，固定资产的使用寿命是指使用固定资产的预计期间，比如自用房屋建筑物的使用寿命表现为企业对该建筑物的预计使用年限。对于某些机器设备或运输设备等固定资产，其使用寿命表现为以该固定资产所能生产产品或提供劳务的数量，例如，汽车或飞机等，按其预计行驶或飞行里程估计使用寿命。

固定资产使用寿命超过一个会计年度，意味着固定资产属于非流动资产，随着使用和磨损，通过计提折旧方式逐渐减少账面价值。对固定资产计提折旧和减值准备，均属于固定资产后续计量

属于有形资产

固定资产具有实物特征，这一特征将固定资产与无形资产区别开来。有些无形资产可能同时符合固定资产的其他特征，如无形资产为生产商品、提供劳务而持有，使用寿命超过一个会计年度，但是，由于其没有实物形态，所以，不属于固定资产

图5-4　固定资产的三个特征

（二）固定资产的确认条件

固定资产在符合定义的前提下，应当同时满足图 5-5 所示的两个条件，才能加以确认。

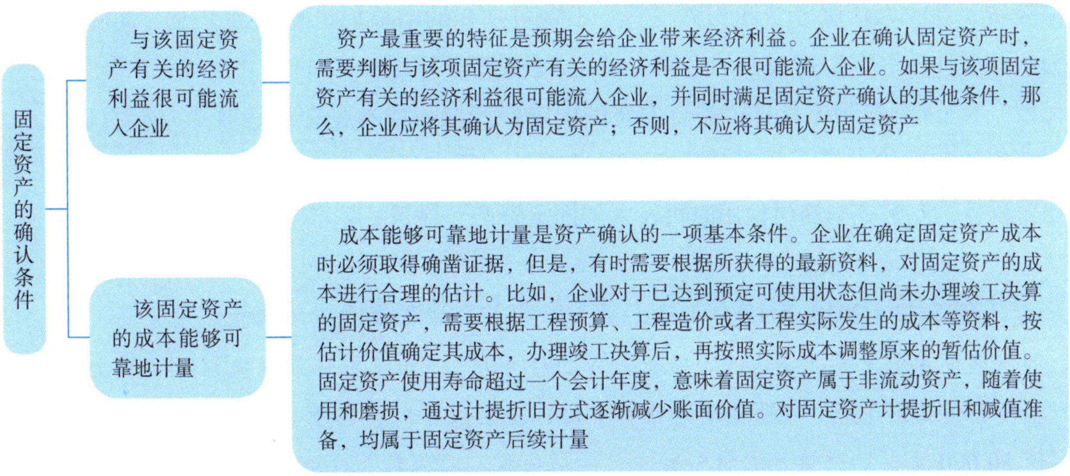

固定资产的确认条件

与该固定资产有关的经济利益很可能流入企业

资产最重要的特征是预期会给企业带来经济利益。企业在确认固定资产时，需要判断与该项固定资产有关的经济利益是否很可能流入企业。如果与该项固定资产有关的经济利益很可能流入企业，并同时满足固定资产确认的其他条件，那么，企业应将其确认为固定资产；否则，不应将其确认为固定资产

该固定资产的成本能够可靠地计量

成本能够可靠地计量是资产确认的一项基本条件。企业在确定固定资产成本时必须取得确凿证据，但是，有时需要根据所获得的最新资料，对固定资产的成本进行合理的估计。比如，企业对于已达到预定可使用状态但尚未办理竣工决算的固定资产，需要根据工程预算、工程造价或者工程实际发生的成本等资料，按估计价值确定其成本，办理竣工决算后，再按照实际成本调整原来的暂估价值。固定资产使用寿命超过一个会计年度，意味着固定资产属于非流动资产，随着使用和磨损，通过计提折旧方式逐渐减少账面价值。对固定资产计提折旧和减值准备，均属于固定资产后续计量

图5-5　固定资产的确认条件

二、固定资产购置的账务处理

企业购置固定资产，需要对其进行账务处理。固定资产的初始计量，指确定固定资产的取得成本。固定资产应当按照成本进行初始计量。成本包括企业为购建某项固定资产达到预定可使用状态前所发生的一切合理的、必要的支出。在实务中，企业取得固定资产的方式是多种多样的，包括外购、自行建造、投资者投入以及非货币性资产交换、债务重组、企业合并和融资租赁等，取得的方式不同，其成本的具体构成内容及确定方法也不尽相同。

（一）外购固定资产的成本

企业外购固定资产的成本，包括购买价款、相关税费、使固定资产达到预定可使用状态前所发生的可归属于该项资产的运输费、装卸费、安装费和专业人员服务费等。

外购固定资产是否达到预定可使用状态，需要根据具体情况进行分析判断。如果购入不需安装的固定资产，购入后即可发挥作用，因此，购入后即可达到预定可使用状态。如果购入需安装的固定资产，只有安装调试后，达到设计要求或合同规定的标准，该项固定资产才可发挥作用，意味着达到预定可使用状态。

在实务中，企业可能以一笔款项同时购入多项没有单独标价的资产。如果这些资产均符合固定资产的定义，并满足固定资产的确认条件，则应将各项资产单独确认为固定资产，并按各项固定资产公允价值的比例对总成本进行分配，分别确定各项固定资产的成本。如果以一笔款项购入的多项资产中还包括固定资产以外的其他资产，也应按类似的方法予以处理。

企业购入的固定资产分为不需要安装的固定资产和需要安装的固定资产两种情形。

购入不需安装的固定资产取得成本为企业实际支付的购买价款、包装费、运杂费、

保险费、专业人员服务费和相关税费（不含可抵扣的增值税进项税额）等，其账务处理为：按应计入固定资产成本的金额，借记“固定资产”科目，贷记“银行存款”“其他应付款”“应付票据”等科目；需要安装的固定资产取得成本是在前者取得成本的基础上，加上安装调试成本等，其账务处理为：按应计入固定资产成本的金额，先记入“在建工程”科目，安装完毕交付使用时再转入“固定资产”科目。

【例 5-11】2019 年 12 月 1 日，甲公司购入一台不需要安装的生产用设备，取得的增值税专用发票上注明的设备价款为 500 000 元，增值税进项税额为 65 000 元，发生运输费 2 500 元，款项已通过银行支付；安装设备时，领用本公司原材料一批，价值 30 000 元，购进该批原材料时支付的增值税进项税额为 3 900 元；支付安装工人的工资为 4 900 元。假定不考虑其他相关税费。甲公司的账务处理如下（除特殊说明外，本章例题中的公司均为一般纳税人）：

（1）支付设备价款、增值税、运输费合计为 567 825 元：

	借方	贷方
借：在建工程	502 500	
应交税费——应交增值税（进项税额）	65 325	
贷：银行存款		567 825

（2）领用本公司原材料、支付安装工人工资等费用合计为 34 900 元：

	借方	贷方
借：在建工程	34 900	
贷：原材料		30 000
应付职工薪酬		4 900

（3）设备安装完毕达到预定可使用状态：

	借方	贷方
借：固定资产	602 725	
贷：在建工程		602 725

企业购买固定资产通常在正常信用条件期限内付款，但也会发生超过正常信用条件购买固定资产的经济业务，如采用分期付款方式购买资产，且在合同中规定的付款期限比较长，超过了正常信用条件。在这种情况下，该项购货合同实质上具有融资性质，购入固定资产的成本不能以各期付款额之和确定，而应以各期付款额的现值之和确定。固定资产购买价款的现值，应当按照各期支付的价款选择恰当的折现率进行折现后的金额加以确定。折现率是反映当前市场货币时间价值和延期付款债务特定风险的利率。该折现率实质上是供货企业的必要报酬率。各期实际支付的价款之和与其现值之间的差额，在达到预定可使用状态之前符合《企业会计准则第 17 号——借款费用》中规定的资本化条件的，应当通过在建工程计入固定资产成本，其余部分应当在信用期间内确认为财务费用，计入当期损

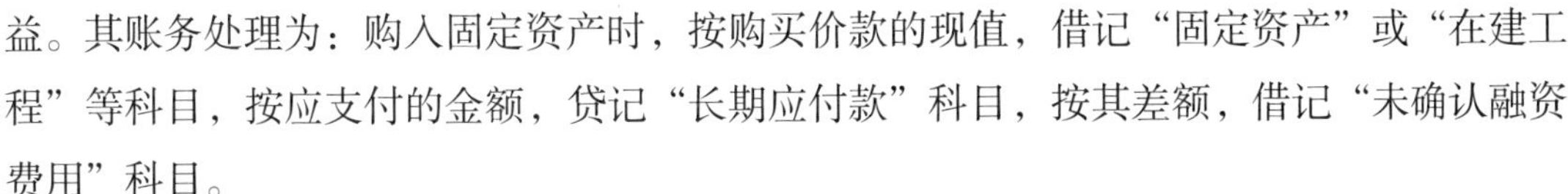

益。其账务处理为：购入固定资产时，按购买价款的现值，借记“固定资产”或“在建工程”等科目，按应支付的金额，贷记“长期应付款”科目，按其差额，借记“未确认融资费用”科目。

（二）自行建造固定资产

其成本为建造该项资产达到预定可使用状态前所发生的必要支出，包括工程物资成本、人工成本、交纳的相关税费、应予资本化的借款费用以及应分摊的间接费用等。

企业自行建造固定资产包括自营建造和出包建造两种方式。无论采用何种方式，所建工程都应当按照实际发生的支出确定其工程成本并单独核算。

（1）自营方式建造固定资产。

企业以自营方式建造固定资产，意味着企业自行组织工程物资采购、自行组织施工人员从事工程施工。实务中，企业较少采用自营方式建造固定资产，多数情况下采用出包方式。企业如以自营方式建造固定资产，其成本应当按照直接材料、直接人工、直接机械施工费等计量。

企业为建造固定资产准备的各种物资应当按照实际支付的买价、运输费、保险费等相关税费作为实际成本，并按照各种专项物资的种类进行明细核算。工程完工后，剩余的工程物资转为本企业存货的，按其实际成本或计划成本进行结转。建设期间发生的工程物资盘亏、报废及毁损，减去残料价值以及保险公司、过失人等赔款后的净损失，计入所建工程项目的成本；盘盈的工程物资或处置净收益，冲减所建工程项目的成本。工程完工后发生的工程物资盘盈、盘亏、报废、毁损，计入当期损益。

建造固定资产领用工程物资、原材料或库存商品，应按其实际成本转入所建工程成本。自营方式建造固定资产应负担的职工薪酬、辅助生产部门为之提供的水、电、运输等劳务，以及其他必要支出等也应计入所建工程项目的成本。符合资本化条件，应计入所建造固定资产成本的借款费用按照《企业会计准则第 17 号——借款费用》的有关规定处理。

所建造的固定资产已达到预定可使用状态，但尚未办理竣工结算的，应当自达到预定可使用状态之日起，根据工程预算、造价或者工程实际成本等，按暂估价值转入固定资产，并按有关计提固定资产折旧的规定，计提固定资产折旧。待办理竣工决算手续后再调整原来的暂估价值，但不需要调整原已计提的折旧额。

企业自营方式建造固定资产，发生的工程成本应通过“在建工程”科目核算，工程完工达到预定可使用状态时，从“在建工程”科目转入“固定资产”科目。

高危行业企业按照国家规定提取的安全生产费，应当计入相关产品的成本或当期损益，同时记入“专项储备”科目。企业使用提取的安全生产费形成固定资产的，应当通过“在建工程”科目归集所发生的支出，待安全项目完工达到预定可使用状态时确认为固定资产；同时，按照形成固定资产的成本冲减专项储备，并确认相同金额的累计折旧。该固定资产在以后期间不再计提折旧。

（2）出包方式建造固定资产。

在出包方式下，企业通过招标方式将工程项目发包给建造承包商，由建造承包商（即施工企业）组织工程项目施工。企业要与建造承包商签订建造合同，企业是建造合同的甲方，负责筹集资金和组织管理工程建设，通常称为建设单位，建造承包商是建造合同的乙方，负责建筑安装工程施工任务。

企业以出包方式建造固定资产，其成本由建造该项固定资产达到预定可使用状态前所发生的必要支出构成，包括发生的建筑工程支出、安装工程支出以及需分摊计入各固定资产价值的待摊支出。建筑工程、安装工程支出，如人工费、材料费、机械使用费等由建造承包商核算。对于发包企业而言，建筑工程支出、安装工程支出是构成在建工程成本的重要内容，发包企业按照合同规定的结算方式和工程进度定期与建造承包商办理工程价款结算，结算的工程价款计入在建工程成本。待摊支出，是指在建设期间发生的，不能直接计入某项固定资产价值，而应由所建造固定资产共同负担的相关费用，包括为建造工程发生的管理费、可行性研究费、临时设施费、公证费、监理费、应负担的税金、符合资本化条件的借款费用、建设期间发生的工程物资盘亏、报废及毁损净损失以及负荷联合试车费等。企业为建造固定资产通过出让方式取得土地使用权而支付的土地出让金不计入在建工程成本，应确认为无形资产（土地使用权）。

在出包方式下，“在建工程”科目主要是企业与建造承包商办理工程价款的结算科目，企业支付给建造承包商的工程价款，作为工程成本通过“在建工程”科目核算。企业应按合理估计的工程进度和合同规定结算的进度款，借记“在建工程——建筑工程——××工程”“在建工程——安装工程——××工程”科目，贷记“银行存款”“预付账款”等科目。工程完成时，按合同规定补付的工程款，借记“在建工程”科目，贷记“银行存款”等科目。企业将需安装设备运抵现场安装时，借记“在建工程——在安装设备——××设备”科目，贷记“工程物资——××设备”科目；企业为建造固定资产发生的待摊支出，借记“在建工程——待摊支出”科目，贷记“银行存款”“应付职工薪酬”“长期借款”等科目。

在建工程达到预定可使用状态时，首先计算分配待摊支出，待摊支出的分配率可按下列公式计算：

待摊支出分配率=累计发生的待摊支出/（建筑工程支出+安装工程支出+在安装设备支出）×100%

某工程应分配的待摊支出=（某工程建筑工程支出+某工程安装工程支出+某工程在安装设备支出）×待摊支出分配率

其次，计算确定已完工的固定资产成本：

房屋、建筑物等固定资产成本=建筑工程支出+应分摊的待摊支出需要安装设备的成本=设备成本+为设备安装发生的基础支座等建筑工程支出+安装工程支出+应分摊的待摊支出

然后，进行相应的账务处理，借记“固定资产”科目，贷记“在建工程——建筑工程”“在建工程——安装工程”“在建工程——待摊支出”等科目。

（三）其他方式取得的固定资产的成本

企业取得固定资产的其他方式与存货类似，也主要包括接受投资者投资、非货币性资产交换、债务重组、企业合并、盘盈固定资产等。

（1）投资者投入固定资产的成本。投资者投入固定资产的成本，应当按照投资合同或协议约定的价值确定，但合同或协议约定价值不公允的除外。在投资合同或协议约定价值不公允的情况下，按照该项固定资产的公允价值作为入账价值。

（2）通过非货币性资产交换、债务重组、企业合并等方式取得的固定资产的成本。企业通过非货币性资产交换、债务重组、企业合并等方式取得的固定资产，其成本应当分别按照《企业会计准则第 7 号——非货币性资产交换》《企业会计准则第 12 号——债务重组》《企业会计准则第 20 号——企业合并》等的规定确定。但是，其后续计量和披露应当执行固定资产准则的规定。

（3）盘盈固定资产的成本。盘盈的固定资产，作为前期差错处理，在按管理权限报经批准处理前，应先通过“以前年度损益调整”科目核算。

（四）存在弃置费用的固定资产

对于特殊行业的特定固定资产，确定其初始成本时，还应考虑弃置费用。弃置费用通常是指根据国家法律和行政法规、国际公约等规定，企业承担的环境保护和生态恢复等义务所确定的支出，如核电站核设施等的弃置和恢复环境义务。

弃置费用的金额与其现值比较通常较大，需要考虑货币时间价值，对于这些特殊行业的特定固定资产，企业应当根据《企业会计准则第 13 号——或有事项》，按照现值计算确定应计入固定资产成本的金额和相应的预计负债。在固定资产的使用寿命内按照预计负债的摊余成本和实际利率计算确定的利息费用应当在发生时计入财务费用。一般工商企业的固定资产发生的报废清理费用不属于弃置费用，应当在发生时作为固定资产处置费用处理。

【例 5-12】经国家批准精益公司于 2020 年 1 月 1 日建造完成核电站核反应堆并交付使用，建造成本为 2 500 000 万元，预计使用寿命 40 年。该核反应堆将会对当地的生态环境产生一定的影响，根据法律规定，企业应在该项设施使用期满后将其拆除，并对造成的污染进行整治，预计发生弃置费用 250 000 万元。假定适用折现率为 10%。

核反应堆属于特殊行业的特定固定资产，确定其成本时应考虑弃置费用。账务处理为：

（1）2020 年 1 月 1 日，弃置费用的现值 =2 500 000×（P/F，10%，40）= 250 000）×0.0221=5 525（万元）

固定资产的成本 =2 500 000+5 525=2 505 525（万元）

借：固定资产　　25 055 250 000

　贷：在建工程　　25 000 000 000

　　　预计负债　　55 250 000

（2）计算第 1 年应负担的利息费用 =55 250 000×10%=5 525 000（元）

借：财务费用　　5 525 000

　贷：预计负债　　5 525 000

以后年度，企业应当按照实际利率法计算确定每年财务费用，账务处理略。

第六章

企业生产的会计处理

第一节　原材料的领用

一、原材料的领用生产

原材料发出业务应根据凭证随时登记材料明细账，但是为简化总分类核算工作，实际工作中是将发料凭证定期归类和汇总，编制“发料凭证汇总表”。

原材料的明细分类核算包括实物核算和价值核算两个方面。

1. 明细核算的账簿设置

材料明细核算的账簿设置有两种方式，如图 6-1 所示。

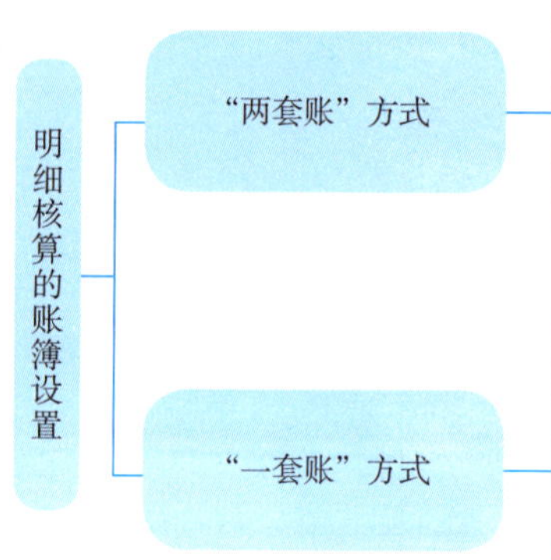

即在仓库设置一套材料卡片，由仓库保管人员登记材料实物数量的增减变动和结存情况；在财会部门设置一套数量金额式明细账，由财会人员进行登记。采用这种方式可以对材料的增减变动进行双重记录，账、卡的资料能够相互核对，便于财会部门及时进行金额的核算。但要对材料收发结存数量重复记录，使记账工作量增加

又称“账卡合一”，即把仓库设置的材料卡片和财会部门设置的材料明细账合并，设置一套既有数量又有金额的材料明细账。这套账放在仓库，由仓库人员负责登记收发结存数量，财会人员定期到仓库对数量进行核对，并负责登记收发结存的金额。它既能为仓库管理材料物资提供数量资料，又便于财会部门进行价值核算。为了便于控制各类材料的收发动态，一般在每本材料明细账簿的前面，设置一张汇总账页，定期汇总登记材料收发结存的金额

图6-1　材料明细核算的账簿设置

2. 材料明细账的登记方法

按实际成本进行材料收发的明细核算时，对收料和付款同时进行的业务，应在收料和付款后，根据收料凭证和有关的结算单据，在材料明细账中逐笔登记收料的数量和金额。对在途物资等到达验收入库后，再在材料明细账中登记数量和金额。对未付款的收料业务先登记收料数量，待付款后再补充登记收入材料的金额。对月末仍未付款的收料业务，可在材料明细账中记入收入材料的暂估金额，下月初用红字冲回，待实际付款时，再将收入材料的实际金额登记入账。

3. 发出材料的计价

《企业会计制度》规定，发出材料的实际成本，可以根据具体情况分别采用全月一次

加权平均法、移动加权平均法、先进先出法、个别计价法等方法确定。

（1）全月一次加权平均法。

全月一次加权平均法的内容如图 6-2 所示。

全月一次加权平均法

- 概念：采用全月一次加权平均法计算平均单位成本时，以存货的数量作为权数，于月末一次计算出该种存货的平均单价，并以此平均单价计算期末存货成本
- 计算公式：加权平均单位成本=（期初结存存货实际成本+本期入库存货实际成本）/（期初结存存货数量+本期入库存货数量）
- 特点：采用这种方法可减少日常核算工作量，但存货的计价工作集中在月末进行，影响成本计算和结账工作的及时性。由于平时账内不能反映各项存货的结存金额，不便于随时掌握存货的资金变动情况。为了解决这一矛盾，企业在各月存货的实际平均单价出入不大的情况下，可采用按上月加权平均单价计算本月发出存货实际成本的做法，这样既可以对发出存货及时计价，又可减轻月末核算的工作量。采用这种方法计算加权平均成本时，要受每一批收货成本的影响。所以其存货成本与现行成本相比，也会存在一定差距。在物价持续上涨或不断下降的情况下，其存货成本与重置成本之间的差距，尤为明显

图6-2 全月一次加权平均法

（2）移动加权平均法。

移动加权平均法的内容如图 6-3 所示。

移动加权平均法

- 概念：采用移动加权平均法，每购入一批不同单价的存货，就要重新计算一次平均单位成本
- 计算公式：移动加权平均单价=（本次收入前结存商品金额+本次收入商品金额）/（本次收入前结存商品数量+本次收入商品数量）
- 特点：采用移动加权平均法可及时对发出存货计价，但每购入一批存货就要计算一次加权平均单价，使存货核算工作较复杂。移动平均单位成本要受每一批收货成本的影响，所以其存货价值与重置成本相比，会存在一定差距。在物价持续上涨的情况下，期末存货价值会低于重置成本。在物价下降的情况下则相反

图6-3 移动加权平均法

（3）先进先出法。

先进先出法的内容如图 6-4 所示。

先进先出法

- 定义：以先购入的存货先发出这样一种存货实物流转假设为前提，对发出存货进行计价。先购入的存货成本在后购入的存货成本之前转出，据此确定发出存货和期末存货的成本
- 优缺点：优点是使企业不能随意挑选存货计价以调整当期利润；缺点是工作量比较烦琐，特别是对于存货进出量频繁的企业更是如此。而且当物价上涨时，会高估企业当期利润和库存存货价值；反之，会低估企业存货价值和当期利润

图6-4 先进先出法

（4）个别计价法。

个别计价法的内容如图 6-5 所示。

个别计价法

定义：假设存货的成本流转与实物流转相一致，按照各种存货，逐一辨认各批发出存货和期末存货所属的购进批别或生产批别，分别按其购入或生产时所确定的单位成本作为计算各批发出存货和期末存货成本

优缺点：计算发出存货的成本和期末存货的成本比较合理、准确，但前提是需要对发出和结存存货的批次进行具体认定，以辨别其所属的收入批次，所以实务操作的工作量繁重，困难较大

适用范围：一般不能替代使用的存货以及为特定项目专门购入或制造的存货

图6-5　个别计价法

二、原材料的清查

（一）清查的意义

在存货的核算和管理方面，企业不仅要依据有关原材料的收发凭证及时记录存货的增减变动情况，还要注意对原材料进行清查。在实际工作中，由于管理不善，日常收发计量、计算和登记账簿的误差，或验收不严、自然损耗、自然升溢、丢失毁损甚至出现贪污、盗窃等情况，都会造成企业原材料账实不符。为了查清上述情况和原因，企业应定期或不定期地对原材料进行盘点清查，清查的意义可归纳为以下几点：

（1）查清账实不符的原因，及时发现原材料管理上的问题，采取相应措施，建立健全必要的手续制度、审核制度，保护存货物资的安全完整。

（2）了解库存的各种原材料数量，检查分析企业各种原材料有无超储积压，检查原材料有无超过储存时间而发生霉变或质量下降情况，如发现上述现象，应及时处理，加速企业流动资金的周转。

（二）清查的步骤和方法

清查的步骤和方法如图 6-6 所示。

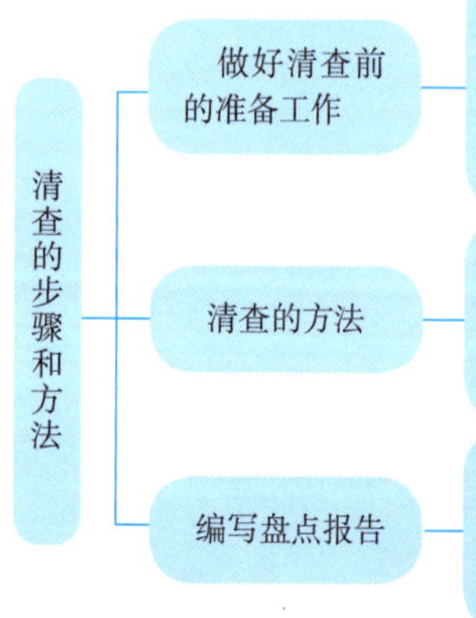

清查是否成功与事先的准备工作有密切的联系。在进行原材料清查前，首先，要确定清查人员，做到分工明确、范围明确、任务明确；其次，制定清查方案，确定对清查对象清查的顺序；再次，将原材料有关明细账记录完整后结出余额，同时应将被清查的原材料堆放整齐，便于清点；另外，还要准备好清查的计量器具、所需要的表格等，为清查做好准备工作

原材料的清查主要采用实地盘点法，通过对实物点数、过磅、量尺、计方等方法点清原材料的数量，并鉴定其质量。对大堆、廉价、笨重的物资，可以采用技术测量（算）法或估算法确定其实存数量。测算和估算的数量与账面余额差异不大时，可不做盘盈盘亏处理

盘点结束后，对于账实不符的原材料，应核实盈亏数量，查明原因，分清责任。对于残次变质的原材料，应查明形成的原因和责任人员。根据原材料盘点的结果，编制“原材料盘点盈亏报告表”，注明盘盈、盘亏的原因，提出处理意见，上报审批

图6-6　清查的步骤和方法

（三）清查结果的账务处理

原材料的盘盈、盘亏，须报经批准后才能处理，在未经批准前，通过设置“待处理财产损益”科目进行核算，该科目借方登记待处理盘亏、损失的原材料价值和盘盈原材料的转销价值；贷方登记盘盈原材料的价值和盘亏、损失原材料的转销价值。经批准转销后，该科目无余额。该科目下设“待处理固定资产损益”和“待处理流动资产损益”两个明细科目。对于盘盈的原材料，如属自然升溢，经批准应冲减“管理费用”等科目，若属发货方多发，则应和发货方联系后补付货款或退还多发的原材料物资。对于盘亏和损失的原材料，如果是由于计量的误差或定额内的自然损耗，经批准后可列入“管理费用”等科目；由于管理不善造成的霉变、毁损等，应追究过失人的责任，由过失人赔偿部分记入“其他应收款”科目，其余部分经批准可列入费用。对于自然灾害、意外事故等造成的损失，扣除保险公司赔偿后的净损失，经批准列入“营业外支出”科目。对于盘亏和损失的原材料，其购进时的增值税额，不应再作为增值税的扣除税额，应将其转出与盘亏和损失的原材料一并处理。

【例 6-1】安邦公司本期对库存材料进行盘点，发现乙材料盘亏 20 公斤，计划单价 300 元，材料成本差异率 1%，作会计处理并上报审批。

有关审批前后的账务处理如下：

（1）盘亏材料经批准前：

借：待处理财产损益——待处理流动资产损益　　6 060

　贷：原材料　　6 000

　　　材料成本差异　　60

（2）批准后，按批复转账，属于自然损耗批准列为管理费用：

借：管理费用　　6 060

　贷：待处理财产损益——待处理流动资产损益　　6 060

【例 6-2】安邦公司本月对产成品清查，发现盘亏甲产成品 10 件，计划单价 500 元。根据“原材料盘点盈亏报告表”入账。

（1）盘盈材料经批准前：

借：库存商品　　5 000

　贷：待处理财产损益——待处理流动资产损益　　5 000

（2）批准后，按批复转账，产品盘盈属收发计量上的错误，批准冲减管理费用处理：

借：待处理财产损益——待处理流动资产损益　　5 000

　贷：管理费用　　5 000

第二节　固定资产的账务处理

一、固定资产的折旧

（一）固定资产折旧的定义

折旧是指在固定资产的使用寿命内，按照确定的方法对应计折旧额进行的系统分摊。应计折旧额，是指应当计提折旧的固定资产的原价扣除其预计净残值后的金额。如果已对固定资产计提减值准备，还应当扣除已计提的固定资产减值准备累计金额。

（二）影响固定资产折旧的因素

影响固定资产折旧的因素主要有以下四个方面，如图 6-7 所示。

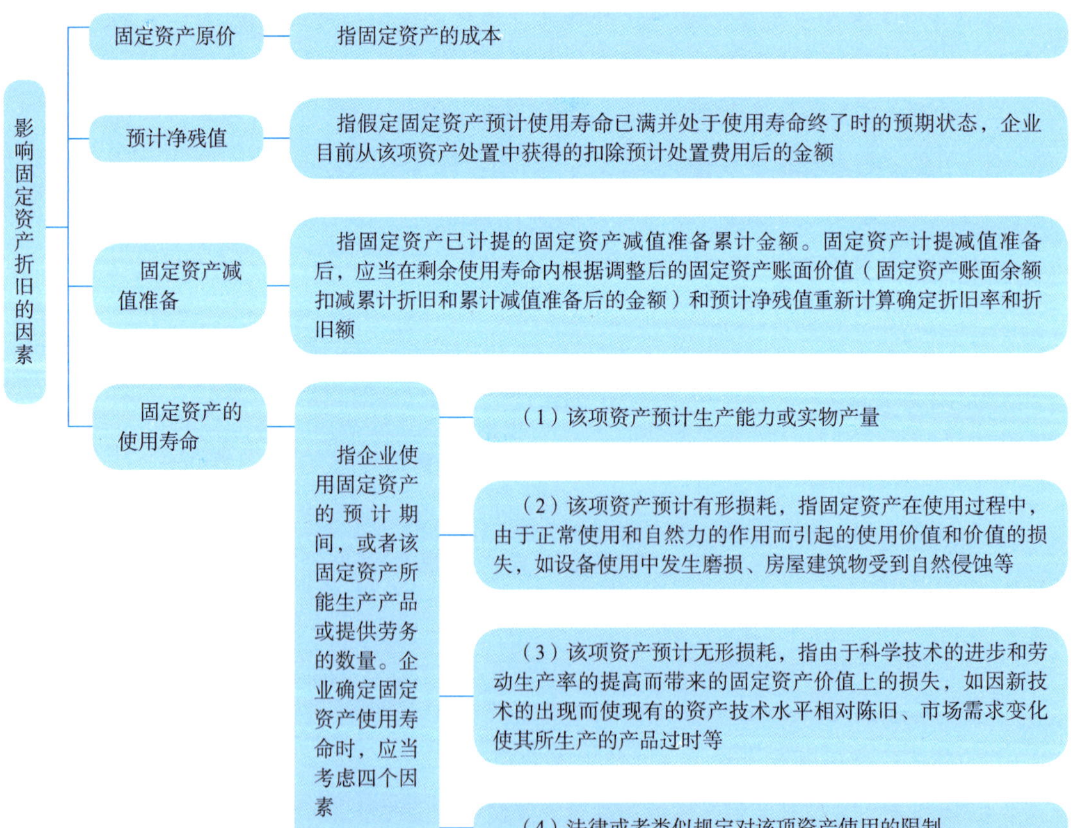

图6-7　影响固定资产折旧的因素

（三）固定资产折旧范围

企业应当对所有的固定资产计提折旧，但是，已提足折旧仍继续使用的固定资产和单独计价入账的土地除外。在确定计提折旧的范围时还应注意以下三点，如图 6-8 所示。

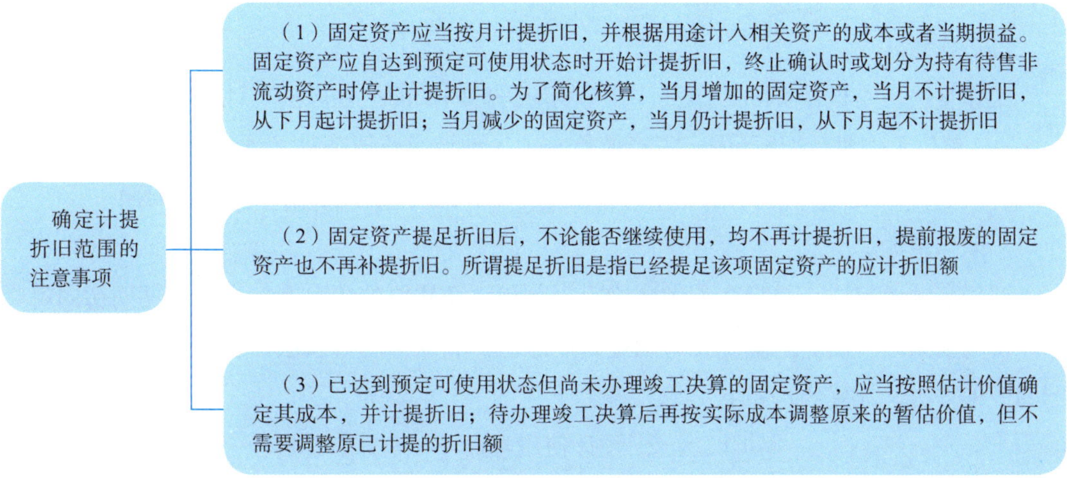

确定计提折旧范围的注意事项

（1）固定资产应当按月计提折旧，并根据用途计入相关资产的成本或者当期损益。固定资产应自达到预定可使用状态时开始计提折旧，终止确认时或划分为持有待售非流动资产时停止计提折旧。为了简化核算，当月增加的固定资产，当月不计提折旧，从下月起计提折旧；当月减少的固定资产，当月仍计提折旧，从下月起不计提折旧

（2）固定资产提足折旧后，不论能否继续使用，均不再计提折旧，提前报废的固定资产也不再补提折旧。所谓提足折旧是指已经提足该项固定资产的应计折旧额

（3）已达到预定可使用状态但尚未办理竣工决算的固定资产，应当按照估计价值确定其成本，并计提折旧；待办理竣工决算后再按实际成本调整原来的暂估价值，但不需要调整原已计提的折旧额

图6-8　确定计提折旧范围的注意事项

（四）固定资产折旧方法

企业应当根据与固定资产有关的经济利益的预期实现方式，合理选择折旧方法。可选用的折旧方法包括年限平均法、工作量法、双倍余额递减法和年数总和法等。企业选用不同的固定资产折旧方法，将影响固定资产使用寿命期间内不同时期的折旧费用，因此，固定资产的折旧方法一经确定，不得随意变更。如需变更应当符合固定资产准则第十九条的规定。

1. 年限平均法

年限平均法又称直线法，是指将固定资产的应计折旧额均衡地分摊到固定资产预计使用寿命内的一种方法。采用这种方法计算的每期折旧额均相等。计算公式如下：

$$年折旧率=年折旧额/固定资产原值\times 100\%$$

$$月折旧率=年折旧率 / 12$$

$$月折旧额=固定资产原价\times 月折旧率$$

采用年限平均法计算固定资产折旧虽然比较简便，但它也存在着一些明显的局限性。首先，固定资产在不同使用年限提供的经济效益是不同的。一般来说，固定资产在其使用前期工作效率相对较高，所带来的经济利益就多；而在其使用后期，工作效率一般呈下降趋势，因而，所带来的经济利益就逐渐减少。年限平均法不予考虑，明显是不合理的。其次，固定资产在不同的使用年限发生的维修费用也不一样。固定资产的维修费用将随着其使用时间的延长而不断增加，而年限平均法也没有考虑这一因素。

当固定资产各期负荷程度相同时，各期应分摊相同的折旧费，这时采用年限平均法计算折旧是合理的。但是，如果固定资产各期负荷程度不同，采用年限平均法计算折旧时，则不能反映固定资产的实际使用情况，计提的折旧额与固定资产的损耗程度也不相符。

2. 工作量法

工作量法，是根据实际工作量计算每期应提折旧额的一种方法。计算公式如下：

单位工作量折旧额=固定资产原价×（1-预计净残值率）/预计总工作量

某项固定资产月折旧额=该项固定资产当月工作量×单位工作量折旧额

3. 双倍余额递减法

双倍余额递减法，是指在不考虑固定资产预计净残值的情况下，根据每期期初固定资产原价减去累计折旧后的金额（即固定资产净值）和双倍的直线法折旧率计算固定资产折旧的一种方法。计算公式如下：

年折旧率=2/预计使用寿命（年）×100%

月折旧率=年折旧率/12

月折旧额=固定资产净值×月折旧率

由于每年年初固定资产净值没有扣除预计净残值，因此，在应用这种方法计算折旧额时必须注意不能使固定资产的净值降低到其预计净残值以下，即采用双倍余额递减法计提折旧的固定资产，通常在其折旧年限到期前两年内，将固定资产净值扣除预计净残值后的余额平均摊销。

【例 6-3】甲公司某项设备原价为 120 万元，预计使用寿命为 5 年，预计净残值率为 4%；假设甲公司没有对该机器设备计提减值准备。

甲公司按双倍余额递减法计提折旧，每年折旧额计算如下：

年折旧率 =2/5×100%=40%

第一年应提的折旧额 =120×40%=48（万元）

第二年应提的折旧额 =（120-48）×40%=28.8（万元）

第三年应提的折旧额 =（120-48-28.8）×40%=17.28（万元）

从第四年起改按年限平均法（直线法）计提折旧：

第四年、第五年应提的折旧额 =（120-48-28.8-17.28-120×4%）÷2=10.56（万元）

4. 年数总和法

年数总和法，又称年限合计法，是将固定资产的原价减去预计净残值的余额乘以一个以固定资产尚可使用寿命为分子、以预计使用寿命逐年数字之和为分母的逐年递减的分数计算每年的折旧额。计算公式如下：

年折旧率=尚可使用寿命/预计使用寿命的年数总和×100%

月折旧率=年折旧率 / 12

月折旧额=（固定资产原价-预计净残值）×月折旧率

双倍余额递减法和年数总和法都属于加速折旧法，其特点是在固定资产使用的早期多提折旧，后期少提折旧，其递减的速度逐年加快，从而相对加快折旧的速度，目的是使固定资产成本在估计使用寿命内加快得到补偿。

（五）固定资产折旧的会计处理

固定资产应当按月计提折旧，计提的折旧应通过“累计折旧”科目核算，并根据用途计入相关资产的成本或者当期损益。

（1）企业基本生产车间所使用的固定资产，其折旧应计入制造费用。

（2）管理部门所使用的固定资产，其计提的折旧应计入管理费用。

（3）销售部门所使用的固定资产，其计提的折旧应计入销售费用。

（4）自行建造固定资产过程中使用的固定资产，其计提的折旧应计入在建工程成本。

（5）经营租出的固定资产，其计提的折旧额应计入其他业务成本。

（6）未使用的固定资产，其计提的折旧应计入管理费用。

【例 6-4】甲公司 2020 年 1 月固定资产计提折旧情况如下：

第一生产车间厂房计提折旧 7.6 万元，机器设备计提折旧 9 万元。

管理部门房屋建筑物计提折旧 13 万元，运输工具计提折旧 4.8 万元。

销售部门房屋建筑物计提折旧 6.4 万元，运输工具计提折旧 5.26 万元。

此外，本月第一生产车间新购置一台设备，原价为 122 万元，预计使用寿命 10 年，预计净残值 1 万元，按年限平均法计提折旧。

本例中，新购置的设备本月不提折旧，应从 2020 年 2 月开始计提折旧。甲公司 2020 年 1 月计提折旧的账务处理如下：

借：制造费用——第一生产车间　　166 000

　　管理费用　　178 000

　　销售费用　　116 600

　贷：累计折旧　　460 600

二、固定资产的处置

（一）固定资产终止确认的条件

固定资产满足图 6-9 所示条件之一的，应当予以终止确认：

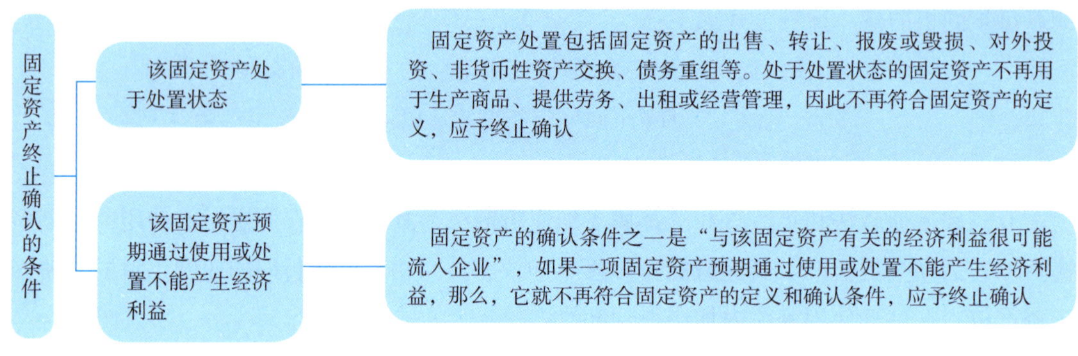

图6-9 固定资产终止确认的条件

（二）固定资产处置的账务处理

企业出售、转让、报废固定资产或发生固定资产毁损，应当将处置收入扣除账面价值和相关税费后的金额计入当期损益。固定资产处置一般通过“固定资产清理”科目进行核算。

企业因出售、转让、报废或毁损、对外投资、非货币性资产交换、债务重组等处置固定资产，其会计处理一般经过图 6-10 所示的五个步骤。

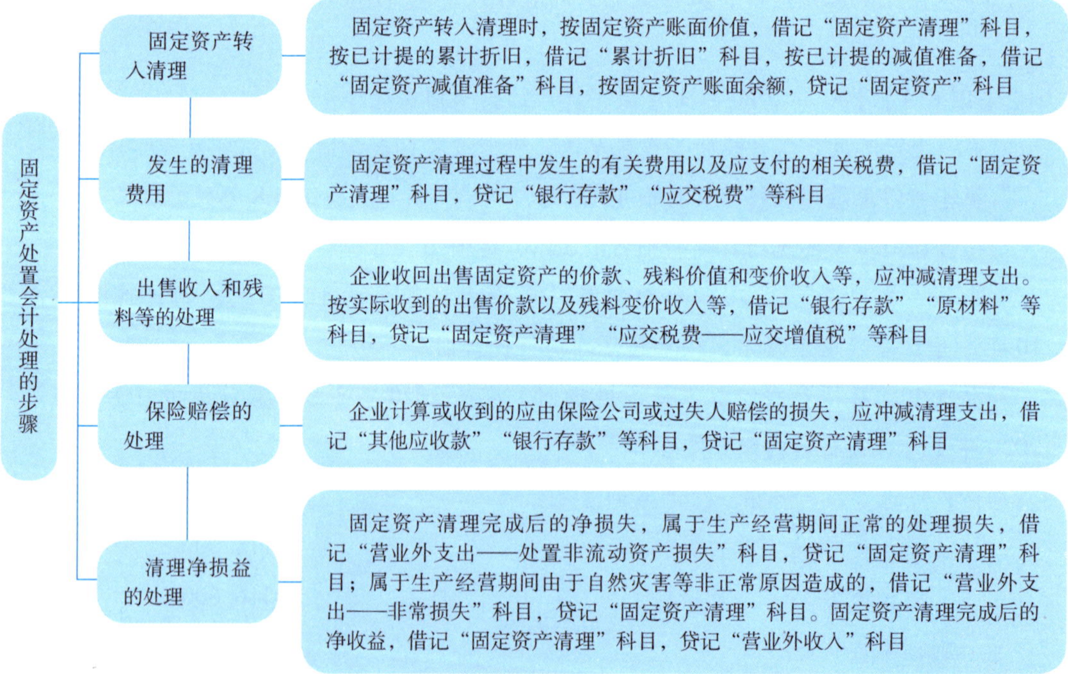

图6-10 固定资产处置会计处理的步骤

（三）固定资产盘亏的会计处理

固定资产是一种价值较高、使用期限较长的有形资产，因此，对于管理规范的企业而言，盘盈、盘亏的固定资产较为少见。企业应当健全制度，加强管理，定期或者至少于每年年末对固定资产进行清查盘点，以保证固定资产核算的真实性和完整性。如果清查中发现固定资产损益的应及时查明原因，在期末结账前处理完毕。

固定资产盘亏造成的损失，应当计入当期损益。企业在财产清查中盘亏的固定资产，按盘亏固定资产的账面价值借记“待处理财产损益——待处理固定资产损益”科目，按已计提的累计折旧，借记“累计折旧”科目，按已计提的减值准备，借记“固定资产减值准备”科目，按固定资产原价，贷记“固定资产”科目。按管理权限报经批准后处理时，按可收回的保险赔偿或过失人赔偿，借记“其他应收款”科目，按应计入营业外支出的金额，借记“营业外支出——盘亏损失”科目，贷记“待处理财产损益”科目。

第三节　生产成本的核算

一、生产成本核算的会计科目

为了反映和监督产品生产过程中发生的各项费用，正确计算产品成本，加强产品成本的管理，工业企业应设置“生产成本”“制造费用”两个基本账户和相应的成本明细账户。

（一）“生产成本”账户

“生产成本”账户是核算企业生产各种产品、自制半成品等所发生的各项生产费用的账户。该账户应设置“基本生产成本”和“辅助生产成本”两个二级账户，如图 6-11 所示。

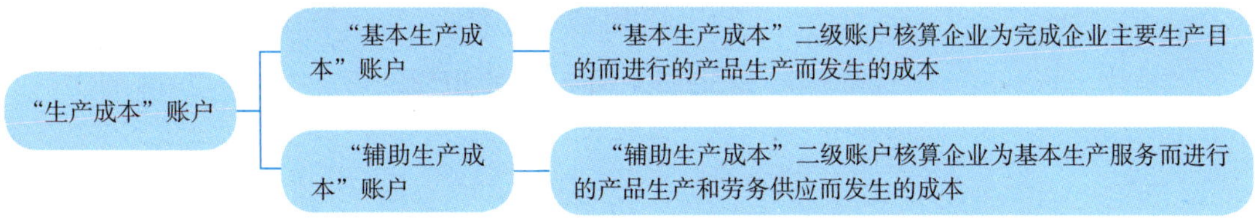

图6-11　“生产成本”的两个二级账户

在这两个二级账户下，应按产品成本计算对象开设明细账或成本计算单，并按成本项目设置专栏进行核算。

发生的各项生产费用，借记“生产成本”账户及其有关的明细账，结转已完工并验收入库产成品、半成品及已提供的劳务，贷记“生产成本”账户及其有关的明细账。期末，“生产成本”账户的借方余额反映尚未完成的各项在产品的成本。

（二）“制造费用”账户

“制造费用”账户核算企业为生产产品和提供劳务而发生的各项间接费用。该账户应按不同的车间、部门设置明细账，并按制造费用的项目内容设专栏，进行明细核算。

发生的各项间接费用计入“制造费用”账户及所属明细账的借方；月终，将制造费用分配计入有关成本计算对象时，记入“制造费用”账户及所属明细账的贷方。月末一般应无余额。

二、在产品与产成品的分配

（一）在产品与完工产品的含义

产品按其是否加工完毕可分为在产品和完工产品两种，如图 6-12、图 6-13 所示。

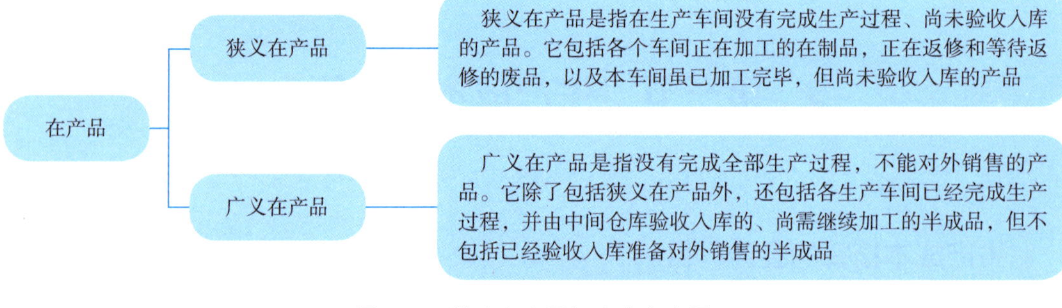

图6-12　狭义在产品与广义在产品

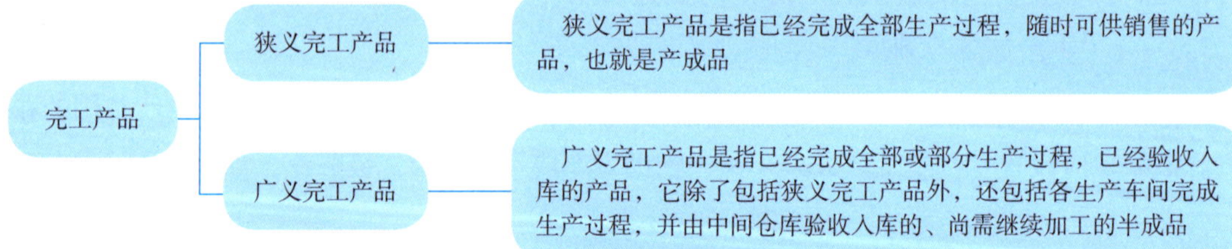

图6-13　狭义完工产品与广义完工产品

（二）在产品成本与完工产品成本

由于产品可分为在产品和完工产品，因此，产品成本也可分为在产品成本和完工产品成本。企业在生产产品过程中发生的各项直接费用或间接费用，采用各种方法进行归集和分配后，已全部集中在“生产成本——基本生产成本”账户，以及按产品名称设置的明细分类账账户之中。月末在“生产成本——基本生产成本”各明细分类账账户中，如果本月份投产的产品全部完工，那么该基本生产成本明细分类账账户中归集的生产费用就是完工产品的成本；如果本月份投产的产品全部未完工，那么该基本生产成本明细分类账账户中归集的生产费用就是在产品的成本；如果本月投产的产品有一部分已经完工，成为完工产品，另一部分尚未完工，成为在产品，那么该账户中归集的生产费用就需要采用适当的方法在完工产品和在产品之间进行分配，分别计算出完工产品成本与月末在产品成本。本月末的在产品成本将成为下月初的在产品成本，月初和月末的在产品成本均保留在“生产成本——基本生产成本”账户内。

现将月初在产品成本、月末在产品成本、本月生产费用和本月完工产品成本四者之间的关系用公式表示如下：

月初在产品成本+本月生产费用=本月完工产品成本+月末在产品成本

在这个公式中，左边两个项目的金额是已知数，右边两个项目的金额是未知数，就需要将已知的两个项目的金额，即月初在产品成本与本月生产费用两个项目的合计数（简称生产费用合计），在本月完工产品成本与月末在产品成本之间进行分配。

生产费用合计在本月完工产品成本和月末在产品成本之间分配的方法通常有两种：一种方法是将生产费用合计采用一定的标准进行分配，同时计算出本月完工产品成本和月末在产品成本；另一种方法是先确定月末在产品成本，然后将月末在产品成本移项到公式的左边，再计算本月完工产品成本。无论采用哪种分配方法，都必须正确组织和加强在产品的收入、发出和结存的核算，从而为正确计算本月完工产品成本奠定基础。

（三）在产品数量的核算

企业进行在产品的日常核算需要设置“在产品收发结存账”，以登记在产品的收入、转出和结存的数量。“在产品收发结存账”，又称“在产品台账”，应根据生产特点和管理上的需要设置，通常是分车间并按产品品种和在产品名称设置的。各车间应认真做好在产品的计量、验收和交接工作，并应根据领料单、在产品内部转移单、产品交库单和废品交库单等原始凭证，及时登记“在产品收发结存账”。

“在产品收发结存账”可以由车间核算人员登记，也可以由各班组核算人员登记，再由车间核算人员审核。

（四）生产费用在在产品与完工产品之间的分配

企业归集的生产费用在在产品与完工产品之间的分配是成本计算中的一项重要而复杂的工作，企业应根据月末结存在产品的数量和完工程度，以及企业定额管理水平的高低等具体条件，选择合理简便的分配方法。

生产费用在在产品与完工产品之间的分配方法主要有以下几种。

1. 不计算在产品成本法

不计算在产品成本法是指将当月发生的生产费用全部作为完工产品成本的方法。当企业月末在产品数量很少，所占用的费用额小，月初在产品成本与月末在产品成本之间的差额则更小。月末是否计算在产品成本对产品成本的影响极小，并且管理上也不需要计算在产品成本时，为了简化计算工作，可以不计算在产品成本，完工产品成本就是该产品本月份发生的生产费用。这种方法适用于采掘、发电、供水等企业。

2. 按所耗原材料费用计算在产品成本法

按所耗原材料费用计算在产品成本法是指将在产品所耗原材料费用作为在产品成本，而将其余的生产费用全部作为完工产品成本的方法。

当企业各月月末在产品的数量较多，并且数量的波动也较大时，就需要每月计算在产品成本。如果在生产产品的成本中，原材料费用占有较大的比重，而加工费用占有较小的比重，月初、月末在产品加工费用差额较小时，为了简化计算工作，在产品可以只计算原材料费用而不计算加工费用，加工费用全部由完工产品负担。则全部生产费用减去月末在产品所耗用的原材料费用，就是完工产品的成本。按所耗原材料费用计算在产品成本法适用于造纸、酿酒等企业。其计算公式如下：

材料费用分配率=（月初在产品成本+本月耗用材料费用）/（本月完工产品+月末在产品）

本月完工产品成本=材料费用分配率×本月完工成本

【例 6-5】安邦公司生产 E 产品，原材料在生产开始时一次投入。10 月初在产品成本为 14 220 元，本月耗用直接材料 48 260 元，直接人工 8 550 元，燃料及动力费 1 820 元，制造费用 4 200 元。本月完工产品 600 件，月末在产品 200 件。

按所耗原材料费用计算在产品成本如下：

材料费用分配率 =（14 220+48 260）/（600+200）=78.1

月末在产品成本 =200×78.1=15 620（元）

3. 按固定成本计算在产品成本法

按固定成本计算在产品成本法是指对各月月末（年末除外）的在产品成本按年初在产品成本计价，从而计算完工产品成本的方法。当企业各月月末在产品结存数量较少，但金额较大，或者在产品结存数量较多，但各月月末在产品的数量稳定，月初、月末在产品成本的差额较小，是否计算各月在产品成本的差额对产品成本的影响不大时，可将各月末在产品成本均按年初数计算。

采用这种方法，各月末的在产品成本均按年初数计价，那么各种产品当月归集的生产费用就是该种完工产品的成本。年末，需要根据实际盘点的在产品数量，重新计算年末在产品成本，并将其作为下一会计年度各月固定的在产品成本，以免在产品以固定不变的成本计价时期过长，使在产品成本与实际成本相差较大，影响产品成本计算的正确性。这种方法适用于采用固定容器装置来从事冶炼、化工等的企业。

4. 按定额成本计算在产品成本法

按定额成本计算在产品成本法是指根据月末在产品数量、投料和加工程度，按照预先制定的在产品单位定额成本计算出在产品成本，从而计算出完工产品成本的方法。其计算公式如下：

在产品原材料费用定额成本=在产品数量×原材料单位定额费用

产品工资或费用定额成本=在产品的定额工时×单位工时定额工资或定额费用

计算出在产品的定额成本后，将月初在产品定额成本，加上本月生产费用，减去月末在产品成本后，即为完工产品成本。

按定额成本计算在产品成本法计算较为简便。但由于在产品成本是按定额成本计价的，所以，本月份在产品成本的实际耗费与在产品定额成本之间的差异全部由完工产品来负担。这种方法适用于定额管理基础好，产品的各项消耗定额及费用定额比较准确和稳定，而且月末在产品数量变动不大的企业。

5. 定额比例法

定额比例法是指产品的生产费用按照完工产品和月末在产品的定额耗用量或定额费用的比例，分配计算完工产品成本和月末在产品成本的方法。采用这种方法，直接材料按照原材料定额耗用量或原材料定额成本比例进行分配；直接人工、燃料及动力和制造费用等各项加工费用，可以按定额工时或定额费用比例进行分配。在耗用材料品种不多的情况下，通常采用定额耗用量进行分配。其计算公式如下：

材料耗用量分配率=（月初在产品实际耗用量+本月投入的实际耗用量）/（完工产品定额耗用量+月末在产品定额耗用量）

在具备了月初、月末在产品定额消耗量（定额费用）、本月投入生产的定额消耗量（定额费用），以及本月完工产品定额消耗量（定额费用）资料的情况下，既可按前几个分配费用的公式分配费用，也可按下列公式分配费用：

完工产品实际消耗量=完工产品定额消耗量×消耗量分配率

完工产品费用=完工产品实际消耗量×原材料单价（或单位工时的工资、费用）

月末在产品实际消耗量=月末在产品定额消耗量×消耗量分配率

月末在产品费用=月末在产品实际消耗量×原材料单价（或单位工时的工资、费用）

按定额耗用量进行分配，既反映了完工产品和月末在产品各成本项目的实际耗用量，又反映了实际费用额，便于分析和考核各项耗用定额的执行情况。

采用定额比例法计算完工产品成本与月末在产品成本，不仅计算的结果比按定额成本计算在产品成本法更合理、正确，而且便于将实际成本与定额成本相比较，分析和考核定额成本的执行情况，有利于对生产费用的控制。这种方法适用于定额管理基础好，产品各项消耗定额及费用定额比较准确和稳定，而且月末在产品数量变动较大的企业。

6. 约当产量法

约当产量法是指先将月末在产品的数量，按照其完工程度折算为相当于完工产品的产量，即约当产量，然后将生产费用合计按照完工产品产量和在产品的约当产量的比例进行分配的方法。其计算公式如下：

在产品约当产量=在产品数量×完工百分比（完工率）

生产费用分配率（约当产量单位成本）=月初在产品成本+本月生产费用/完工产品产量+在产品约当产量

完工产品成本=完工产品产量×生产费用分配率

月末在产品成本=在产品约当产量×生产费用分配率

约当产量法的关键是准确地确定在产品的约当产量。由于月末在产品的投料程度和加工程度往往不同，因此需要分别确定在产品的原材料费用的约当产量和加工费用的约当产量。

（1）在产品原材料费用约当产量的确定。

在产品原材料费用约当产量通常是以在产品的投料率确定的，由于在产品的投料率受生产工序的影响，因此应区别不同的生产工序进行阐述。

①单工序生产的在产品原材料费用约当产量的确定。在单工序生产的情况下，如果原材料在生产开始时一次投入，那么投料率为100%，此时单件在产品的约当产量为100%，与完工产品是相同的。如果原材料是随着加工的进度陆续投入的，则需根据在产品月末所处加工阶段的投料率来计算确定其约当产量。

②多工序生产的在产品原材料费用约当产量的确定。在多工序生产的情况下，如果原材料在第一工序生产开始时一次投入，在产品约当产量的确定方法与单工序相同，不再重述。如果原材料在每道工序开始时一次投入本工序所耗原材料，那么从每道工序来看，同一工序的在产品所耗用的原材料是相等的，而不同工序的在产品所耗用的原材料是不同的。这就需要根据产品的消耗定额和各道工序在产品的消耗定额，确定各道工序在产品的投料率，再据以计算在产品约当产量。其计算公式如下：

某工序在产品完工程度=（前一道工序的工时定额+本道工序的工时定额×本道工序的平均完工程度）/工时定额

在产品约当产量=在产品数量×完工程度

（2）在产品加工费用约当产量的确定。

在产品加工费用包括直接人工、燃料及动力和制造费用。加工费用通常以在产品的完工率确定约当产量，而完工率是按加工时间确定的，确定在产品的完工率也受到生产工序的影响。因此应区别不同的生产工序进行阐述。

①单工序生产的在产品加工费用约当产量的确定。在单工序生产的情况下，可根据在产品的加工时间占完工产品定额工时的比例计算。

②多工序生产的在产品加工费用约当产量的确定。根据多工序产品生产的特点不同，可分为以下两种计算方法。

A. 全部在产品均按产品 50% 的完工率计算约当产量。企业在产品数量在各道加工工序上分布比较均匀，并且各道工序的加工量也相当接近。第一道工序刚刚投产加工，而最后一道工序产品已快完工，在这种情况下，可以将全部在产品均按 50% 完工率计算约当产量，这样计算既简便又合理。

B. 按各道在产品的完工率分别计算其约当产量。企业在产品数量在各道加工工序上分布不均匀，各道工序的加工量也各异，这就需要按每道工序确定其完工率。计算公式如下：

某工序在产品完工程度=（前一道工序的工时定额+本道工序的工时定额 × 本道工序的平均完工程度）/ 工时定额

【例 6-6】安邦公司生产 D 产品有三道工序，第一、第二、第三道工序单位产品工时定额分别为 8 小时、4 小时和 4 小时；月末在产品的数量分别为 100 件、60 件和 50 件，完工率分别为 60%、80% 和 60%，计算月末在产品加工费用的约当产量如下：

第一道工序完工率 =8 × 60% / 16 × 100%=30%

第二道工序完工率 =（8+4 × 80%） / 16 × 100%=70%

第三道工序完工率 =（8+4+4 × 60%） / 16 × 100%=90%

月末在产品加工费用的约当产量 =100 × 30%+60 × 70%+50 × 90%=117（件）

企业采用约当产量法计算完工产品与月末在产品成本，必须正确核算在产品数量和正确估计在产品的完工率，才能正确确定在产品原材料费用和加工费用的约当产量。这种方法适用性广泛，特别适用于月末在产品数量较大，且各月末在产品数量不稳定，起伏较大，产品成本中原材料费用和加工费用各项目费用比重相差不多的产品。

7. 在产品成本按完工产品成本计算法

在产品成本按完工产品成本计算法是指将当月未完工的在产品按照完工产品计算成本的方法。由于这种方法将在产品视同完工产品，因此这种方法仅在特殊的情况下被采用。它适用于月末在产品已经接近完工，或者已经完工，尚未验收或包装入库的产品，处在这一阶段的在产品成本已经接近完工产品成本。为了简化计算工作，将在产品约当为完工产品计算，其具体计算方法和产品成本计算表的格式与约当产量法相同，不再重述。

（五）完工产品成本的结转

1. 完工产品成本的归集

企业生产产品而发生的各项生产费用在完工产品与月末在产品之间分配后，可计算出完工产品与月末在产品的成本。生产车间完工的产品包括基本生产车间完工的产成品和辅助生产车间完工的自制材料、工具和模具等。企业应在产品验收入库后，根据取得的产品交库单和产品成本计算表进行归集，编制“产品成本汇总表”“自制材料、工具、模具成本汇总表”等。

2. 结转完工产品成本的核算

企业根据按基本生产车间的完工产品编制的“产成品成本汇总表”所列的金额，借记“库存商品”账户，贷记“生产成本——基本生产成本”账户；根据按辅助生产车间完工的自制材料、工具、模具等编制的“自制材料、工具、模具成本汇总表”所列的金额，借记“原材料”或“低值易耗品”账户，贷记“生产成本——辅助生产成本”账户。

三、成本计算方法

（一）品种法

以产品品种为对象计算各品种产品生产成本的品种法，通常又称为简单法。它主要运用于大量大批单步骤生产的企业，其特点和适用范围如图 6-14 所示。

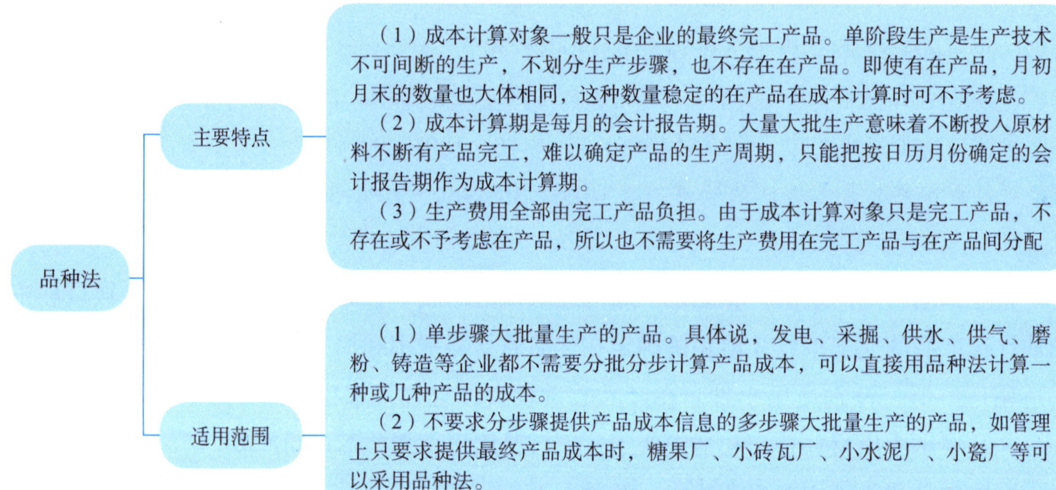

图6-14　品种法核算产品成本的主要特点与适用范围

产品成本核算的程序是规范生产费用汇总和分配的过程。采用品种法时，不划分生产步骤，生产费用汇总和分配的详简只与最终产品的品种多少有关。

（1）单一品种下的品种法。

企业最终产品是单一品种时，只需根据有关原始凭证及费用汇总表登记生产成本明细账，编制产品成本计算单即可算出单一产品的总成本和单位成本。这种程序是最简单的，又称为简单法的程序。

（2）多品种下的品种法。

企业有两种或两种以上的产品时，就要按产品设置生产成本明细账，尽可能根据原始凭证分清某产品耗用，以便作为直接费用直接记入该产品生产成本明细账，对间接费用则要选择适合的标准分配后记入。如果产品品种很多，又可分成类别时，要先按类别设置生产费用明细账，归集计算类别成本，再将各类别成本在该类各种产品之间分配，这种方法又称为分类法。多步骤大批量复杂生产下，如不要求分步骤计算成本，也不必分步骤设置生产成本明细账，但通常要考虑月初月末在产品成本。

（二）分批法

分批法是按照产品的批别来汇总生产费用并计算该批产品成本的一种成本计算方法。上文提到的品种法只划分产品的品种规格，而分批法是划分批别，也就是说，不同批别投产的同一种产品，也要分别计算产品成本。在生产组织特点是单件小批生产的企业中，每件或每批产品的种类和规格往往不同，特别是在科学技术飞速发展的时代，产品更新换代加快，每批产品都会有改进和发展，客观上要求分批计算成本。

产品的批别在企业中是按照工作号确定的。计划部门按合同上的订单签发工作号，供应部门按工作号储备材料，生产管理部门按工作号安排生产流程，生产车间按工作号组织生产，会计部门同样也按工作号分别汇总每件或每批产品的生产费用，并计算各工作号的生产成本。定单或工作号在这里起着核心作用，所以又把按工作号汇总生产费用并计算各工作号生产成本的分批法称为定单法。但是，客户的订单与厂内的工作号可以相同也可以不同，一张定单可以分为几个工作号，几张相同的定单也可以并为一个工作号。分批法是以厂内的工作号为准的。

分批法的特点和适用范围如图 6-15 所示。

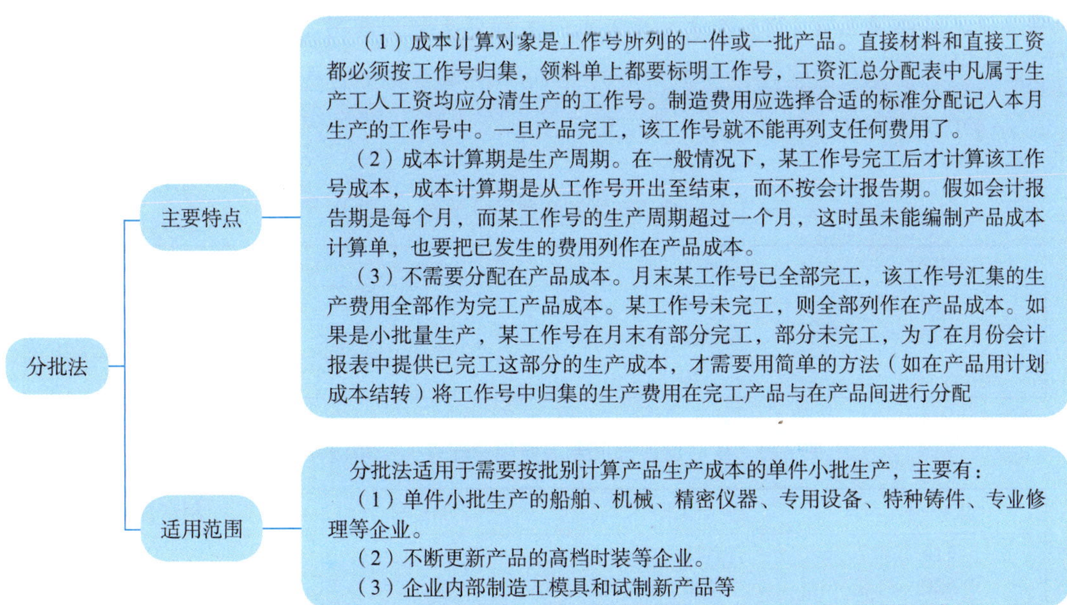

图6-15　分批法核算产品成本的主要特点与适用范围

分批法的成本计算程序是围绕着产品的批别进行的。直接生产费用应直接记入分步骤分批别设立的生产成本明细账，间接生产费用应先记入分步骤的制造费用明细账，再按工时、生产工人工资，或其他标准分配记入各批产品中。根据按批别设立生产成本明细账编制各批产品成本计算单。基本计算程序如图 6-16 所示。

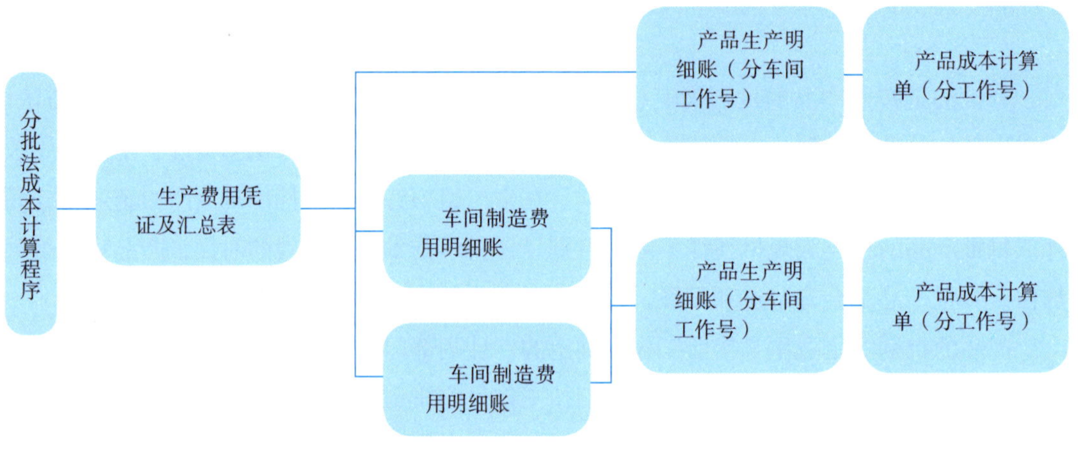

图6-16 分批法成本计算程序

【例 6-7】长安电机厂在筹建期间小批量试生产电机，5 月投产 5 台工作号为 620 的电机，6 月完工。6 月投产 2 台工作号为 610 的电机，当月只完工 1 台。6 月计算 610 工号和 620 工号成本的过程如下：

（1）分别编制金工车间和装配车间制造费用分配表（按生产工时分配）如表 6-1（A）、表 6-1（B）所示。金工车间本月发生制造费用 1 080 元（管理人员工资 500 元、折旧 400 元、办公费 180 元）、装配车间本月发生制造费用 870 元（管理人员工资 470 元、折旧 150 元、办公费 250 元）。

表 6-1（A） 金工车间制造费用分配表 2019 年 6 月

工作号	生产工时	分配率	制造费用
610 620	40 500		80 1 000
合计	540	2	1 080

表 6-1（B） 装配车间制造费用分配表 2019 年 6 月

工作号	生产工时	分配率	制造费用
610 620	14 160		70 800
合计	174	5	870

（2）车间生产成本明细账如表 6-2（A）、表 6-2（B）所示。

表 6-2（A）　金工车间生产成本明细账　　2019 年 6 月

成本项目	工作号 610	工作号 620
直接材料 直接工资 制造费用	700 320 80	4 000 1 600 1 000
合计	1 100	6 600

表 6-2（B）　装配车间生产成本明细账　　2019 年 6 月

成本项目	工作号 610	工作号 620
直接材料 直接工资 制造费用	500 230 70	5 500 1 000 800
合计	800	7 300

（3）产品成本计算单如表 6-3（A）、表 6-3（B）所示。610 电机属部分完工，用计划成本结转完工 1 台的生产成本。620 电机已全部完工。

表 6-3（A）　产品成本计算单　　工作号：610　　2019 年 6 月

成本项目	生产成本			完工成本	在产品成本
	金工车间	装配车间	合计		
直接材料 直接工资 制造费用	700 320 80	500 230 70	1 200 550 150	800 400 100	400 150 50
合计	1 100	800	1 900	1 300	600

表 6-3（B）　产品成本计算单　　工作号：620　　2019 年 6 月

成本项目	5 月生产成本	6 月生产成本		生产成本合计	完工成本（5 台）
		金工车间	装配车间		
直接材料 直接工资 制造费用	1 500 400 200	4 000 1 600 1 000	5 500 1 000 800	11 000 3 000 2 000	11 000 3 000 2 000
合计	2 100	6 600	7 300	16 000	16 000

（4）产品成本计算表如表 6-4（A）、表 6-4（B）所示。

表 6-4（A） 产品成本计算表

产品：610 电机　　2015 年 6 月　　产量：1 台

成本项目	总成本	单位成本
直接材料 直接工资 制造费用	800 400 100	800 400 100
合计	1 300	1 300

表 6-4（B） 产品成本计算表

产品：620 电机　　2015 年 6 月　　产量：5 台

成本项目	总成本	单位成本
直接材料 直接工资 制造费用	11 000 3 000 2 000	2 200 600 400
合计	16 000	3 200

（三）逐步结转分步法

在多步骤复杂生产的企业中，必须考虑半成品在各步骤之间的流转，运用专门方法处理产品成本在各步骤的逐步形成。由于大批量生产，产品批别不易区分，无法采用分批法，必须按生产阶段分步骤计算产品成本。分步成本计算在处理各步骤之间的相互关系时，可以是紧密联系，与物质流量相一致，也可以互相独立进行，与物质流量相分离，由此形成两种分步成本计算方法：逐步结转分步法和平行结转分步法。

逐步结转分步法是根据产品生产工艺流程，按顺序分步骤计算各步骤半成品成本并结转下一步骤，最终计算完工产品生产成本的方法。当某一步骤的半成品有独立经济意义或半成品虽无独立经济意义，只能转入下一步骤继续生产或加工，但本企业管理上要求提供该步骤半成品成本信息，以便进行各期比较或同上期比较，就必须按生产步骤追踪产品成本的累积过程，采用逐步结转分步法。

1. 逐步结转分步法的特点

（1）成本计算对象是最终完工产品和各步骤的半成品。在最终生产步骤前的每一步骤都会有半成品，要计算出该步骤的半成品成本，入库或直接结转下一步骤作为加工对象，到最后生产步骤计算出的就是经过全部生产步骤的产品完全制造成本。所以各步骤都要设置产品或半成品生产成本明细账和产品成本计算单。

（2）成本计算期是每月的会计报告期。连续式复杂生产下必然进行大批量生产，无法划分生产周期，只能以每月作为成本计算期。

（3）必须分步骤确定在产品成本，计算半成品成本和最终完工产品成本。在连续式生产中，各阶段都可能有在产品，必须采用专门的方法将各步骤汇总的生产费用在完工产成品与半成品及在产品之间分配，以确定在产品成本。除第一阶段以外的各个阶段，都要汇总本步骤发生的生产费用，还要将领用上一阶段半成品作为本阶段原材料成本，使各阶段的半成品成本都是截至本阶段为止的完全累积成本。逐步结转分步法追踪生产过程各阶段生产耗费和成本累积的过程可以形象比喻为“滚雪球”，越滚越大的雪球犹如在由前向后发生的物质流转中由小到大不断累积的半成品和产成品成本。生产费用的多次汇总和分配，最后计算出产品成本的过程在这里体现得最为明显。每“滚”过一个生产阶段，就要在本阶段内进行生产费用的汇总和分配，要汇总领用前一阶段的半成品成本和本阶段发生的各项加工费用，加上月初在产品，将汇总的生产费用在本阶段月末在产品和半成品或产成品之间分配。本阶段的半成品成本，应再结转入库或直接转入下一阶段，作为下一阶段的原材料成本。不断重复进行这样的汇总和分配，最后一个阶段就能计算出完工产品成本。

在产品成本通常采用约当产量法分配计算。期初期末在产品均要折合为完工产品的约当产量。期初在产品在本期加工完成的产成品与本期投产本期完工的产成品成本实际上是不同的，是否承认这个区别？承认这个区别，就要采用在产品成本计算的先进先出法，不承认这个区别或不需要确认这种区别时，就采用在产品成本计算的平均成本法。

（4）半成品成本结转下一阶段时，如采用综合结转法，本阶段半成品成本所包含的各个项目全部综合为下一阶段的直接材料项目，最后阶段计算出的产品成本就不是按原始成本项目反映的成本，而是夸大了直接材料项目，最后一个阶段之前的各个阶段的费用全部列入直接材料。同时降低了直接工资和制造费用，这两个成本项目仅仅反映最后一个阶段的费用。为了改变成本结构被扭曲的状况，必须进行成本还原。如果采用分项结转法，就可以使产品成本按原始成本项目反映，不需要成本还原。

2. 逐步结转分步法的适用范围

多步骤复杂生产的大批量生产企业可以运用逐步结转分步法，具体包括下列企业：

（1）半成品可对外销售，或半成品虽不对外销售但需进行比较考核的企业。如纺织企业的棉纱、坯布，冶金企业的生铁、钢锭、铝锭，化肥企业的合成氨等半成品都属于这种情况。

（2）一种半成品同时转作几种产成品原料的企业。如生产钢铸件、铜铸件的机械企业，生产纸浆的造纸企业。

（3）实行承包经营责任制的企业。对外承包必然在内部也要承包或逐级考核，需要计算各步骤的半成品成本。

3. 逐步结转分步法成本计算的程序及举例

逐步结转分步法要按生产步骤的顺序分步骤计算半成品成本，再按顺序结转下一步骤，成本计算的过程也就是半成品成本累积的过程，这个过程可用图 6-17 表示。

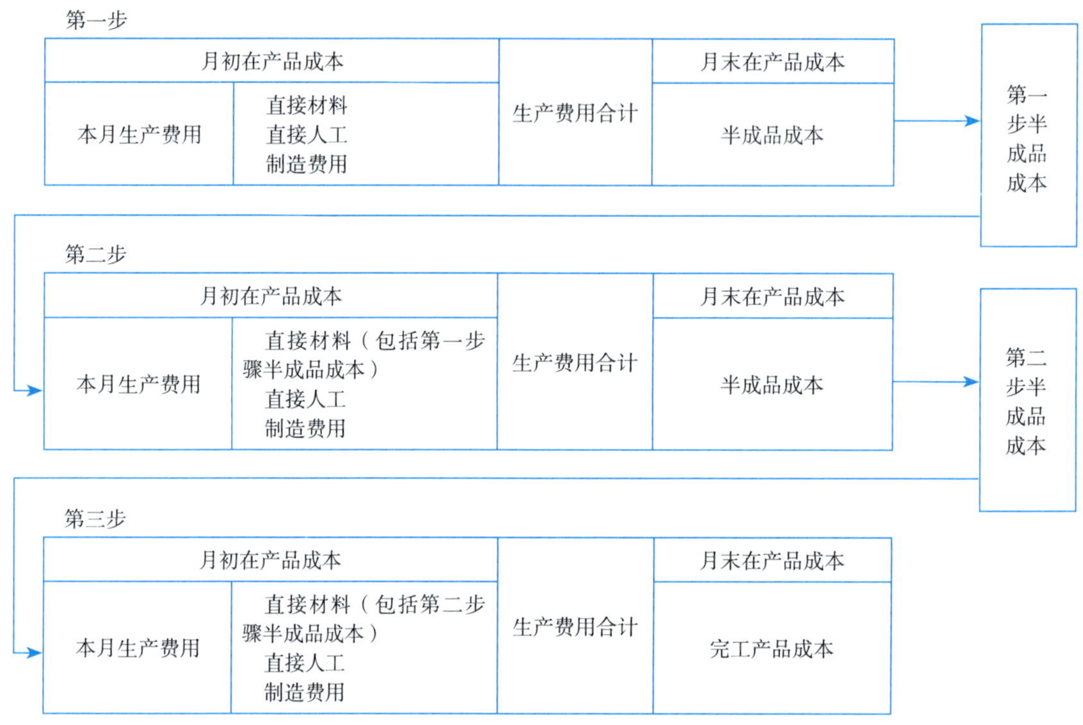

图6-17 逐步结转分步法下半成品成本累积示意图

根据半成品成本的累积过程，在具体运用逐步结转分步法时，成本计算的程序如图 6-18 所示。

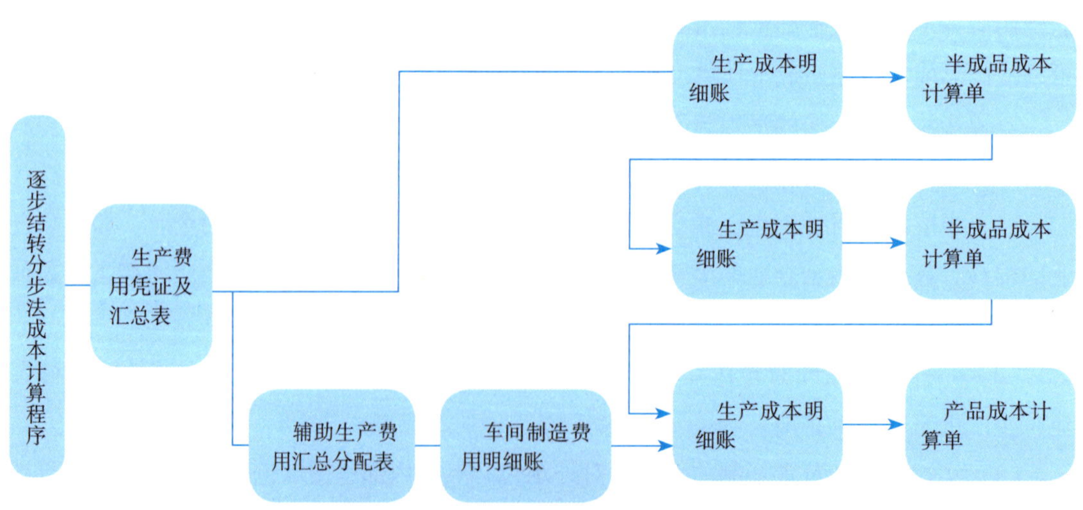

图6-18 逐步结转分步法成本计算程序

【例 6-8】某造纸厂设纸浆、制纸和成品三个基本生产车间，纸浆车间生产的半成品纸浆转到制纸车间作为原材料，制纸车间生产的半成品筒纸再转入成品车间裁切为复印纸，包装后验收入库。由于管理上需要按月提供纸浆和筒纸的半成品成本，以便于比较和考核，所以采用逐步结转分步法计算最终产品复印纸的成本。

（1）编制各车间制造费用明细账如表 6-5 所示。

表 6-5　各车间制造费用明细账

单位：元

纸浆车间制造费用明细账					
2019 年 6 月					
月份	管理人员工资	折旧	水电费	其他	合计
6 月	1 000	60 000	90 000	39 000	190 000
制纸车间制造费用明细账					
2019 年 6 月					
月份	管理人员工资	折旧	水电费	其他	合计
6 月	1 500	150 000	120 000	148 500	420 000
成品车间制造费用明细账					
2019 年 6 月					
月份	管理人员工资	折旧	水电费	其他	合计
6 月	600	40 000	50 000	7 400	980 000

（2）编制纸浆车间生产成本明细账及半成品纸浆成本计算单，如表 6-6（A）、表 6-6（B）所示。纸浆车间本月投产纸浆 1 000 吨，完工 800 吨，月末在产品纸浆 200 吨。在产品的直接材料项目已一次投入，完工程度 50%。

表 6-6（A）　纸浆车间生产成本明细账　　2019 年 6 月

单位：元

成本项目	月初在产品	本月生产费用	月末在产品	半成品成本
直接材料	100 000	700 000	160 000	640 000
直接工资	6 000	30 000	4 000	32 000
制造费用	80 000	190 000	30 000	240 000
合计	186 000	920 000	194 000	912 000

产成品与在产品约当产量：

材料：800 +200 × 100% =1 000（吨）

其他材料：800 +200 × 50%= 900（吨）

$$\text{月末在产品直接材料成本：}\frac{10\ 000+700\ 000}{1\ 000}\times 200\times 100\%=160\ 000$$

$$\text{月末在产品直接工资成本：}\frac{6\ 000+30\ 000}{900}\times 200\times 50\%=4\ 000$$

$$\text{月末在产品制造费用成本：}\frac{80\ 000+190\ 000}{900}\times 200\times 50\%=30\ 000$$

表 6–6（B） 纸浆半成品成本计算单　　2019 年 6 月

成本项目	总成本（800 吨）（元）	单位成本（元 / 吨）
直接材料 直接工资 制造费用	640 000 32 000 240 000	800 40 300
合计	912 000	1 140

（3）编制制纸车间生产成本明细账及半成品筒纸成本计算单如表 6–7（A）、表 6–7（B）所示。制纸车间本月领用半成品纸浆 400 吨，计 456 000 元，与其他材料一起列入直接材料项目。本月生产半成品筒纸 250 吨，在产品 50 吨，在产品已投入全部材料，完工程度 60%。

表 6–7（A） 制纸车间生产成本明细账　　2019 年 6 月

单位：元

成本项目	月初在产品	本月生产费用	月末在产品	半成品成本
直接材料 （其中：纸浆） 直接工资 制造费用	100 000 （9 000） 2 200 28 000	530 000 （456 000） 9 000 420 000	105 000 （91 000） 1 200 48 000	525 000 （455 000） 10 000 400 000
合计	130 200	959 000	154 200	935 000

产成品与在产品约当产量：

材料：250 +50 ×100%= 300（吨）

其他材料：250 +50×60%= 280（吨）

$$\text{月末在产品直接材料成本：}\frac{100\ 000+530\ 000}{300}\times 50\times 100\%=105\ 000$$

$$\text{月末在产品直接工资成本：}\frac{2\ 200+9\ 000}{280}\times 50\times 60\%=1\ 200$$

$$\text{月末在产品制造费用成本：}\frac{28\ 000+420\ 000}{280}\times 50\times 60\%=48\ 000$$

表 6-7（B） 简纸半成品成本计算单 2019 年 6 月

成本项目	总成本（250 吨）（元）	单位成本（元 / 吨）
直接材料	525 000	2 100
（其中：纸浆）	（455 000）	（1 820）
直接工资	10 000	40
制造费用	400 000	1 600
合计	935 000	3 740

（4）编制成品车间生产成本明细账及产成品复印纸成本计算单如表 6-8（A）、表 6-8（B）所示。成品车间本月领用半成品简纸 200 吨，计 748 000 元，与其他材料合并列入直接材料项目。本月生产产成品复印纸 10 000 箱，月末在产品 250 箱。该厂生产的特种复印纸每箱由两种不同规格的纸配成，月末在产品中直接材料（包括简纸）仅投入 40%，完工程度也是 40%。

表 6-8（A） 成品车间生产成本明细账 2019 年 6 月

单位：元

成本项目	月初在产品	本月生产费用	月末在产品	产成品成本
直接材料	30 000	828 500	8 500	850 000
（其中：简纸）	（29 700）	（748 000）	（7 700）	（770 000）
直接工资	1 500	49 000	500	50 000
制造费用	3 000	98 000	1 000	100 000
合计	34 500	975 500	10 000	1 000 000

产成品与在产品约当产量：

10 000 +250 ×40% =10 100（箱）

月末在产品直接材料成本：$\frac{30\ 000+828\ 500}{10\ 100}\times 250\times 40\%=8\ 500$

月末在产品直接工资成本：$\frac{1\ 500+49\ 000}{10\ 100}\times 250\times 40\%=500$

月末在产品制造费用成本：$\frac{3\ 000+98\ 000}{10\ 100}\times 250\times 40\%=1\ 000$

表 6-8（B） 复印纸产成品成本计算单　　2019 年 6 月

成本项目	总成本（10 000 箱）（元）	单位成本（元 / 箱）
直接材料	850 000	85
直接工资	50 000	5
制造费用	100 000	10
合计	1 000 000	100

4. 在产品成本计算的平均成本法与先进先出法

在造纸厂的简例中，月初在产品在本月生产完工的半成品与产成品和本月投产本月完工的半成品与产成品不加区别，提供的成本信息是相同的。在成本计算中，把月初在产品成本加上本月生产费用除以完工半成品或产成品与期末在产品约当产量之和，这种计算是采用在产品成本计算的平均成本法。

如果把月初在产品在本月加工完成的半成品或产成品与本月投产本月完工的区分开来，分别计算它们的成本，则采用在产品成本计算的先进先出法。

（1）在产品成本计算的平均成本法。

以制浆车间为例，采用平均成本法计算月末在产品成本，月初在产品与本月投产的产量及成本都是合并在一起计算的，不必考虑月初在产品的完工程度，只需折算月末在产品的约当产量，计算比较简便。一般企业都使用平均成本法，在月末在产品比重较小，月初月末在产品比较稳定时，更能显出其优点。

采用平均成本法计算纸浆成本的简要过程如表 6-9 所示。

表 6-9　纸浆成本计算单（采用平均成本法）　2019 年 6 月

产品物质流量（单位：吨）
月初在产品 /160
本月投产 /840
合计　1 000
本月完工 /800
月末在产品 /200
合计　1 000
生产成本（单位：人民币元）/ 总成本　单位成本月初在产品
直接材料 /100 000
直接工资 /6 000
制造费用 /80 000

续表

本月发生
直接材料　700 000　800
直接工资　30 000　40
制造费用　190 000　300
待分配的生产成本　1 106 000　1 140
生产成本分配
完工的纸浆半成品（800×1 140）/912 000
月末在产品
直接材料（200×100%×800）/160 000
直接工资（200×50%×40）/4 000
制造费用（200×50%×300）　30 000　194 000
合计　1 106 000
约当产量—直接材料：800 +200×100%=1 000
直接工资：800 +200×50%= 900
制造费用：800 +200×50%= 900
单位成本—直接材料：（100 000 +700 000）÷1 000= 800
直接工资：（6 000 +30 000）÷900 =40
制造费用：（80 000+190 000）÷900 =300

（2）在产品成本计算的先进先出法。

采用先进先出法的含义在于本月生产时，先把月初在产品制造完毕，再制造本月新投产的产品，本月所发生的生产费用，亦是先用于月初在产品的继续制造，然后才用于本月新投产品。月末在产品成本也是本月新发生费用的一部分所形成。月初在产品成本和本月发生的生产费用构成待分配的成本。待分配的成本扣除月末在产品之后的完工半成品成本，还要在月初在产品加工完成的半成品与本月投产制造完成的半成品之间分配。

采用先进先出法计算纸浆成本的简要过程如表 6-10 所示。

表 6-10　先进先出法计算纸浆成本的过程　　2019 年 6 月

产品物质流量（单位：吨）
月初在产品 /160
本月投产 /840
合计　1 000
本月完工 /800

续表

月末在产品 /200
合计　1 000
生产成本（单位：人民币元）/ 总成本　单位成本月初在产品
直接材料 /100 000
直接工资 /6 000
制造费用 /80 000
本月发生
直接材料　700 000　833.33
直接工资　30 000　36.59
制造费用　190 000　231.71
待分配的生产成本　1 106 000　1 101.63
生产成本分配
月初在产品制造完毕的纸浆半成品（160 吨）
上月成本 /186 000
本月成本：直接材料 /0
直接工资（160×50%×36.59）/2 927.20
制造费用（160×50%×231.71）　18 536.80　207 464
本月投产并制造完毕的纸浆半成品（640 吨）:（640×1 101.63）　705 040
月末在产品（200 吨）　912 507
直接材料（200×100%×833.33）/166 666
直接工资（160×50%×36.59）/3 659
制造费用（160×50%×231.71）　23 171　193 496
合计　1 106 000
约当产量—直接材料: 640 +200= 840
直接工资: 80 +640 +100= 820
制造费用: 80 +640 +100= 820
单位成本—直接材料: 700 000÷840= 833.33
直接工资: 30 000÷820= 36.59
制造费用: 190 000÷820= 231.71

采用先进先出法计算，本月完工产品成本有两种单位成本，计算的工作量比较大。但是计算出的两种单位成本却有利于成本分析，本例中，纸浆半成品由月初在产品加工完毕的单位成本是 1 296.65 元（207 464.00/160），本月投产完毕的单位成本是 1 101.63 元，说明上月的纸浆成本比较高，本月的纸浆成本比较低。各车间都进行前后两个月的对比，有

利于分析影响最终产品成本的各个因素。

5. 产成品成本还原

在本例中，制纸和成品车间都把领用上一车间的半成品作为本车间的材料，半成品成本直接加入材料项目，是采用综合结转法结转成本。为了管理的需要，还要进行成本还原，把本月产成品复印纸耗用前一车间筒纸半成品的综合成本，按照本月筒纸半成品的实际成本构成项目进行还原，并依次再进行筒纸的半成品成本还原，使复印纸的成本项目反映原始的成本构成。

产成品成本还原可以采用半成品的定额或计划成本项目进行，比较简化。通常采用计算还原分配率的办法，从最后一个车间开始还原，把所耗上一车间半成品的综合成本分解为上一车间的成本项目，上一车间再进行还原。

还原分配率=本月产成品耗用上一车间半成品成本/上一车间本月所产半成品成本 × 100%

成本还原的过程如表 6-11 所示。

表 6-11　复印纸成本还原　2019 年 6 月

单位：元

	成本项目	成本还原	成本还原	成本还原后	
复印纸成本	直接材料：筒纸	770 000 →纸浆	374 706 →直接材料	262 951	400 598
	其他材料	80 000	57 647		
	直接工资	50 000	8 235	131 48	71 383
	制造费用	100 000	329 412	98 607	528 019
	合计	1 000 000	770 000	374 706	1 000 000

第一次还原分配率 = × 100%=82.3529%

第二次还原分配率 = × 100%=41.0862%

（四）平行结转分步法

采用逐步结转分步法能按照生产工艺流程顺序比较合理地跟踪半成品的流转，并提供各步骤半成品成本，便于管理和控制。但是各生产步骤不能同时进行成本计算，必须等上一步骤半成品成本计算结转后，后一步骤才能计算，影响了成本计算的及时性。

在多步骤生产中，如果不考虑各步骤之间在成本计算上的相互牵制，管理上不要求提供各步骤半成品成本的信息，可以不采用逐步结转分步法，而采用平行结转分步法。各生产步骤分别与完工产品直接联系，本步骤只提供在产品成本和加入最终产品成本的份额，这样，各步骤可以平行独立地、互不影响地进行成本计算，共同为完工产品成本的合并出力，平行地把份额计入完工产品成本。

1. 平行结转分步法的特点

（1）成本计算对象是最终完工产品。在平行结转分步法中，各生产步骤的半成品都不作为成本计算对象，各步骤的成本计算都是为了算出最终产品的成本。

（2）成本计算期是每月的会计报告期。这是大批量生产的组织特点所决定的。

（3）半成品实物流转与半成品成本的结转相分离。各步骤完工的半成品移转下一步骤时，半成品成本并不随着结转。各步骤只汇总本步骤发生的生产费用，不考虑耗用前一步骤的半成品成本。这样，各步骤都以最终产品为目标，将本步骤生产费用分为在产品成本和应由完工产品负担的份额两部分，并将这个份额平行地计入最终完工产品的成本。半成品完工后入库或结转下一步继续加工，只要尚未最终加工为产成品，该半成品成本仍留在本步骤中。

半成品实物流转与半成品成本结转相分离的特点形成了狭义在产品与广义在产品。狭义在产品是某生产步骤未实际加工完毕的“真实”在产品；广义在产品是在最后一个步骤未完工的本步骤半成品，包括狭义在产品和本步骤已完工最终步骤未完工的半成品。各步骤计入最终产品成本的份额只是狭义半成品的一部分，是通过所有生产步骤，在最后已完工的广义半成品成本。

具体进行平行结转分步法计算成本时，各步骤的本月生产费用汇总后要加上月初广义在产品成本，然后在应计入最终完工产品份额（广义半成品成本）与留存本步骤的广义在产品成本份额之间分配。

2. 平行结转分步法的适用范围

平行结转分步法适用于多步骤复杂生产，总的来说，只要不要求提供各步骤半成品成本，前文提到的运用逐步结转分步法的企业都可运用平行结转分步法。随着我国企业经济责任制的推行，企业普遍实行内部经济责任制和责任会计，尤其是在建立社会主义市场经济的进程中，大量的企业要按公司法的规定进行规范化改组，企业内部的责权利的实施在很大程度上依赖各车间的成本指标考核，必然要求各车间要计算半成品成本。所以，平行结转分步法的运用范围将大大缩小，更多采用逐步结转分步法。平行结转分步法具体运用于下列企业：

（1）半成品无独立经济意义或虽有半成品但不要求单独计算半成品成本的企业，如砖瓦厂、瓷厂等。

（2）一般不计算零配件成本的装配式复杂生产企业，如大批量生产的机械制造企业。

3. 平行结转分步法成本计算的程序及举例

分步骤计算本步骤的广义在产品和广义半成品成本是平行结转分步法的突出特点。各步骤生产费用分配和广义半成品成本平行计入最终产品成本的过程可用图 6-19 所示。

根据广义半成品成本汇总过程，可列示平行结转分步法下成本计算的基本程序如

图 6-20 所示。

前文所举造纸厂的例子，如果该造纸厂纸浆全部不外售，管理上不要求计算纸浆的半成品成本，那么就可改用平行结转分步法计算最终的复印纸成本。同一个例子用两种方法计算成本就可以把两种方法进行明显的对照，便于掌握它们的特点。表 6-19 列示造纸厂用平行结转分步法计算成本的例子。

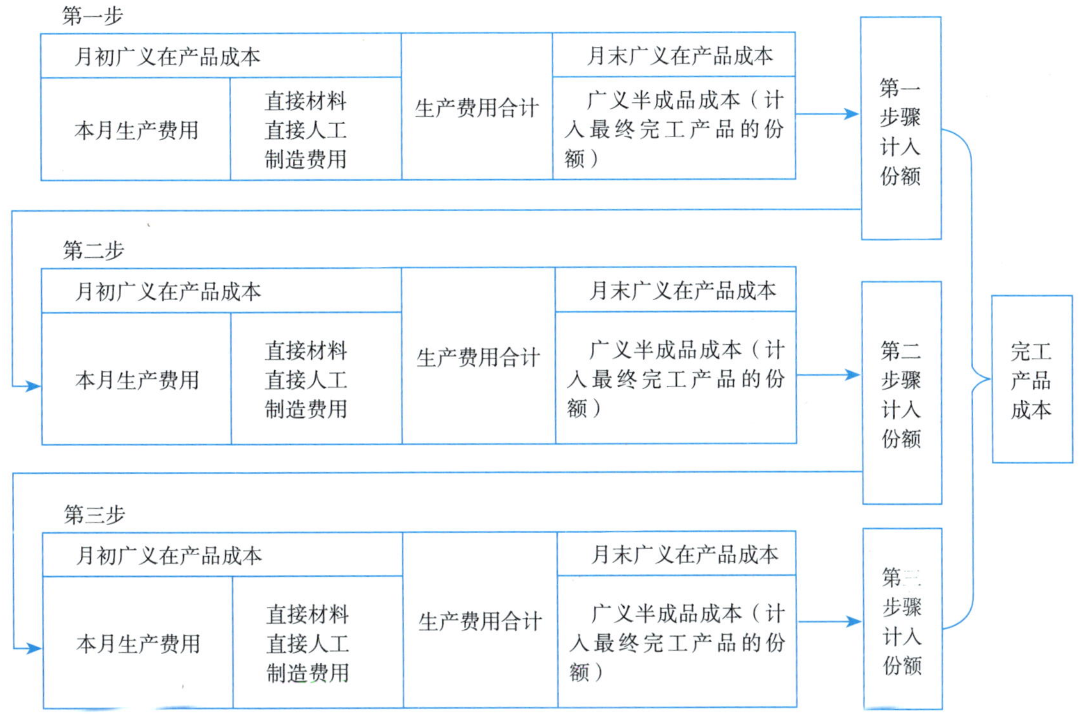

图6-19　平行结转分步法下广义半成品成本汇总过程示意图

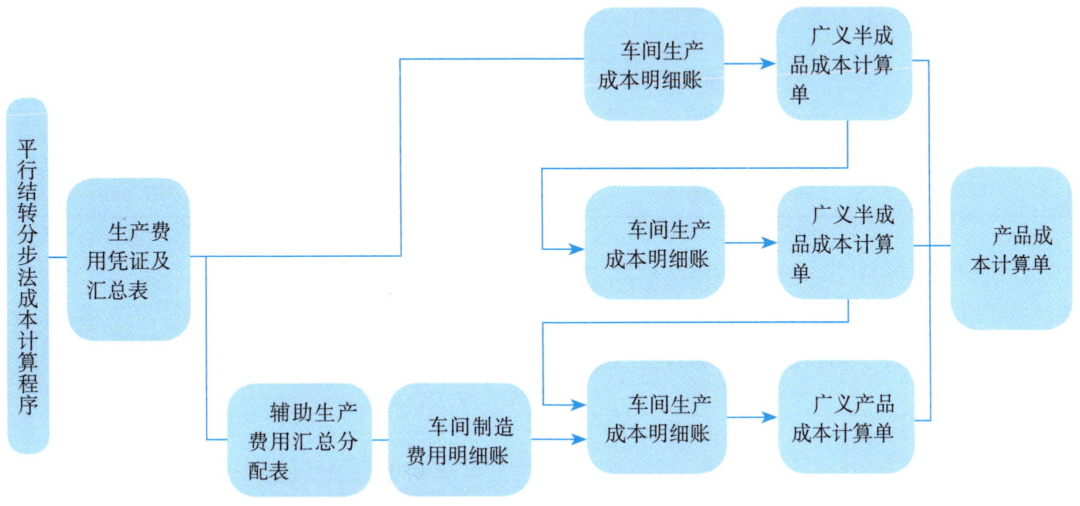

图6-20　平行结转分步法成本计算程序

平行结转分步法广泛运用于装配式复杂生产，下面以造纸厂为例分步说明平行结转分步法的运用如表 6-12（A）、表 6-12（B）、表 6-12（C）、表 6-12（D）、表 6-12（E）所示。

表 6-12（A） 造纸厂复印纸成本计算（采用平行结转分步法）

物质流量与半成品结转			
摘要	纸浆车间	制纸车间	成品车间
1. 月初在产品	160 吨	48 吨	402 箱
2. 本月投产	840	252（制成率 63%）	9 848（196.96 吨，制成率 98.5%）
3. 本月完工	800	250	10 000
4. 本月结转	400	200	10 000　　10 000 箱（200 吨）
5. 留存完工产品	400	50	—
6. 留存在产品	200	50	250
7. 广义半成品	322	203	10 000
8. 广义在产品	678	97	250
其中：本步骤已完工	478	47	—
本步骤未完工	200	50	250

复印纸每箱 0.02 吨，10 000 箱最终产品按 95% 制成率折合筒纸 203 吨，按 63% 制成率折合纸浆 322 吨。采用平行结转分步法计算，各车间在产品材料及制造费用清单。

表 6-12（B） 纸浆车间生产成本明细账

单位：元

成本项目	月初在产品与本月生产费用合计	月末广义在产品（678 吨）	广义半成品（322 吨）
直接材料	800 000	542 400	257 600
直接工资	36 000	23 120	12 880
制造费用	270 000	173 400	96 600
合计	1 106 000	738 920	367 080

表 6-12（C） 制纸车间生产成本明细账

单位：元

成本项目	月初在产品与本月生产费用合计	月末广义在产品（97 吨）	广义半成品（203 吨）
直接材料	84 000	27 160	56 840
直接工资	11 200	3 080	8 120
制造费用	448 000	123 200	324 800
合计	543 200	153 440	389 760

表 6-12（D） 成品车间生产成本明细账

单位：元

成本项目	月初在产品与本月生产费用合计	月末广义在产品（250 箱）	广义半成品（10 000 箱）
直接材料	80 800	800	80 000
直接工资	50 500	500	50 000
制造费用	101 000	1 000	100 000
合计	232 300	2 300	230 000

表 6-12（E） 复印纸成本计算单

单位：元

成本项目	总成本				单位成本
	纸浆车间	制纸车间	成品车间	合计	
直接材料	257 600	56 840	80 000	394 440	40
直接工资	12 880	8 120	50 000	71 000	7
制造费用	96 600	324 800	100 000	521 400	52
合计	367 080	389 760	230 000	986 840	99

【例 6-9】某机床厂设铸造、金工和装配三个基本生产车间，用平行结转分步法计算机床制造成本。本月生产机床 50 台，物质流量与半成品结转如表 6-13 所示。

表 6-13 机床厂物资流量与半成品结转

单位：台

摘要	铸造车间	金工车间	装配车间	产成品
投产	80	80	60	
安工结转	80	60	50	50
狭义在产品	—	20	10	
广义半成品	50	50	50	
广义在产品	30	30	10	

（1）各车间制造费用明细账如表 6-14 ～表 6-18 所示。

表 6-14 各车间制造费用明细账

单位：元

铸造车间制造费用明细账						
月份	管理人员工资	折旧费	修理费	水电费	其他	合计
6 月	1 500	56 500	10 000	50 000	26 000	144 000

续表

金工车间制造费用明细账						
月份	管理人员工资	折旧费	修理费	水电费	其他	合计
6月	3 200	57 000	15 000	40 000	20 800	136 000
装配车间制造费用明细账						
月份	管理人员工资	折旧费	修理费	水电费	其他	合计
6月	3 000	15 000	40 000	28 000	18 500	104 500

（2）铸造车间生产成本明细账。本例把生产成本明细账与广义半成品成本计算单结合。铸造车间本月生产费用与月初在产品成本合计 480 000 元，广义在产品 30 台在本车间已全部完工，约当产量 30 台。表 6-15 列示了铸造车间生产成本明细账。

表 6-15　铸造车间生产成本明细账　　2019 年 6 月

单位：元

成本项目	生产费用合计	月末广义在产品（30 台）	广义半成品（50 台）
直接材料	320 000	120 000	200 000
直接工资	16 000	6 000	10 000
制造费用	144 000	54 000	90 000
合计	480 000	180 000	300 000

（3）金工车间生产成本明细账。金工车间生产费用合计 374 000 元，广义在产品 30 台中有 10 台已全部完工，20 台的材料已全部投入，加工程度为 40%，那么材料的约当产量为 30 台，工资和制造费用的约当产量为 18 台（10 台 +20 台 ×40%）。表 6-16 列示了金工车间生产成本明细账。

表 6-16　金工车间生产成本明细账　　2019 年 6 月

单位：元

成本项目	生产费用合计	月末广义在产品（30 台）	广义半成品（50 台）
直接材料	204 000	76 500	127 500
直接工资	34 000	9 000	25 000
制造费用	136 000	36 000	100 000
合计	374 000	121 500	252 500

（4）装配车间生产成本明细账。装配车间生产费用合计 467 500 元，广义在产品 10 台，与狭义在产品相同，在产品的材料和加工费用均按 50% 折算为约当产量 5 台。表 6-17 列示了装配车间生产成本明细账。

表 6-17　装配车间生产成本明细账　　2019 年 6 月

单位：元

成本项目	生产费用合计	月末广义在产品（10 台）	广义半成品（50 台）
直接材料 直接工资 制造费用	330 000 33 000 104 500	30 000 3 000 9 500	300 000 30 000 95 000
合计	467 500	42 500	425 000

（5）机床成本计算单。将三个车间的广义半成品（应计入最终完工机床的份额）平行加计，就可编制机床成本计算单（表 6-18）。

表 6-18　机床成本计算单　　2019 年 6 月　　产量：50 台

单位：元

成本项目	总成本				单位成本
	铸造车间	金工车间	装配车间	合计	
直接材料 直接工资 制造费用	200 000 10 000 90 000	127 500 25 000 100 000	300 000 30 000 95 000	627 500 65 000 285 000	12 550 1 300 5 700
合计	300 000	252 500	425 000	977 500	19 550

第四节　制造费用的归集与分配

一、制造费用的归集

制造费用是指工业企业为生产产品（或提供劳务）而发生的、应该计入产品成本，但没有专设成本项目的各项生产费用。制造费用中大部分不是直接用于产品生产的费用，而是间接用于产品生产的费用。例如机物料消耗、车间辅助人员的工资及福利费，以及车间厂房的折旧费等。也有一部分直接用于产品生产，但管理上不要求单独核算，也不专设成本项目的费用，例如机器设备的折旧费等。生产工艺用燃料和动力，如果不专设成本项目且不单独核算时，也应包括在制造费用中。制造费用还包括车间用于组织和管理生产的费用，例如车间管理人员工资及福利费，车间管理用房屋和设备的折旧费、修理费、车间照明费、水费、取暖费、差旅费和办公费等，这些费用虽然具有管理费用性质，但由于车间是企业从事生产活动的单位，其管理费用和制造费用很难严格划分，为了简化核算工作，这些费用也作为制造费用核算。

制造费用的内容比较复杂，应该按照管理要求分别设立若干费用项目进行计划和核算，归类反映各项费用的计划执行情况。制造费用的项目有的可以按照费用的经济用途设立，如用于车间办公方面的各项支出设立“办公费”项目；有的可以按照费用的经济内容设立，如全车间的机器设备和房屋建筑物等固定资产的折旧，设立“折旧费”项目。

制造费用的核算，是通过“制造费用”科目进行归集和分配的。该账户应按车间（基本生产车间、辅助生产车间）部门设置明细账，并按照费用项目设专栏或专行，分别反映各车间、部门各项制造费用的支出情况。制造费用发生时，根据有关的付款凭证、转账凭证和前述各种费用分配表，记入“制造费用”科目的借方，并视具体情况，分别记入“原材料”“应付工资”“应付福利费”“累计折旧”“预提费用”“银行存款”等科目的贷方；期末按照一定的标准进行分配时，从该科目的贷方转出，记入“基本生产成本”等科目的借方；除季节性生产的车间外，“制造费用”科目期末应无余额。

二、制造费用的分配

基本生产车间的制造费用是产品生产成本的组成部分，在只生产一种产品的车间，制造费用可以直接计入该种产品生产成本；在生产多种产品的车间中，制造费用则应该采用既合理又简便的分配方法，分配计入各种产品生产成本，即记入“生产成本——基本生产成本”账户及其明细账“制造费用”成本项目。辅助生产车间核算其制造费用时，汇总在“制造费用——辅助生产车间”账户的数额，在只生产一种产品或提供一种劳务的辅助生产车间，直接计入该种辅助生产产品或劳务的成本；在生产多种产品或提供多种劳务的辅助生产车间，则应采用适当的分配方法，分配计入辅助生产产品或劳务成本，记入“生产成本——辅助生产成本”账户借方及其明细账的制造费用成本项目。

由于各车间制造费用水平不同，所以制造费用应该按照各车间分别进行分配，而不得将各车间的制造费用统一起来在整个企业范围内统一分配。制造费用的分配方法有生产工时比例法、生产工人工资比例法、机器工时比例法和按年度计划分配率分配法等。

1. 生产工时比例法

生产工时比例法是按照各种产品所用生产工人工时的比例分配制造费用的一种方法。生产工时比例法的计算公式如下：

制造费用分配率=制造费用总额/车间产品生产工时总额

某种产品应分配的制造费用=该种产品生产工时×制造费用分配率

按生产工时比例分配，可以是各种产品实际耗用的生产工时（实用工时）；也可以是定额工时，如果产品的工时定额比较准确，制造费用也可以按定额工时的比例分配。计算公式如下：

制造费用分配率=制造费用总额/车间产品实用（定额）工时总额

某种产品应分配的制造费用=该种产品实用（定额）工时×制造费用分配率

按生产工时比例分配是较为常用的一种分配方法，它能将劳动生产率的高低与产品负担费用的多少联系起来，分配结果比较合理。但是，必须正确组织好产品生产工时的记录和核算工作，以保证生产工时的正确、可靠。

2. 生产工人工资比例法

生产工人工资比例法是以各种产品的生产工人工资的比例分配制造费用的一种方法。计算公式如下：

某种产品应分配的制造费用=制造费用分配率×该种产品生产工人工资

由于工资费用分配表中有现成的生产工人工资的资料，所以该种分配方法核算工作很简便。但是这种方法适用于各种产品生产机械化的程度应该大致相同，否则会影响费用分配的合理性。例如机械化程度低的产品，所用工资费用多，分配的制造费用也多；反之，机械化程度高的产品，所用工资费用少，分配制造费用也少，出现不合理情况。该种分配方法与生产工时比例法原理基本相同。

3. 机器工时比例法

机器工时比例法是按照各种产品所用机器设备运转时间的比例分配制造费用的一种方法。这种方法适用于机械化程度较高的车间，因为在这种车间中，折旧费用、修理费用的多少与机器运转的时间有密切的联系。采用这种方法，必须正确组织各种产品所耗用机器工时的记录工作，以保证工时的准确性。该方法的计算程序、原理与生产工时比例法基本相同。

4. 按年度计划分配率分配法

按年度计划分配率分配法是按照年度开始前确定的全年适用的计划分配率分配费用的方法。采用这种分配方法，不论各月实际发生的制造费用多少，每月各种产品成本中的制造费用都按年度计划确定的计划分配率分配。年度内如果发现全年制造费用的实际数和产品的实际产量与计划数发生较大的差额时，应及时调整计划分配率。计算公式如下：

年度计划分配率=年度制造费用计划总额/年度各种产品计划产量的定额工时总额

某月某产品制造费用=该月该种产品实际产量的定额工时数×年度计划分配率

【例 6-10】安邦公司下属车间全年制造费用计划 55 000 元；全年各种产品的计划产量为：甲产品 2 600 件，乙产品 2 250 件；单件产品的工时定额为甲产品 5 小时，乙产品 4 小时。6 月实际产量为：甲产品 240 件，乙产品 150 件；本月实际发生制造费用 4 900 元。

甲产品年度计划产量的定额工时 =2 600×5=13 000（小时）

乙产品年度计划产量的定额工时 =2 250×4=9 000（小时）

制造费用年度计划分配率 =55 000/13 000+9 000=2.5

甲产品本月实际产量的定额工时 =240×5=1 200（小时）

乙产品本月实际产量的定额工时 =150×4=600（小时）

该月甲产品制造费用 =1 200×2.5=3 000（元）

该月乙产品制造费用 =600×2.5=1 500（元）

该车间本月按计划分配率分配转出的制造费用为：

3 000+1 500=4 500（元）

借：生产成本——基本生产成本——甲产品　　3 000

　　生产成本——基本生产成本——乙产品　　1 500

　贷：制造费用　　4 500

采用年度计划分配率分配法时，“制造费用”账户及其明细账月末余额，可能是借方，也可能是贷方。如果为借方余额表示实际发生的制造费用大于按计划分配的费用，属于待摊费用，为资产；如果贷方余额表示实际发生的制造费用小于按计划分配的费用，属于预提费用，为负债。“制造费用”科目如果有年末余额，就是全年制造费用的实际发生额与计划的差额，一般应在年末调整计入 12 月的产品成本。实际发生额大于计划分配额，借记“生产成本——基本生产成本”账户，贷记“制造费用”账户；实际发生额小于计划分配额，则用红字冲减，或者借记“制造费用”账户，贷记“生产成本——基本生产成本”账户。

这种分配方法核算工作简便，特别适用于季节性生产的车间，因为它不受淡月和旺月产量相差悬殊的影响，从而不会使各月单位产品成本中制造费用忽高忽低，便于进行成本分析。但是，采用这种分配方法要求计划工作水平较高，否则会影响产品成本计算的正确性。

制造费用分配无论采用哪一种分配方法，都应根据分配计算的结果，编制制造费用分配表，据以进行制造费用的总分类核算和明细核算。制造费用的分配，除了采用按年度计划分配率分配法的企业外，“制造费用”科目都没有月末余额。

第五节　存货的计量

一、存货的确认和初始计量

（一）存货的概念

存货是指企业在日常活动中持有以备出售的产成品或商品，处在生产过程中的在产品，在生产过程或提供劳务过程中耗用的材料、物料等。企业的存货具体通常包括以下内容，如图 6-21 所示。

存货的分类

（1）原材料。指企业在生产过程中经加工改变其形态或性质并构成产品、主要实体的各种原料及主要材料、辅助材料、外购半成品（外购件）、修理用备件（备品备件）、包装材料、燃料等。为建造固定资产等各项工程而储备的各种材料，虽然同属于材料，但是由于用于建造固定资产等各项工程不符合存货的定义，因此不能作为企业的存货进行核算

（2）在产品。指企业正在制造尚未完工的产品，包括正在各个生产工序加工的产品和已加工完毕但尚未检验或已检验但尚未办理入库手续的产品

（3）半成品。指经过一定生产过程并已检验合格交付半成品仓库保管，但尚未制造完工成为产成品，仍需进一步加工的中间产品

（4）产成品。指工业企业已经完成全部生产过程并验收入库，可以按照合同规定的条件送交订货单位，或者可以作为商品对外销售的产品。企业接受外来原材料加工制造的代制品和为外单位加工修理的代修品，制造和修理完成验收入库后，应视同企业的产成品

（5）商品。指商品流通企业外购或委托加工完成验收入库用于销售的各种商品

（6）周转材料。指企业能够多次使用、但不符合固定资产定义的材料，如为了包装本企业商品而储备的各种包装物，各种工具、管理用具、玻璃器皿、劳动保护用品以及在经营过程中周转使用的容器等低值易耗品和建造承包商的钢模板、木模板、脚手架等其他周转材料。但是，周转材料符合固定资产定义的，应当作为固定资产处理

图6-21　存货的分类

（二）存货的确认条件

存货必须在符合定义的前提下，同时满足图 6-22 所示两个条件，才能予以确认。

存货的确认条件

与该存货有关的经济利益很可能流入企业

该存货的成本能够可靠地计量

图6-22　存货的确认条件

（三）存货的初始计量

企业取得存货应当按照成本进行计量。存货成本包括采购成本、加工成本和使存货达到目前场所和状态所发生的其他成本三个组成部分。企业存货的取得主要是通过外购和自制两个途径。

企业在日常核算中采用计划成本法或售价金额法核算的存货成本，实质上也是存货的实际成本。比如，采用计划成本法，通过“材料成本差异”或“产品成本差异”科目将材料或产成品的计划成本调整为实际成本。采用售价金额法，通过“商品进销差价”科目将商品的售价调整为实际成本（进价）。

存货成本的初始计量有外购存货成本和加工取得存货成本两种方式，如图 6-23 所示。

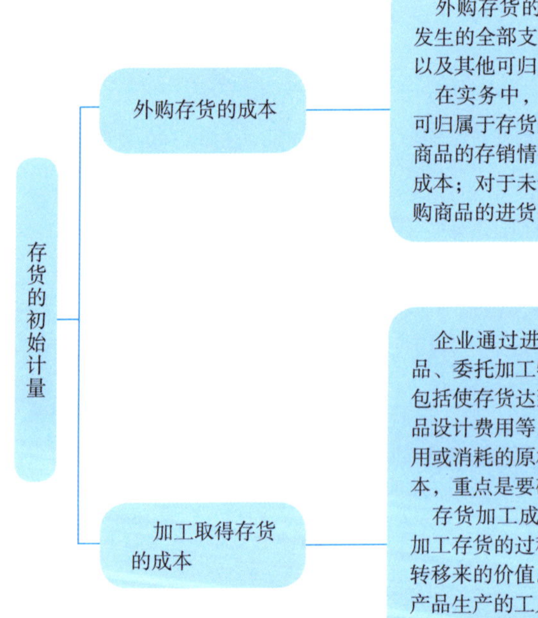

外购存货的成本即存货的采购成本，指企业物资从采购到入库前所发生的全部支出，包括购买价款、相关税费、运输费、装卸费、保险费以及其他可归属于存货采购成本的费用。

在实务中，企业也可以将发生的运输费、装卸费、保险费以及其他可归属于存货采购成本的费用等进货费用先进行归集，期末，按照所购商品的存销情况进行分摊。对于已销售商品的进货费用，计入主营业务成本；对于未售商品的进货费用，计入期末存货成本。商品流通企业采购商品的进货费用金额较小的，可以在发生时直接计入当期销售费用

企业通过进一步加工取得的存货，主要包括产成品、在产品、半成品、委托加工物资等，其成本由采购成本、加工成本构成。某些存货还包括使存货达到目前场所和状态所发生的其他成本，如可直接认定的产品设计费用等。通过进一步加工取得的存货的成本中采购成本是由所使用或消耗的原材料采购成本转移而来的，因此，计量加工取得的存货成本，重点是要确定存货的加工成本。

存货加工成本由直接人工和制造费用构成，其实质是企业在进一步加工存货的过程中追加发生的生产成本，因此，不包括直接由材料存货转移来的价值。其中，直接人工是指企业在生产产品过程中，直接从事产品生产的工人的职工薪酬。直接人工和间接人工的划分依据通常是生产工人是否与所生产的产品直接相关（即可否直接确定其服务的产品对象）。制造费用是指企业为生产产品和提供劳务而发生的各项间接费用。制造费用是一项间接生产成本，包括企业生产部门（如生产车间）管理人员的职工薪酬、折旧费、办公费、水电费、机物料消耗、劳动保护费、季节性和修理期间的停工损失等

图6-23　存货的初始计量

二、发出存货的计量

（一）发出存货成本的计量方法

企业应当根据各类存货的实物流转方式、企业管理的要求、存货的性质等实际情况，合理地选择发出存货成本的计算方法，以合理确定当期发出存货的实际成本。

对于性质和用途相似的存货，应当采用相同的成本计算方法确定发出存货的成本，

企业在确定发出存货的成本时，可以采用先进先出法、移动加权平均法、月末一次加权平均法和个别计价法的方法，如图 6-24 所示。企业不得采用后进先出法确定发出存货的成本。

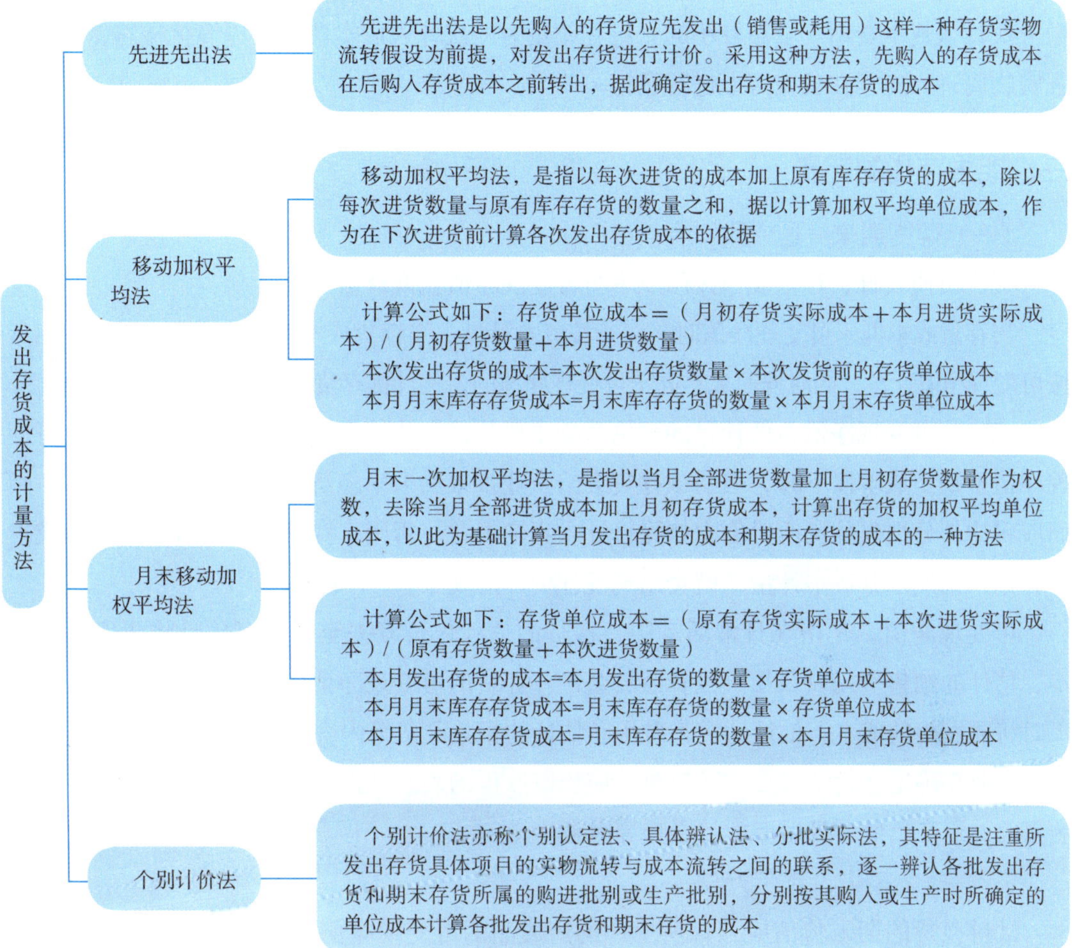

图6-24　发出存货成本的计量方法

（二）存货成本的结转

企业销售存货，应当将已售存货的成本结转为当期损益，计入营业成本。这就是说，企业在确认存货销售收入的当期，应当将已经销售存货的成本结转为当期营业成本。

存货为商品、产成品的，企业应采用先进先出法、移动加权平均法、月末一次加权平均法和个别计价法确定已销售商品的实际成本。存货为非商品存货的，如材料等，应将已出售的材料的实际成本予以结转，计入当期其他业务成本。这里所讲的材料销售不构成企业的主营业务。如果材料销售构成了企业的主营业务，则该材料为企业的商品存货，而不是非商品存货。

对已售存货计提了存货跌价准备，还应结转已计提的存货跌价准备，冲减当期主营业务成本或其他业务成本，实际上是按已售产成品或商品的账面价值结转主营业务成本或其他业务成本。企业按存货类别计提存货跌价准备的，也应按比例结转相应的存货跌价准备。

企业的周转材料（如包装物和低值易耗品）符合存货定义和确认条件的，按照使用次数分次计入成本费用。金额较小的，可在领用时一次计入成本费用，以简化核算，但为加强实物管理，应当在备查簿上进行登记。

三、期末存货的计量

（一）存货期末计量原则

资产负债表日，存货应当按照成本与可变现净值孰低计量。

当存货成本低于可变现净值时，存货按成本计量；当存货成本高于可变现净值时，存货按可变现净值计量，同时按照成本高于可变现净值的差额计提存货跌价准备，计入当期损益。

成本与可变现净值孰低计量的理论基础主要是使存货符合资产的定义。当存货的可变现净值下跌至成本以下时，表明该存货会给企业带来的未来经济利益低于其账面成本，因而应将这部分损失从资产价值中扣除，计入当期损益。否则，存货的可变现净值低于成本时，如果仍然以其成本计量，就会出现虚计资产的现象。

可变现净值，是指在日常活动中，存货的估计售价减去至完工时估计将要发生的成本、估计的销售费用以及相关税费后的金额。存货的可变现净值由存货的估计售价、至完工时将要发生的成本、估计的销售费用和估计的相关税费等内容构成。

企业在确定存货的可变现净值时，应当以取得的确凿证据为基础，并且考虑持有存货的目的、资产负债表日后事项的影响等因素。

（二）存货期末计量的方法

材料存货的期末价值应当以所生产的产成品的可变现净值与成本的比较为基础加以确定。

（1）对于为生产而持有的材料等，如果用其生产的产成品的可变现净值预计高于成本，则该材料仍然应当按照成本计量。这里的“材料”指原材料、在产品、委托加工材料等。“可变现净值高于成本”中的成本是指产成品的生产成本。

（2）如果材料价格的下降表明产成品的可变现净值低于成本，则该材料应当按可变现净值计量，按其差额计提存货跌价准备。

（三）计提存货跌价准备的方法

（1）企业通常应当按照单个存货项目计提存货跌价准备。

企业在计提存货跌价准备时通常应当以单个存货项目为基础。在企业采用计算机信息系统进行会计处理的情况下，完全有可能做到按单个存货项目计提存货跌价准备。在这种方式下，企业应当将每个存货项目的成本与其可变现净值逐一进行比较，按较低者计量存货，并且按成本高于可变现净值的差额，计提存货跌价准备。这就要求企业应当根据管理要求和存货的特点，明确规定存货项目的确定标准。比如，将某一型号和规格的材料作为一个存货项目、将某一品牌和规格的商品作为一个存货项目等。

（2）对于数量繁多、单价较低的存货，可以按照存货类别计提存货跌价准备。

如果某一类存货的数量繁多并且单价较低，企业可以按存货类别计量成本与可变现净值，即按存货类别的成本的总额与可变现净值的总额进行比较，每个存货类别均取较低者确定存货期末价值。

【例 6-11】丁公司的有关资料及存货期末计量如表 6-19 所示，假设丁公司在此之前没有对存货计提跌价准备。假定不考虑相关税费和销售费用。

表 6-19　按存货类别计提存货跌价准备

2019 年 12 月 31 日　　　　单位：元

商品	数量（台）	成本		可变现净值		按存货类别确定的账面价值	由此计提的存货跌价准备
		单价	总额	单价	总额		
第一组							
A 商品	400	10	4 000	9	3 600		
B 商品	500	7	3 500	8	4 000		
合计			7 500		7 600	7 500	0
第二组							
C 商品	200	50	10 000	48	9 600		
D 商品	100	40	4 500	44	4 400		
合计			14 500		14 000	14 000	500
第三组							
E 商品	700	100	70 000	80	56 000	56 000	
合计			70 000		56 000	56 000	14 000
总计			92 000		77 600	77 500	14 500

（3）与在同一地区生产和销售的产品系列相关、具有相同或类似最终用途或目的，且难以与其他项目分开计量的存货，可以合并计提存货跌价准备。

存货具有相同或类似最终用途或目的，并在同一地区生产和销售，意味着存货所处的经济环境、法律环境、市场环境等相同，具有相同的风险和报酬。因此，在这种情况下，可以对该存货进行合并计提存货跌价准备。

（4）存货存在图 6-25 所列情形之一的，通常表明存货的可变现净值低于成本。

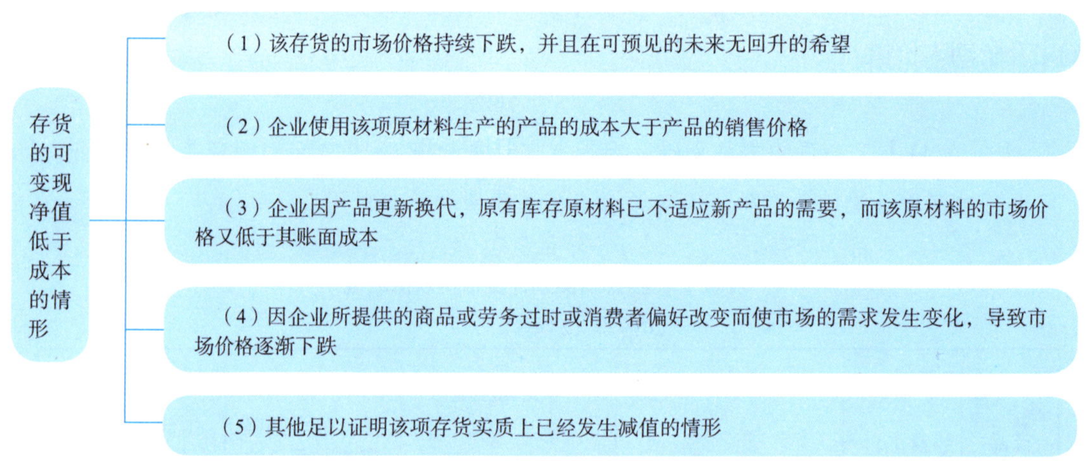

图6-25　存货的可变现净值低于成本的情形

（5）存货存在图 6-26 所列情形之一的，通常表明存货的可变现净值为零。

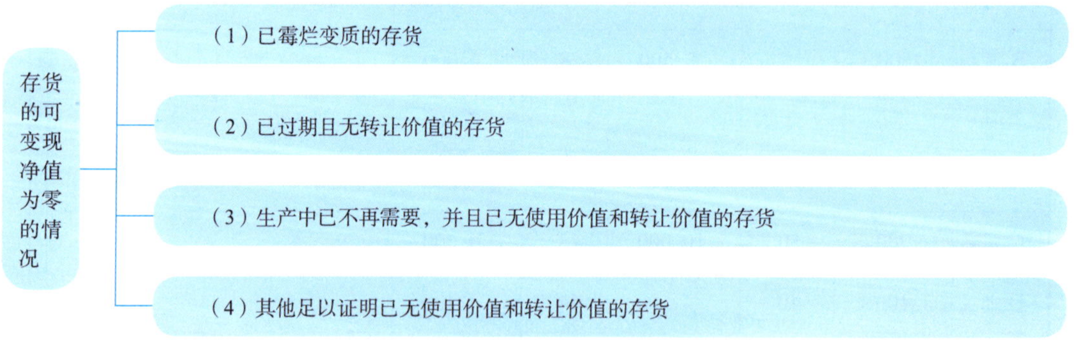

图6-26　存货的可变现净值为零的情况

需要注意的是，资产负债表日，同一项存货中一部分有合同价格约定、其他部分不存在合同价格的，应当分别确定其可变现净值，并与其相对应的成本进行比较，分别确定存货跌价准备的计提或转回的金额，由此计提的存货跌价准备不得相互抵销。

（四）存货跌价准备转回的处理

存货跌价准备转回的处理如图 6-27 所示。

存货跌价准备转回的处理

（1）资产负债表日，企业应当确定存货的可变现净值。企业确定存货的可变现净值，应当以资产负债表日的状况为基础确定，既不能提前确定存货的可变现净值，也不能延后确定存货的可变现净值，并且在每一个资产负债表日都应当重新确定存货的可变现净值

（2）企业的存货在符合条件的情况下，可以转回计提的存货跌价准备。存货跌价准备转回的条件是以前减记存货价值的影响因素已经消失，而不是在当期造成存货可变现净值高于成本的其他影响因素

（3）当符合存货跌价准备转回的条件时，应在原已计提的跌价准备的金额内转回。即在对该项存货、该类存货或该合并存货已计提的存货跌价准备的金额内转回。转回的存货跌价准备与计提该准备的存货项目或类别应当存在直接对应关系，但转回的金额以将该存货跌价准备余额冲减至零为限

图6-27　存货跌价准备转回的处理

【例6-12】2018年12月31日，甲公司W7型机器的账面成本为500万元，但由于W7型机器的市场价格下跌，预计可变现净值为400万元，由此计提存货跌价准备100万元。

假定：

（1）2019年6月30日，W7型机器的账面成本仍为500万元，但由于W7型机器市场价格有所上升，使得W7型机器的预计可变现净值变为475万元。

（2）2019年12月31日，W7型机器的账面成本仍为500万元，由于W7型机器的市场价格进一步上升，预计W7型机器的可变现净值为555万元。

本例中：

（1）2019年6月30日，由于W7型机器市场价格上升，W7型机器的可变现净值有所恢复，应计提的存货跌价准备为25（500－475）万元，则当期应冲减已计提的存货跌价准备75（100－25）万元，且小于已计提的存货跌价准备（100万元），因此，应转回的存货跌价准备为75万元。会计分录为：

借：存货跌价准备　　750 000

　贷：资产减值损失——存货减值损失　　750 000

（2）2019年12月31日，W7型机器的可变现净值又有所恢复，应冲减存货跌价准备为55万元（555－500），但是对W7型机器已计提的存货跌价准备的余额为25万元，因此，当期应转回的存货跌价准备为25万元而不是55万元（即以将对W7型机器已计提的“存货跌价准备”余额冲减至零为限）。会计分录为：

借：存货跌价准备　　250 000

　贷：资产减值损失——存货减值损失　　250 000

（五）存货跌价准备的结转

企业计提了存货跌价准备，如果其中有部分存货已经销售，则企业在结转销售成本时，应同时结转对其已计提的存货跌价准备。对于因债务重组、非货币性资产交换转出的存货，也应同时结转已计提的存货跌价准备。如果按存货类别计提存货跌价准备的，应当按照发生销售、债务重组、非货币性资产交换等而转出存货的成本占该存货未转出前该类别存货成本的比例结转相应的存货跌价准备。

（六）存货盘亏或毁损的处理

存货发生的盘亏或毁损，应作为待处理财产损益进行核算。按管理权限报经批准后，根据造成存货盘亏或毁损的原因，分别对应图 6-28 所示情况进行处理。

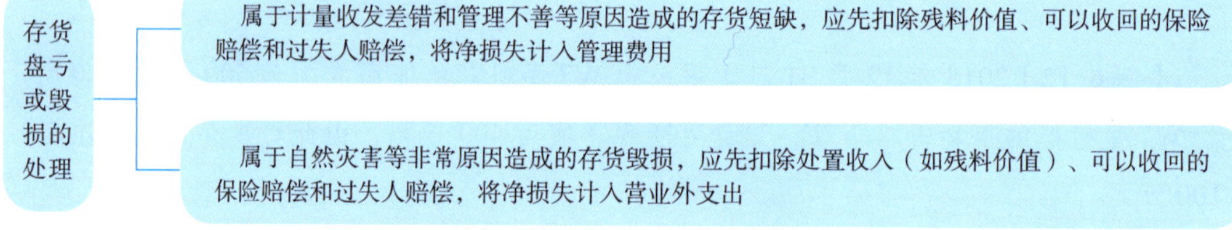

图6-28 存货盘亏或毁损的处理

因非正常原因导致的存货盘亏或毁损，按规定不能抵扣的增值税进项税额应当予以转出。

第七章

收入、费用和利润

第一节　收入

企业在确认和计量收入时，应遵循的基本原则是：确认收入的方式应当反映其向客户转让商品或提供服务的模式，收入的金额应当反映企业因转让商品或提供服务而预期有权收取的对价金额。通过收入确认和计量能进一步如实地反映企业的生产经营成果，准确核算企业实现的损益。

一、收入的确认和计量

（一）收入确认的原则

企业应当在履行了合同中的履约义务，即在客户取得相关商品控制权时确认收入。取得相关商品控制权，是指客户能够主导该商品的使用并从中获得几乎全部经济利益，也包括有能力阻止其他方主导该商品的使用并从中获得经济利益。取得商品控制权包括三个要素，如图 7-1 所示。

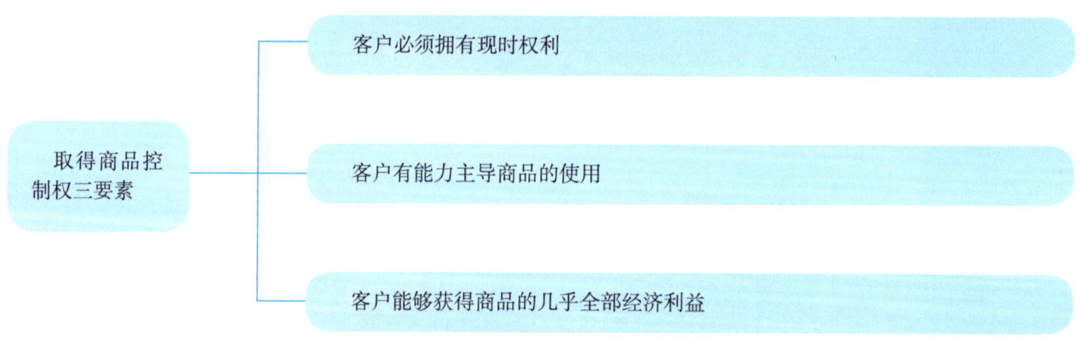

图7-1　取得商品控制权包括三个要素

需要说明的是，本章所称的客户是指与企业订立合同以向该企业购买其日常活动产出的商品并支付对价的一方；所称的商品包括商品和服务。本章的收入不涉及企业对外出租资产收取的租金、进行债权投资收取的利息、进行股权投资取得的现金股利以及保费收入等。

（二）收入确认的前提条件

企业与客户之间的合同同时满足图 7-2 所列五项条件的，企业应当在客户取得相关商品控制权时确认收入。

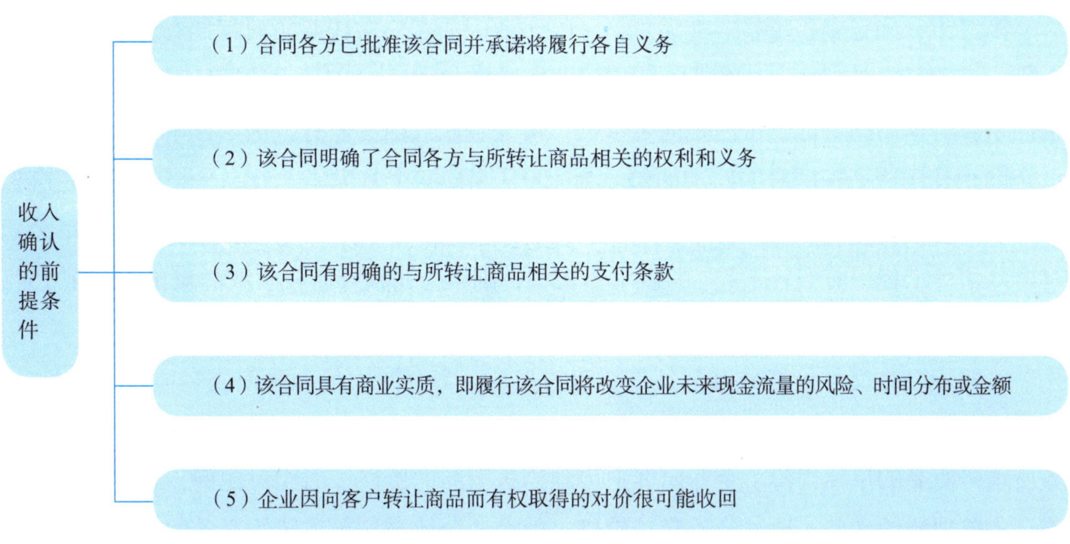

图7-2　收入确认的前提条件

（三）收入确认和计量的步骤

根据《企业会计准则第 14 号——收入》（2018），收入确认和计量大致分为五步，如图 7-3 所示。

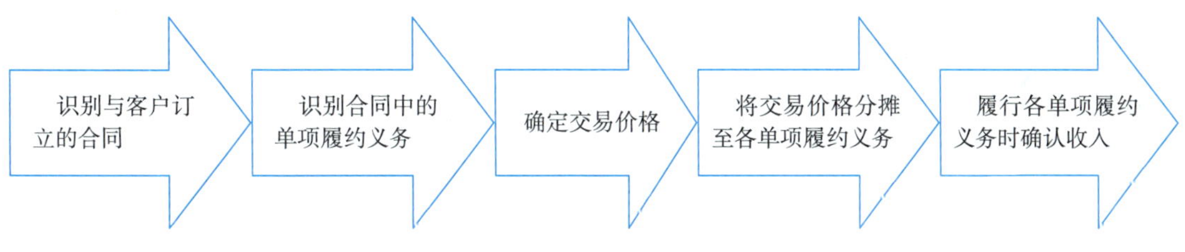

图7-3　收入确认的步骤

第一步，识别与客户订立的合同。合同是指双方或多方之间订立有法律约束力的权利义务的协议。合同有书面形式、口头形式以及其他形式。合同的存在是企业确认客户合同收入的前提，企业与客户之间的合同一经签订，企业即享有从客户取得与转移商品和服务对价的权利，同时负有向客户转移商品和服务的履约义务。

第二步，识别合同中的单项履约义务。履约义务是指合同中企业向客户转让可明确区分商品或服务的承诺。企业应当将向客户转让可明确区分商品（或者商品的组合）的承诺以及向客户转让一系列实质相同且转让模式相同的、可明确区分商品的承诺作为单项履约义务。例如，企业与客户签订合同，向其销售商品并提供安装服务，该安装服务简单，除该企业外其他供应商也可以提供此类安装服务，该合同中销售商品和提供安装服务为两项单项履约义务。若该安装服务复杂且商品需要按客户定制要求修改，则合同中销售商品和提供安装服务合并为单项履约义务。

第三步，确定交易价格。交易价格是指企业因向客户转让商品而预期有权收取的对价金额，不包括企业代第三方收取的款项（如增值税）以及企业预期将退还给客户的款项。合同条款所承诺的对价，可能是固定金额、可变金额或两者兼有。例如，甲公司与客户签订合同为其建造一栋厂房，约定的价款为 100 万元，4 个月完工，交易价格就是固定金额 100 万元；假如合同中约定若提前 1 个月完工，客户将额外奖励甲公司 10 万元，甲公司对合同估计工程提前 1 个月完工的概率为 95%，则甲公司预计有权收取的对价为 110 万元，因此交易价格包括固定金额 100 万元和可变金额 10 万元，总计为 110 万元。

第四步，将交易价格分摊至各单项履约义务。当合同中包含两项或多项履约义务时，需要将交易价格分摊至各单项履约义务，分摊的方法是在合同开始日，按照各单项履约义务所承诺商品的单独售价（企业向客户单独销售商品的价格）的相对比例，将交易价格分摊至各单项履约义务。通过分摊交易价格，使企业分摊至各单项履约义务的交易价格能够反映其因向客户转让已承诺的相关商品而有权收取的对价金额。

例如，企业与客户签订合同，向其销售 A、B、C 三件产品，不含增值税的合同总价款为 10 000 元。A、B、C 产品的不含增值税单独售价分别为 5 000 元、3 500 元和 7 500 元，合计 16 000 元。按照交易价格分摊原则，A 产品应当分摊的交易价格为 3 125 元（5 000/16 000 × 10 000），B 产品应当分摊的交易价格为 2 187.5 元（3 500 ÷ 16 000 × 10 000），C 产品应当分摊的交易价格为 4 687.5 元（7 500 ÷ 16 000 × 10 000）。

第五步，履行各单项履约义务时确认收入。当企业将商品转移给客户，客户取得了相关商品的控制权，意味着企业履行了合同履约义务，此时，企业应确认收入。企业将商品控制权转移给客户，可能是在某一时段内（即履行履约义务的过程中）发生，也可能在某一时点（即履约义务完成时）发生。企业应当根据实际情况，首先判断履约义务是否满足在某一时段内履行的条件，如不满足，则该履约义务属于在某一时点履行的履约义务。

收入确认和计量五个步骤中，第一步、第二步和第五步主要与收入的确认有关，第三步和第四步主要与收入的计量有关。

需要说明的是，一般而言，确认和计量任何一项合同收入应考虑全部的五个步骤。但履行某些合同义务确认收入不一定都经过五个步骤，如企业按照第二步确定某项合同仅为单项履约义务时，可以从第三步直接进入第五步确认收入，不需要第四步（分摊交易价格）。

二、收入核算应设置的会计科目

为了核算企业与客户之间的合同产生的收入及相关的成本费用，一般需要设置“主营业务收入”“其他业务收入”“主营业务成本”“其他业务成本”“合同取得成本”“合同履约成本”“合同资产”“合同负债”等科目，如表 7-1 所示。

表 7-1　收入核算应设置的会计科目

科目名称	结算内容	详细介绍
“主营业务收入”	该科目核算企业确认的销售商品、提供服务等主营业务的收入	科目贷方登记企业主营业务活动实现的收入，借方登记期末转入“本年利润”科目的主营业务收入，结转后该科目应无余额。该科目可按主营业务的种类进行明细核算
“其他业务收入”	该科目核算企业确认的除主营业务活动以外的其他经营活动实现的收入，包括出租固定资产、出租无形资产、出租包装物和商品、销售材料、用材料进行非货币性交换（非货币性资产交换具有商业实质且公允价值能够可靠计量）或债务重组等实现的收入	该科目贷方登记企业其他业务活动实现的收入，借方登记期末转入“本年利润”科目的其他业务收入，结转后该科目应无余额。该科目可按其他业务的种类进行明细核算
“主营业务成本”	该科目核算企业确认销售商品、提供服务等主营业务收入时应结转的成本	该科目借方登记企业应结转的主营业务成本，贷方登记期末转入“本年利润”科目的主营业务成本，结转后该科目应无余额。该科目可按主营业务的种类进行明细核算
“其他业务成本”	该科目核算企业确认的除主营业务活动以外的其他经营活动所形成的成本，包括出租固定资产的折旧额、出租无形资产的摊销额、出租包装物的成本或摊销额、销售材料的成本等	该科目借方登记企业应结转的其他业务成本，贷方登记期末转入“本年利润”科目的其他业务成本，结转后该科目应无余额。该科目可按其他业务的种类进行明细核算
“合同取得成本”	该科目核算企业取得合同发生的、预计能够收回的增量成本	该科目借方登记发生的合同取得成本，贷方登记摊销的合同取得成本，期末借方余额，反映企业尚未结转的合同取得成本。该科目可按合同进行明细核算
“合同履约成本”	该科目核算企业为履行当前或预期取得的合同所发生的、不属于其他企业会计准则规范范围且按照收入准则应当确认为一项资产的成本	该科目借方登记发生的合同履约成本，贷方登记摊销的合同履约成本，期末借方余额，反映企业尚未结转的合同履约成本。该科目可按合同分别以“服务成本”“工程施工”等科目进行明细核算
“合同资产”	该科目核算企业已向客户转让商品而有权收取对价的权利，且该权利取决于时间流逝之外的其他因素（如履行合同中的其他履约义务）	该科目借方登记因已转让商品而有权收取的对价金额，贷方登记取得无条件收款权的金额，期末借方余额，反映企业已向客户转让商品而有权收取的对价金额。该科目按合同进行明细核算
“合同负债”	该科目核算企业已收或应收客户对价而应向客户转让商品的义务	该科目贷方登记企业在向客户转让商品之前，已经收到或已经取得无条件收取合同对价权利的金额；借方登记企业向客户转让商品时冲销的金额；期末贷方余额，反映企业在向客户转让商品之前，已经收到的合同对价或已经取得的无条件收取合同对价权利的金额。该科目按合同进行明细核算

此外，企业发生减值的，还应当设置“合同履约成本减值准备”“合同取得成本减值准备”“合同资产减值准备”等科目进行核算。

三、履行履约义务确认收入的账务处理

（一）在某一时点履行履约义务确认收入

对于在某一时点履行的履约义务，企业应当在客户取得相关商品控制权时点确认收入。在判断控制权是否转移时，企业应当综合考虑图 7-4 所列迹象。

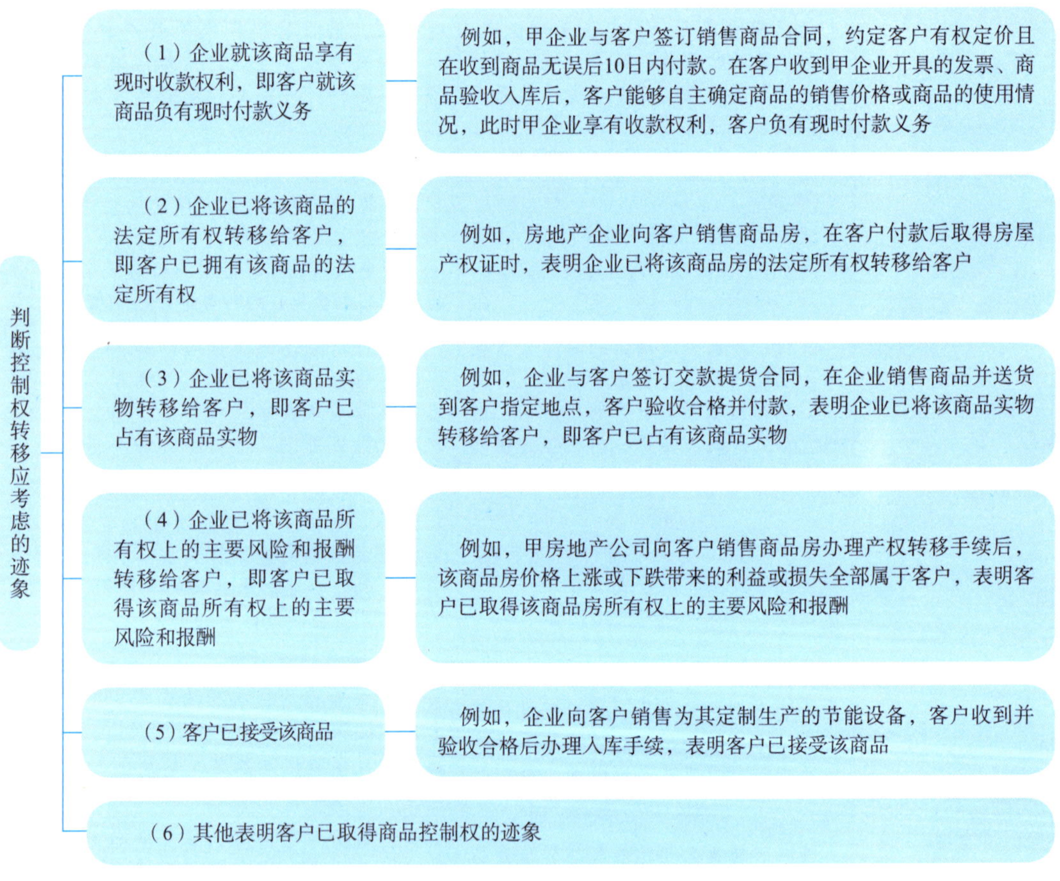

图7-4　判断控制权转移应考虑的迹象

1. 一般销售商品业务收入的账务处理

【例 7-1】甲公司向乙公司销售商品一批，开具的增值税专用发票上注明售价为 400 000 元，增值税税额为 52 000 元；甲公司收到乙公司开出的不带息银行承兑汇票一张，票面金额为 452 000 元，期限为 2 个月；甲公司以银行存款支付代垫运费，增值税专用发票上注明运输费 2 000 元，增值税税额为 180 元，所垫运费尚未收到；该

批商品成本为320 000元；乙公司收到商品并验收入库。

本例中甲公司已经收到乙公司开出的不带息银行承兑汇票，客户乙公司收到商品并验收入库，因此，销售商品为单项履约义务且属于在某一时点履行的履约义务。甲公司应编制如下会计分录：

（1）确认收入时：

借：应收票据　　452 000

　贷：主营业务收入　　400 000

　　　应交税费——应交增值税（销项税额）　　52 000

借：主营业务成本　　320 000

　贷：库存商品　　320 000

（2）代垫运费时：

借：应收账款　　2 180

　贷：银行存款　　2 180

2. 已经发出商品但不能确认收入的账务处理

企业按合同发出商品，合同约定客户只有在商品售出取得价款后才支付货款，如图7-5所示。企业向客户转让商品的对价未达到“很可能收回”收入确认条件。

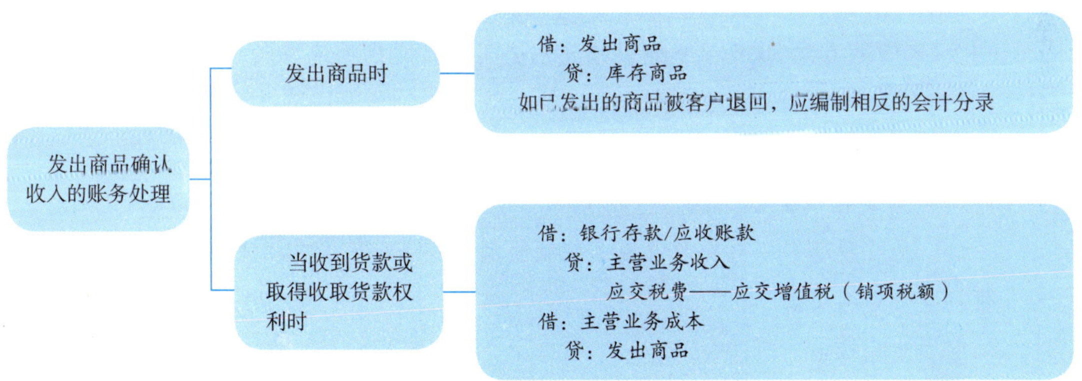

图7-5　发出商品确认收入的账务处理

在发出商品时，企业不应确认收入，将发出商品的成本记入“发出商品”科目，借记“发出商品”科目，贷记“库存商品”科目。如已发出的商品被客户退回，应编制相反的会计分录。“发出商品”科目核算企业商品已发出但客户没有取得商品的控制权的商品成本。

当收到货款或取得收取货款权利时，确认收入，借记“银行存款”“应收账款”科目，贷记“主营业务收入”科目，贷记“应交税费——应交增值税（销项税额）”科目，同时结转已销商品成本，借记“主营业务成本”科目，贷记“发出商品”科目。

【例 7-2】甲公司与乙公司均为增值税一般纳税人。2×19 年 6 月 3 日，甲公司与乙公司签订委托代销合同，甲公司委托乙公司销售 w 商品 1 000 件，w 商品已经发出，每件商品成本为 70 元。合同约定乙公司应按每件 100 元对外销售，甲公司按不含增值税的销售价格的 10% 向乙公司支付手续费。除非这些商品在乙公司存放期间内由于乙公司的责任发生毁损或丢失，否则在 w 商品对外销售之前，乙公司没有义务向甲公司支付货款。乙公司不承担包销责任，没有售出的 w 商品须退回给甲公司，同时，甲公司也有权要求收回 w 商品或将其销售给其他的客户。至 2×19 年 6 月 30 日，乙公司实际对外销售 100 件，开出的增值税专用发票上注明的销售价款为 100 000 元，增值税税额为 13 000 元。

本例中，甲公司将 w 商品发送至乙公司后，乙公司虽然已经承担 w 商品的实物保管责任，但仅为接受甲公司的委托销售 w 商品，并根据实际销售的数量赚取一定比例的手续费。甲公司有权要求收回 w 商品或将其销售给其他的客户，乙公司并不能主导这些商品的销售，这些商品对外销售与否、是否获利以及获利多少等不由乙公司控制，乙公司没有取得这些商品的控制权。因此，甲公司将 w 商品发送至乙公司时，不应确认收入，而应当在乙公司将 w 商品销售给最终客户时确认收入。

（1）2×19 年 6 月 3 日，甲公司按合同约定发出商品时，应编制如下会计分录：

借：发出商品——乙公司　　70 000

　贷：库存商品——w 商品　　70 000

（2）2×19 年 6 月 30 日，甲公司收到乙公司开具的代销清单时，应编制如下会计分录：

借：应收账款　　113 000

　贷：主营业务收入　　100 000

　　　应交税费——应交增值税（销项税额）　　13 000

借：主营业务成本　　70 000

　贷：发出商品　　70 000

借：销售费用　　10 000

　　应交税费——应交增值税（进项税额）　　600

　贷：应收账款　　10 600

（3）收到乙公司支付的货款时：

借：银行存款　　102 400

　贷：应收账款　　102 400

3. 商业折扣、现金折扣和销售退回的账务处理

商业折扣、现金折扣和销售退回的比较如图 7-6 所示。

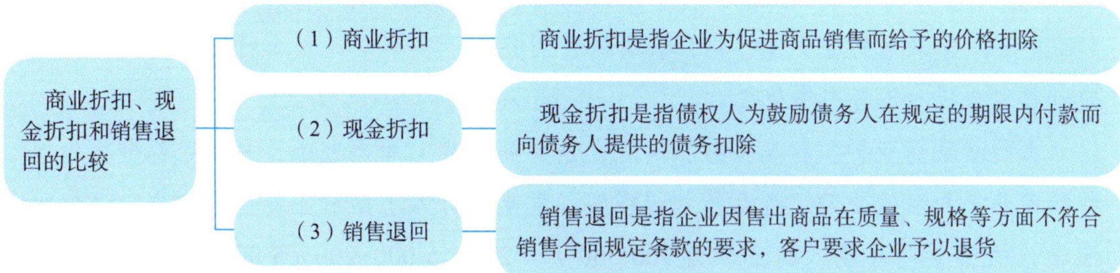

图7-6 商业折扣、现金折扣和销售退回的比较

（1）商业折扣。

商业折扣是指企业为促进商品销售而给予的价格扣除。例如，企业为鼓励客户多买商品，可能规定购买 100 件以上商品给予客户 10% 的折扣。此外，企业为了尽快出售一些残次、陈旧、冷背的商品，也可能降价（即打折）销售。商业折扣在销售前即已发生，并不构成最终成交价格的一部分，企业应当按照扣除商业折扣后的金额确定商品销售价格和销售商品收入金额。

（2）现金折扣。

现金折扣是指债权人为鼓励债务人在规定的期限内付款而向债务人提供的债务扣除。现金折扣一般用符号“折扣率 / 付款期限”表示，例如，“2/10，1/20，N/30”表示：销货方允许客户最长的付款期限为 30 天，如果客户在 10 天内付款，销货方可按商品售价给予客户 2% 的折扣；如果客户在 11 ～ 20 天内付款，销货方可按商品售价给予客户 1% 的折扣；如果客户在 21 ～ 30 天内付款，将不能享受现金折扣。

现金折扣发生在商品销售之后，是否发生以及发生多少要视客户的付款情况而定，企业在确认销售商品收入时不能确定现金折扣金额。因此，企业销售商品涉及现金折扣的，应当按照扣除现金折扣前的金额确定销售商品收入金额。现金折扣实际上是企业为了尽快回笼资金而发生的理财费用，应在实际发生时计入当期财务费用。

计算现金折扣时，还应注意是按不含增值税的价款计算确定，还是按含增值税的价款计算确定，两种情况下客户享有的折扣金额不同。例如，销售价格为 1 000 元的商品，增值税税额为 130 元，如计算现金折扣不考虑增值税，按 1% 折扣率计算，客户享有的现金折扣金额为 10 元；如果企业与客户约定计算现金折扣时一并考虑增值税，则客户享有的现金折扣金额为 11.3 元。

【例 7-3】甲公司为增值税一般纳税人，2×19 年 9 月 1 日销售 A 商品 5 000 件并

开具增值税专用发票，每件商品的标价为200元（不含增值税），A商品适用的增值税税率为13%；每件商品的实际成本为120元；由于是成批销售，甲公司给予客户10%的商业折扣，并在销售合同中规定现金折扣条件为2/10,1/20,N/30;A商品于9月1日发出，客户于9月9日付款。该项销售业务属于在某一时点履行的履约义务。假定计算现金折扣不考虑增值税。

本例涉及商业折扣和现金折扣问题，销售商品收入的金额应是未扣除现金折扣但扣除商业折扣后的金额，现金折扣应在实际发生时计入当期财务费用。因此，甲公司应确认的销售商品收入的金额为900 000元（200×5 000−200×5 000×10%），增值税销项税额为117 000元（900 000×13%）。客户在10日内付款，享有的现金折扣为18 000元（900 000×2%）。甲公司应编制如下会计分录：

①9月1日确认收入时：

借：应收账款　　1 017 000

　贷：主营业务收入　　900 000

　　　应交税费——应交增值税（销项税额）　　117 000

借：主营业务成本　　600 000

　贷：库存商品　　600 000

②9月9日收到货款时：

借：银行存款　　999 000

　　财务费用　　18 000

　贷：应收账款　　1 017 000

本例中，若客户于9月19日付款，则享受的现金折扣为9 000元（900 000×1%），收到货款时，甲公司应编制如下会计分录：

借：银行存款　　1 008 000

　　财务费用　　9 000

　贷：应收账款　　1 017 000

若客户于9月底付款，则应按全额付款，收到货款时，甲公司应编制如下会计分录：

借：银行存款　　1 017 000

　贷：应收账款　　1 017 000

（3）销售退回。

销售退回是指企业因售出商品在质量、规格等方面不符合销售合同规定条款的要求，客户要求企业予以退货。企业销售商品发生退货，表明企业履约义务的减少和客户商品控制权及其相关经济利益的丧失。已确认销售商品收入的售出商品发生销售退回的，除属于资产负债表日后事项的外，企业收到退回的商品时，应退回货款或冲减应收账款，并冲减主营业务收入和增值税销项税额，借记“主营业务收入”“应交税费——应交增值税（销项税额）”等科目，贷记“银行存款”“应收票据”“应收账款”等科目。收到退回商品验收入库，按照商品成本，借记“库存商品”科目，贷记“主营业务成本”科目。如该项销售退回已发生现金折扣，应同时调整相关财务费用的金额。

【例 7-4】甲公司 2×19 年 5 月 20 日销售 A 商品一批，增值税专用发票上注明售价为 350 000 元，增值税税额为 45 500 元，该批商品成本为 182 000 元。A 商品于 2×19 年 5 月 20 日发出，客户于 5 月 27 日付款。该项业务属于在某一时点履行的履约义务并确认销售收入。2×19 年 9 月 16 日，该商品质量出现严重问题，客户将该批商品全部退回给甲公司。甲公司同意退货，于退货当日支付了退货款，并按规定向客户开具了增值税专用发票（红字）。假定不考虑其他因素，甲公司应编制如下会计分录：

①2×19 年 5 月 20 日确认收入时：

借：应收账款	395 500	
贷：主营业务收入		350 000
应交税费——应交增值税（销项税额）		45 500
借：主营业务成本	182 000	
贷：库存商品		182 000

②2×19 年 5 月 27 日收到货款时：

借：银行存款	395 500	
贷：应收账款		395 500

③2×19 年 9 月 16 日销售退回时：

借：主营业务收入	350 000	
应交税费——应交增值税（销项税额）	45 500	
贷：银行存款		395 500
借：库存商品	182 000	
贷：主营业务成本		182 000

4. 销售材料等存货的账务处理

企业在日常活动中会发生对外销售不需用的原材料、随同商品对外销售单独计价的包装物等业务。企业销售原材料、包装物等存货取得收入的确认和计量原则比照商品销售。企业销售原材料、包装物等存货确认的收入作为其他业务收入处理，结转的相关成本作为其他业务成本处理。

【例 7-5】甲公司向乙公司销售一批原材料，开具的增值税专用发票上注明售价为 100 000 元，增值税税额为 13 000 元；甲公司收到乙公司支付的款项存入银行；该批原材料的实际成本为 90 000 元；乙公司收到原材料并验收入库。

本例中甲公司已经收到乙公司支付的货款，乙公司收到原材料并验收入库，因此，该项业务为单项履约义务且属于在某一时点履行的履约义务。甲公司应编制如下会计分录：

（1）确认收入时：

借：银行存款　　113 000

　贷：其他业务收入　　100 000

　　　应交税费——应交增值税（销项税额）　　13 000

（2）结转原材料成本：

借：其他业务成本　　90 000

　贷：原材料　　90 000

（二）在某一时段内履行履约义务确认收入

对于在某一时段内履行的履约义务，企业应当在该段时间内按照履约进度确认收入，履约进度不能合理确定的除外。满足图 7-7 所列条件之一的，属于在某一时段内履行的履约义务。

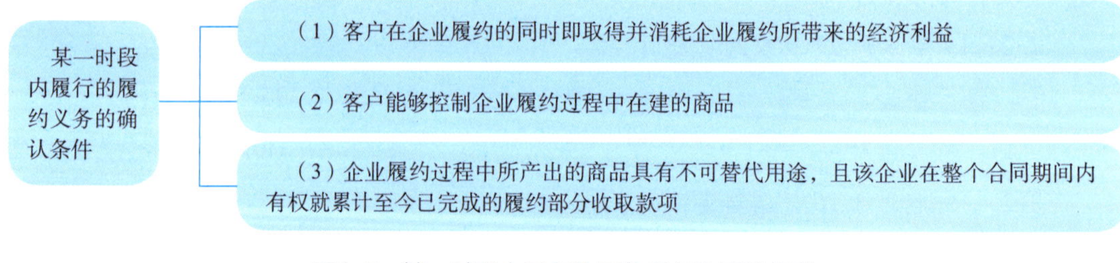

图7-7　某一时段内履行的履约义务的确认条件

企业应当考虑商品的性质，采用实际测量的完工进度、评估已实现的结果、时间进度、已完工或交付的产品等产出指标，或采用投入的材料数量、花费的人工工时、机器工时、发生的成本和时间进度等投入指标确定恰当的履约进度，并且在确定履约进度时，应当扣除那些控制权尚未转移给客户的商品和服务。资产负债表日，企业按照合同的交易价格总额乘以履约进度扣除以前会计期间累计已确认的收入后的金额，确认当期收入。

【例 7-6】甲公司为增值税一般纳税人，装修服务适用增值税税率为 9%。2019 年 12 月 1 日，甲公司与乙公司签订一项为期 3 个月的装修合同，合同约定装修价款为 500 000 元，增值税税额为 45 000 元，装修费用每月末按完工进度支付。2019 年 12 月

31日，经专业测量师测量后，确定该项劳务的完工程度为25%；乙公司按完工进度支付价款及相应的增值税款。截至2019年12月31日，甲公司为完成该合同累计发生劳务成本100 000元（假定均为装修人员薪酬），估计还将发生劳务成本300 000元。

假定该业务属于甲公司的主营业务，全部由其自行完成；该装修服务构成单项履约义务，并属于在某一时段内履行的履约义务；甲公司按照实际测量的完工进度确定履约进度。

甲公司应编制如下会计分录：

（1）实际发生劳务成本100 000元：

借：合同履约成本　　100 000

　贷：应付职工薪酬　　100 000

（2）2019年12月31日确认劳务收入并结转劳务成本：

2019年12月31日确认的劳务收入：500 000×25%−0 =125 000（元）

借：银行存款　　136 250

　贷：主营业务收入　　125 000

　　　应交税费——应交增值税（销项税额）　　11 250

借：主营业务成本　　100 000

　贷：合同履约成本　　100 000

2020年1月31日，经专业测量师测量后，确定该项劳务的完工程度为70%；乙公司按完工进度支付价款同时支付对应的增值税款。2020年1月，为完成该合同发生劳务成本180 000元（假定均为装修人员薪酬），为完成该合同估计还将发生劳务成本120 000元。甲公司应编制如下会计分录：

（1）实际发生劳务成本180 000元：

借：合同履约成本　　180 000

　贷：应付职工薪酬　　180 000

（2）2020年1月31日确认劳务收入并结转劳务成本：

2020年1月31日确认的劳务收入 =500 000×70%−125 000 =225 000（元）

借：银行存款　　245 250

　贷：主营业务收入　　225 000

　　　应交税费——应交增值税（销项税额）　　20 250

借：主营业务成本　　180 000

　贷：合同履约成本　　180 000

2020年2月28日，装修完工；乙公司验收合格，按完工进度支付价款同时支付对应的增值税款。2020年2月，为完成该合同发生劳务成本120 000元（假定均为装修人员薪酬）。甲公司应编制如下会计分录：

（1）实际发生劳务成本 120 000 元：

借：合同履约成本　　　　120 000

　贷：应付职工薪酬　　　　120 000

（2）2020 年 2 月 28 日确认劳务收入并结转劳务成本：

2020 年 2 月 28 日确认的劳务收入 =500 000－125 000－225 000=150 000（元）

借：银行存款　　　　163 500

　贷：主营业务收入　　　　150 000

　　　应交税费——应交增值税（销项税额）　　　　13 500

借：主营业务成本　　　　120 000

　贷：合同履约成本　　　　120 000

【例 7-7】甲公司经营一家健身俱乐部。2019 年 7 月 1 日，某客户与甲公司签订合同，成为甲公司的会员，并向甲公司支付会员费 3 600 元（不含税价），可在未来的 12 个月内在该俱乐部健身，且没有次数的限制。该业务适用的增值税税率为 6%。

本例中，客户在会籍期间可随时来俱乐部健身，且没有次数限制，客户已使用俱乐部健身的次数不会影响其未来继续使用的次数，甲公司在该合同下的履约义务是承诺随时准备在客户需要时为其提供健身服务，因此，该履约义务属于在某一时段内履行的履约义务，并且该履约义务在会员的会籍期间内随时间的流逝而被履行。因此，甲公司按照直线法确认收入，每月应当确认的收入为 300 元（3 600/12）。甲公司应编制如下会计分录：

（1）2019 年 7 月 1 日收到会员费时：

借：银行存款　　　　3 600

　贷：合同负债　　　　3 600

本例中，客户签订合同时支付了合同对价，可在未来的 12 个月内在该俱乐部进行健身消费，且没有次数的限制。企业在向客户转让商品之前已经产生一项负债，即合同负债。

（2）2019 年 7 月 31 日确认收入，开具增值税专用发票并收到税款时：

借：合同负债　　　　300

　　银行存款　　　　18

　贷：主营业务收入　　　　300

　　　应交税费——应交增值税（销项税额）　　　　18

2019 年 8 月至 2020 年 6 月，每月确认收入同上。

当履约进度不能合理确定时，企业已经发生的成本预计能够得到补偿的，应当按照已经发生的成本金额确认收入，直到履约进度能够合理确定为止。

四、合同成本

企业在与客户之间建立合同关系过程中发生的成本主要有合同取得成本和合同履约成本。

（一）合同取得成本

合同取得成本的内容如图 7-8 所示。

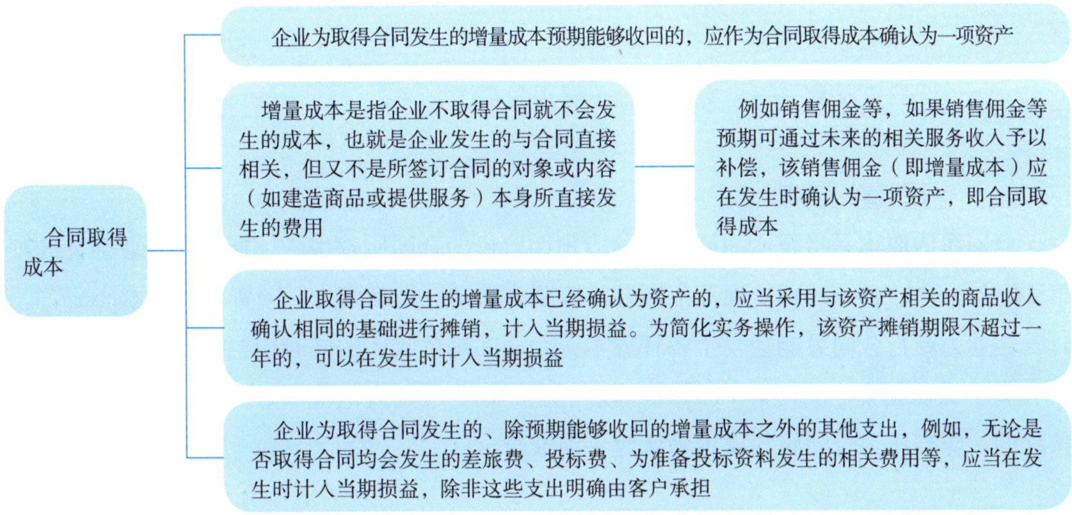

图7-8　合同取得成本

【例 7-8】甲公司是一家咨询公司，通过竞标赢得一个服务期为 5 年的客户，该客户每年末支付含税咨询费 1 908 000 元。为取得与该客户的合同，甲公司聘请外部律师进行尽职调查支付相关费用 15 000 元，为投标而发生的差旅费 10 000 元，支付销售人员佣金 50 000 元。甲公司预期这些支出未来均能够收回。此外，甲公司根据其年度销售目标、整体盈利情况及个人业绩等，向销售部门经理支付年度奖金 10 000 元。

在本例中，甲公司因签订该客户合同而向销售人员支付的佣金属于取得合同发生的增量成本，应当将其作为合同取得成本确认为一项资产；甲公司聘请外部律师进行尽职调查发生的支出、为投标发生的差旅费以及向销售部门经理支付的年度奖金（不能直接归属于可识别的合同）不属于增量成本，应当于发生时直接计入当期损益。甲公司应编制如下会计分录：

（1）支付相关费用：

借：合同取得成本	50 000	
管理费用	25 000	
销售费用	10 000	
贷：银行存款		85 000

（2）每月确认服务收入，摊销销售佣金：

服务收入 =1 908 000/（1+6%）/12 =150 000（元）

销售佣金摊销额 =50 000/5/12= 833. 33（元）

借：应收账款　　159 000

　　销售费用　　833.33

　贷：合同取得成本　　833.33

　　　主营业务收入　　150 000

　　　应交税费——应交增值税（销项税额）　　9 000

（二）合同履约成本

合同履约成本是指企业为履行当前或预期取得的合同所发生的、属于《企业会计准则第 14 号——收入》（2018）规范范围并且按照该准则应当确认为一项资产的成本。

企业为履行合同可能会发生各种成本，企业在确认收入的同时应当对这些成本进行分析，属于《企业会计准则第 14 号——收入》（2018）准则规范范围且同时满足图 7-9 所列条件的，应当作为合同履约成本确认为一项资产。

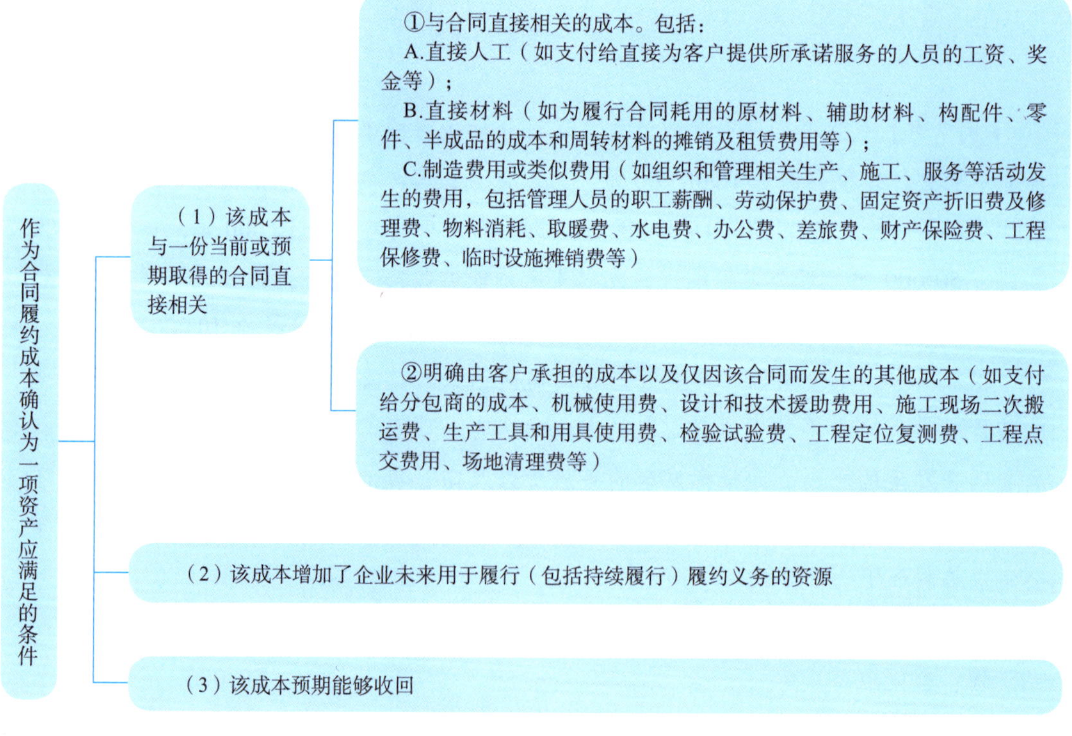

图7-9　作为合同履约成本确认为一项资产应满足的条件

企业应当在图 7-10 所列支出发生时，将其计入当期损益。

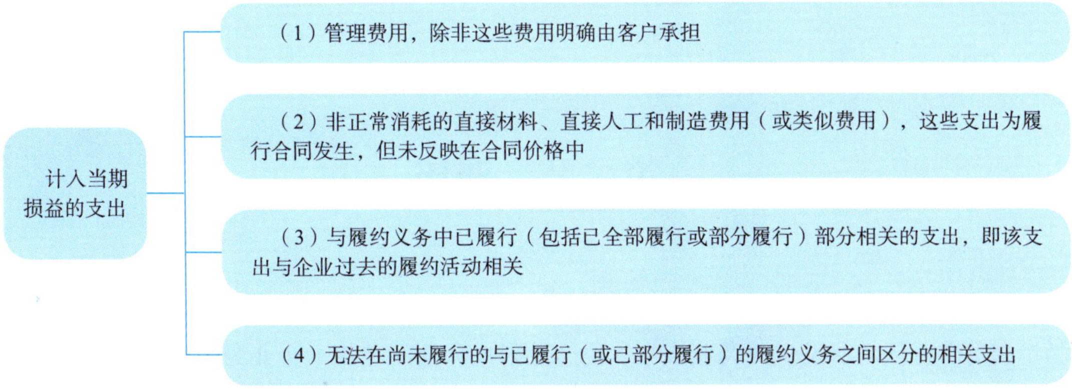

图7-10 计入当期损益的支出

企业发生合同履约成本时，借记“合同履约成本”科目，贷记“银行存款”“应付职工薪酬”“原材料”等科目；对合同履约成本进行摊销时，借记“主营业务成本”“其他业务成本”等科目，贷记“合同履约成本”科目。涉及增值税的，还应进行相应的处理。

【例 7-9】甲公司经营一家酒店，该酒店是甲公司的自有资产。2×19 年 12 月甲公司计提与酒店经营直接相关的酒店、客房以及客房内的设备家具等折旧 120 000 元、酒店土地使用权摊销费用 65 000 元。经计算，当月确认房费、餐饮等服务含税收入 424 000 元，全部存入银行。

本例中，甲公司经营酒店主要是通过提供客房服务赚取收入，而客房服务的提供直接依赖于酒店物业（包含土地）以及家具等相关资产，这些资产折旧和摊销属于甲公司为履行与客户的合同而发生的合同履约成本。已确认的合同履约成本在收入确认时予以摊销，计入营业成本。甲公司应编制如下会计分录：

（1）确认资产的折旧费、摊销费：

借：合同履约成本　　185 000
　贷：累计折旧　　120 000
　　　累计摊销　　65 000

（2）12 月确认酒店服务收入并摊销合同履约成本：

借：银行存款　　424 000
　贷：主营业务收入　　400 000
　　　应交税费——应交增值税（销项税额）　　24 000
借：主营业务成本　　185 000
　贷：合同履约成本　　185 000

第二节　费用

费用是企业日常活动所发生的经济利益的总流出，主要指企业为取得营业收入进行产品销售等营业活动所发生的营业成本、税金及附加和期间费用。企业为生产产品、提供劳务等发生的可归属于产品成本、劳务成本等的费用，应当在确认销售商品收入、提供劳务收入等时，将已销售商品、已提供劳务的成本确认为营业成本（包括主营业务成本和其他业务成本）。期间费用包括销售费用、管理费用和财务费用。

一、营业成本

营业成本主要分为主营业务成本和其他业务成本两类。

（一）主营业务成本

主营业务成本的内容如图 7-11 所示。

主营业务成本

- 主营业务成本是指企业销售商品、提供服务等经常性活动所发生的成本。企业一般在确认销售商品、提供服务等主营业务收入时，或在月末，将已销售商品、已提供服务的成本转入主营业务成本
- 企业应当设置“主营业务成本”科目，用于核算企业因销售商品、提供服务等日常活动而发生的实际成本，该科目按主营业务的种类进行明细核算
- 企业结转已销售商品或提供服务成本时：
  借：主营业务成本
  　　贷：库存商品/合同履约成本等
  期末，将主营业务成本的余额转入“本年利润”科目：
  借：本年利润
  　　贷：主营业务成本
  结转后，“主营业务成本”科目无余额

图7-11　主营业务成本

【例 7-10】2×19 年 5 月 20 日，甲公司向乙公司销售一批产品，开具的增值税专用发票上注明的价款为 200 000 元，增值税税额为 26 000 元；甲公司已收到乙公司支付的款项 226 000 元，并将提货单送交乙公司；该批产品成本为 190 000 元。该项销售业务属于某一时点履行的履约义务。甲公司应编制如下会计分录：

（1）销售实现时：

借：银行存款 226 000

　贷：主营业务收入 200 000

　　　应交税费——应交增值税（销项税额） 26 000

借：主营业务成本 190 000

　贷：库存商品 190 000

（2）期末，将主营业务成本结转至本年利润时：

借：本年利润 190 000

　贷：主营业务成本 190 000

【例 7-11】2×19 年 5 月 10 日，某公司销售甲产品 100 件，单价 1 000 元，单位成本 800 元，开具的增值税专用发票上注明的价款为 100 000 元，增值税税额为 13 000 元，购货方尚未付款，该项销售业务属于某一时点履行的履约义务。7 月 25 日，因产品质量问题购货方退货，并开具增值税专用发票（红字）。假定不考虑其他因素，该公司应编制如下会计分录：

（1）销售产品时：

借：应收账款 113 000

　贷：主营业务收入 100 000

　　　应交税费——应交增值税（销项税额） 13 000

借：主营业务成本 80 000

　贷：库存商品——甲产品 80 000

（2）销售退回时：

借：主营业务收入 100 000

　　应交税费——应交增值税（销项税额） 13 000

　贷：应收账款 113 000

借：库存商品——甲产品 80 000

　贷：主营业务成本 80 000

【例 7-12】2×19 年 8 月末，某公司计算已销售的甲、乙、丙三种产品的实际成本，分别为 10 000 元、20 000 元和 25 000 元。该公司月末结转已销甲、乙、丙产品成本时，应编制如下会计分录：

借：主营业务成本 55 000

　贷：库存商品——甲产品 10 000

——乙产品 20 000

——丙产品 25 000

（二）其他业务成本

其他业务成本的内容如图 7-12 所示。

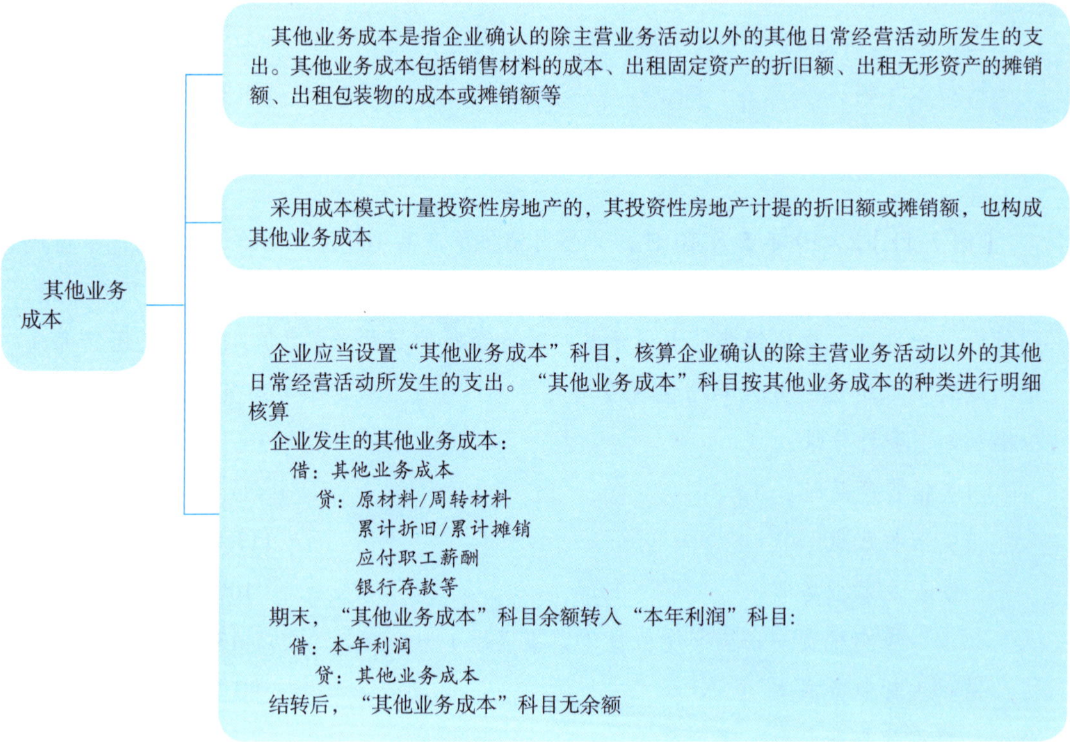

其他业务成本

其他业务成本是指企业确认的除主营业务活动以外的其他日常经营活动所发生的支出。其他业务成本包括销售材料的成本、出租固定资产的折旧额、出租无形资产的摊销额、出租包装物的成本或摊销额等

采用成本模式计量投资性房地产的，其投资性房地产计提的折旧额或摊销额，也构成其他业务成本

企业应当设置“其他业务成本”科目，核算企业确认的除主营业务活动以外的其他日常经营活动所发生的支出。“其他业务成本”科目按其他业务成本的种类进行明细核算

企业发生的其他业务成本：

借：其他业务成本

　　贷：原材料/周转材料

　　　　累计折旧/累计摊销

　　　　应付职工薪酬

　　　　银行存款等

期末，“其他业务成本”科目余额转入“本年利润”科目：

借：本年利润

　　贷：其他业务成本

结转后，“其他业务成本”科目无余额

图7-12　其他业务成本

【例 7-13】2×19 年 5 月 10 日，某公司销售一批原材料，开具的增值税专用发票上注明的价款为 10 000 元，增值税税额为 1 300 元，款项已由银行收妥。该批原材料的实际成本为 7 000 元。该项销售业务属于某一时点履行的履约义务。该公司应编制如下会计分录：

（1）销售实现时：

借：银行存款 11 300

　　贷：其他业务收入 10 000

　　　　应交税费——应交增值税（销项税额） 1 300

借：其他业务成本 7 000

　　贷：原材料 7 000

（2）期末，将其他业务成本结转至本年利润时：

借：本年利润　　7 000

　贷：其他业务成本　　7 000

【例 7-14】2×19 年 1 月 5 日，甲公司将自行开发完成的非专利技术出租给一家公司，该非专利技术成本为 240 000 元，双方约定的租赁期限为 10 年，甲公司每月应摊销 2 000 元（240 000/10/12）。甲公司每月摊销非专利技术成本时，应编制如下会计分录：

借：其他业务成本　　2 000

　贷：累计摊销　　2 000

【例 7-15】2×19 年 11 月 22 日，某公司因销售商品领用单独计价的包装物的实际成本为 40 000 元，开具的增值税专用发票上注明价款为 100 000 元，增值税税额为 13 000 元，款项已存入银行。销售商品领用单独计价包装物属于销售商品和包装物两项履约义务，且属于某一时点履行的履约义务。该公司确认商品销售收入的同时应编制如下会计分录：

（1）出售包装物时：

借：银行存款　　113 000

　贷：其他业务收入　　100 000

　　应交税费——应交增值税（销项税额）　　13 000

（2）结转出售包装物成本时：

借：其他业务成本　　40 000

　贷：周转材料——包装物　　40 000

（3）期末，将其他业务成本结转至本年利润时：

借：本年利润　　40 000

　贷：其他业务成本　　40 000

二、税金及附加

税金及附加是指企业经营活动应负担的相关税费，包括消费税、城市维护建设税、教育费附加、资源税、环境保护税、土地增值税、房产税、城镇土地使用税、车船税、印花税、耕地占用税、契税、车辆购置税等。

企业应当设置“税金及附加”科目，核算企业经营活动发生的消费税、城市维护建设税、教育费附加、资源税、房产税、城镇土地使用税、车船税、环境保护税、印花税等相关税费。其中，按规定计算确定的与经营活动相关的消费税、城市维护建设税、资源税、教育费附加、房产税、城镇土地使用税、车船税、环境保护税等税费，企业应借记“税金及附加”科目，贷记“应交税费”科目。期末，应将“税金及附加”科目余额转入“本年利润”科目，结转后，“税金及附加”科目无余额。企业交纳的印花税，不会发生应付未付税款的情况，不需要预计应纳税金额，同时也不存在与税务机关结算或者清算的问题。因此，企业交纳的印花税不通过“应交税费”科目核算，于购买印花税票时，直接借记“税金及附加”科目，贷记“银行存款”科目。

【例 7-16】2×19 年 8 月 1 日，某公司取得应纳消费税的销售商品收入 3 000 000 元，该商品适用的消费税税率为 25%。该公司应编制如下会计分录：

（1）计算确认应交消费税税额：

消费税税额 =3 000 000×25%=750 000（元）

借：税金及附加　　750 000

　贷：应交税费——应交消费税　　750 000

（2）实际交纳消费税时：

借：应交税费——应交消费税　　750 000

　贷：银行存款　　750 000

【例 7-17】2×19 年 9 月，某公司当月实际缴纳的增值税 450 000 元、消费税 150 000 元，城市维护建设税税率为 7%，教育费附加征收比率为 3%。该公司应编制与城市维护建设税、教育费附加有关的会计分录如下：

（1）计算确认应交城市维护建设税和教育费附加时：

城市维护建设税：（450 000+150 000）×7% =42 000（元）

教育费附加：（450 000+150 000）×3% =18 000（元）

借：税金及附加　　60 000

　贷：应交税费——应交城市维护建设税　　42 000

　　　　　　——应交教育费附加　　18 000

（2）实际交纳城市维护建设税和教育费附加时：

借：应交税费——应交城市维护建设税　　42 000

　　　　　——应交教育费附加　　18 000

　贷：银行存款　　60 000

【例 7-18】2×19 年 12 月，某公司一幢房产的原值为 2 000 000 元，已知房产税税率为 1.2%，当地规定的房产税扣除比例为 30%。该公司应编制如下会计分录：

（1）计算应交房产税税额 16 800 元［2 000 000×（1-30%）×1.2%］：

借：税金及附加　　16 800

　贷：应交税费——应交房产税　　16 800

（2）实际交纳房产税时：

借：应交税费——应交房产税　　16 800

　贷：银行存款　　16 800

【例 7-19】2×19 年 12 月，某公司按规定当月实际应交车船税 24 000 元，应交城镇土地使用税 50 000 元。该公司应编制如下会计分录：

（1）计算应交纳的车船税、城镇土地使用税时：

借：税金及附加　　74 000

　贷：应交税费——应交车船税　　24 000

　　　　——应交城镇土地使用税　　50 000

（2）实际交纳车船税、城镇土地使用税时：

借：应交税费——应交车船税　　24 000

　　　——应交城镇土地使用税　　50 000

　贷：银行存款　　74 000

三、期间费用

（一）期间费用概述

期间费用是企业日常活动中所发生的经济利益的流出，通常不计入特定的成本核算对象，是因为期间费用是企业为组织和管理整个经营活动所发生的费用，与可以确定特定成本核算对象的材料采购、产成品生产等没有直接关系，因而期间费用不计入有关核算对象的成本，而是直接计入当期损益，如图 7-13 所示。

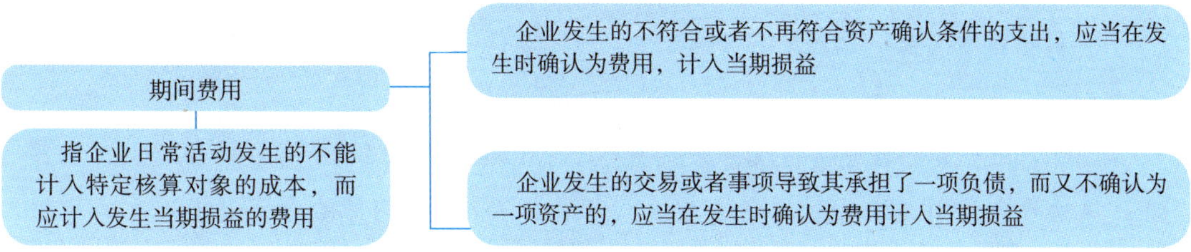

图7-13　期间费用的概念及内容

（二）期间费用的账务处理

期间费用包括销售费用、管理费用和财务费用。

1. 销售费用

销售费用的内容及账务处理如图 7-14 所示。

销售费用的内容及账务处理	
	销售费用是指企业销售商品和材料、提供服务的过程中发生的各种费用，包括企业在销售商品过程中发生的保险费、包装费、展览费和广告费、商品维修费、预计产品质量保证损失、运输费、装卸费等以及为销售本企业商品而专设的销售机构（含销售网点、售后服务网点等）的职工薪酬、业务费、折旧费等经营费用。企业发生的与专设销售机构相关的固定资产修理费用等后续支出也属于销售费用
	销售费用是与企业销售商品活动有关的费用，但不包括销售商品本身的成本，该成本属于主营业务成本
	企业应设置“销售费用”科目，核算销售费用的发生和结转情况。该科目借方登记企业所发生的各项销售费用，贷方登记期末转入“本年利润”科目的销售费用，结转后，“销售费用”科目应无余额。“销售费用”科目应按销售费用的费用项目进行明细核算

图7-14　销售费用的内容及账务处理

【例 7-20】某公司为增值税一般纳税人，2×19 年 6 月 1 日为宣传新产品发生广告费，取得的增值税专用发票上注明的价款为 100 000 元，增值税税额为 6 000 元，价税款项用银行存款支付。该公司应编制如下会计分录：

借：销售费用——广告费　　100 000

　　应交税费——应交增值税（进项税额）　　6 000

　贷：银行存款　　106 000

【例 7-21】某公司为增值税一般纳税人，2×19 年 6 月 12 日销售一批产品，取得的增值税专用发票上注明的运输费为 7 000 元，增值税税额为 630 元，取得的增值税普通发票上注明的装卸费价税合计为 3 000 元，上述款项均用银行存款支付。该公司应编制如下会计分录：

借：销售费用　　10 000

　　应交税费——应交增值税（进项税额）　　630

　贷：银行存款　　10 630

【例 7-22】某公司为增值税一般纳税人，2×19 年 6 月 15 日用银行存款支付所销产品保险费合计 10 600 元，取得的增值税专用发票上注明的保险费为 10 000 元，增值税税额为 600 元。该公司应编制如下会计分录：

借：销售费用——保险费　　10 000

　　应交税费——应交增值税（进项税额）　　600

　贷：银行存款　　10 600

【例 7-23】某公司销售部 2×19 年 6 月份共发生费用 220 000 元，其中：销售人员薪酬 100 000 元，销售部专用办公设备和房屋的折旧费 50 000 元，业务费 70 000 元（用银行存款支付）。假设不考虑其他因素，该公司应编制如下会计分录：

借：销售费用　　220 000
　贷：应付职工薪酬　　100 000
　　累计折旧　　50 000
　　银行存款　　70 000

【例 7-24】承【例 7-20】至【例 7-23】，某公司 2×19 年 6 月 30 日将“销售费用”科目余额 340 000 元结转至“本年利润”科目。该公司应编制如下会计分录：

借：本年利润　　340 000
　贷：销售费用　　340 000

2. 管理费用

管理费用的内容及账务处理如图 7-15 所示。

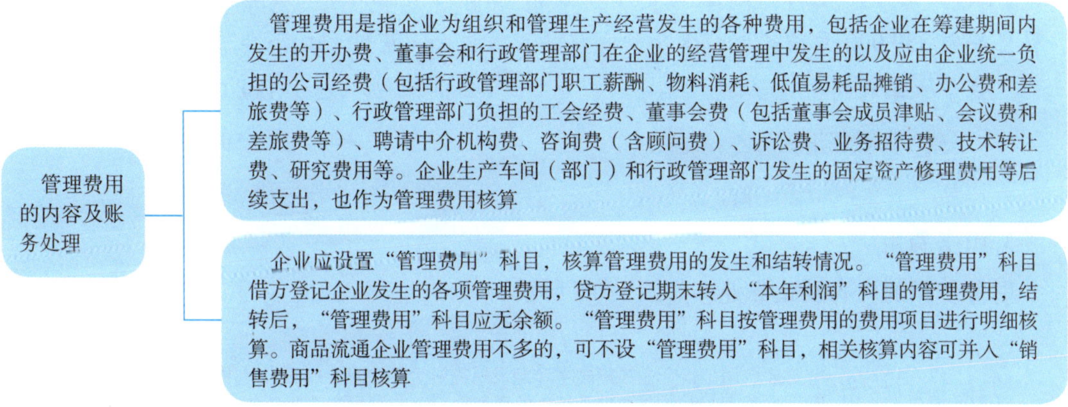

管理费用的内容及账务处理

管理费用是指企业为组织和管理生产经营发生的各种费用，包括企业在筹建期间内发生的开办费、董事会和行政管理部门在企业的经营管理中发生的以及应由企业统一负担的公司经费（包括行政管理部门职工薪酬、物料消耗、低值易耗品摊销、办公费和差旅费等）、行政管理部门负担的工会经费、董事会费（包括董事会成员津贴、会议费和差旅费等）、聘请中介机构费、咨询费（含顾问费）、诉讼费、业务招待费、技术转让费、研究费用等。企业生产车间（部门）和行政管理部门发生的固定资产修理费用等后续支出，也作为管理费用核算

企业应设置“管理费用”科目，核算管理费用的发生和结转情况。“管理费用”科目借方登记企业发生的各项管理费用，贷方登记期末转入“本年利润”科目的管理费用，结转后，“管理费用”科目应无余额。“管理费用”科目按管理费用的费用项目进行明细核算。商品流通企业管理费用不多的，可不设“管理费用”科目，相关核算内容可并入“销售费用”科目核算

图7-15　管理费用的内容及账务处理

【例 7-25】2×19 年 4 月 10 日，某公司为拓展产品销售市场发生业务招待住宿费 50 000 元，取得的增值税专用发票上注明的增值税税额为 3 000 元，已用银行存款支付全部款项。该公司应编制如下会计分录：

借：管理费用——业务招待费　　50 000
　　应交税费——应交增值税（进项税额）　　3 000
　贷：银行存款　　53 000

【例 7-26】某公司行政部 2×19 年 4 月份共发生费用 179 000 元，其中行政人员薪酬 150 000 元，报销行政人员差旅费 21 000 元（假定报销人员均未预借差旅费），其他办公、水电费 8 000 元（均用银行存款支付）。假设不考虑增值税等因素，该公司应编制如下会计分录：

借：管理费用　　179 000

　贷：应付职工薪酬　　150 000

　　　库存现金　　21 000

　　　银行存款　　8 000

【例 7-27】2×19 年 4 月 30 日，某公司计提管理部门固定资产折旧 50 000 元，摊销公司管理部门用无形资产成本 80 000 元。该公司应编制如下会计分录：

借：管理费用　　130 000

　贷：累计折旧　　50 000

　　　累计摊销　　80 000

【例 7-28】承【例 7-25】至【例 7-27】，某公司 2×19 年 4 月 30 日将"管理费用"科目余额 359 000 元结转至"本年利润"科目。该公司应编制如下会计分录：

借：本年利润　　359 000

　贷：管理费用　　359 000

3. 财务费用

财务费用的内容及账务处理如图 7-16 所示。

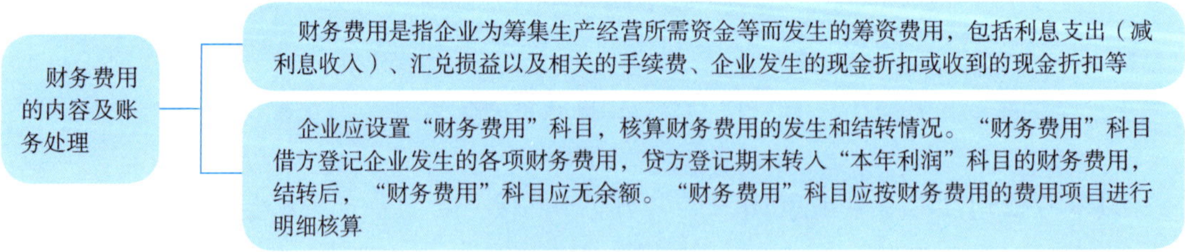

财务费用的内容及账务处理

- 财务费用是指企业为筹集生产经营所需资金等而发生的筹资费用，包括利息支出（减利息收入）、汇兑损益以及相关的手续费、企业发生的现金折扣或收到的现金折扣等
- 企业应设置"财务费用"科目，核算财务费用的发生和结转情况。"财务费用"科目借方登记企业发生的各项财务费用，贷方登记期末转入"本年利润"科目的财务费用，结转后，"财务费用"科目应无余额。"财务费用"科目应按财务费用的费用项目进行明细核算

图7-16　财务费用的内容及账务处理

【例 7-29】某公司于 2×19 年 12 月 1 日向银行借入生产经营用短期借款 360 000 元，期限 6 个月，年利率 5%，该借款本金到期后一次归还，利息分月预提，按季支付。该公司应编制如下会计分录：

每月末，预提当月应计利息：360 000×5%÷12 =1 500（元）

借：财务费用——利息支出　　1 500
　贷：应付利息　　1 500

【例 7-30】某公司 2×19 年 12 月 30 日用银行存款支付本月应负担的短期借款利息 25 440 元。该公司应编制如下会计分录：

借：财务费用——利息支出　　25 440
　贷：银行存款　　25 440

【例 7-31】2×19 年 12 月 30 日，某公司在购买材料业务中，获得对方给予的现金折扣 4 000 元（假定不考虑增值税）。该公司应编制如下会计分录：

借：应付账款　　4 000
　贷：财务费用　　4 000

【例 7-32】承【例 7-29】至【例 7-31】，2×19 年 12 月 31 日，甲公司将“财务费用”科目余额 22 940 元结转至“本年利润”科目。该公司应编制如下会计分录：

借：本年利润　　22 940
　贷：财务费用　　22 940

第三节　利润

一、利润的构成

利润、利得及损失的区别如图 7-17 所示。

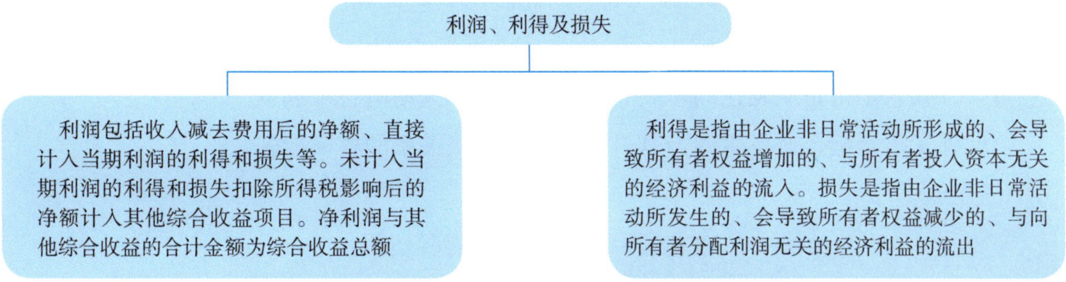

利润、利得及损失

利润包括收入减去费用后的净额、直接计入当期利润的利得和损失等。未计入当期利润的利得和损失扣除所得税影响后的净额计入其他综合收益项目。净利润与其他综合收益的合计金额为综合收益总额

利得是指由企业非日常活动所形成的、会导致所有者权益增加的、与所有者投入资本无关的经济利益的流入。损失是指由企业非日常活动所发生的、会导致所有者权益减少的、与向所有者分配利润无关的经济利益的流出

图7-17　利润与利得、损失的区别

与利润相关的计算公式主要如下。

（一）营业利润

营业利润 = 营业收入 - 营业成本 - 税金及附加 - 销售费用 - 管理费用 - 研发费用 - 财务费用 + 其他收益 + 投资收益（- 投资损失）+ 净敞口套期收益（- 净敞口套期损失）+ 公允价值变动收益（- 公允价值变动损失）- 信用减值损失 - 资产减值损失 + 资产处置收益（- 资产处置损失）

营业利润各个项目的内容如图 7-18 所示。

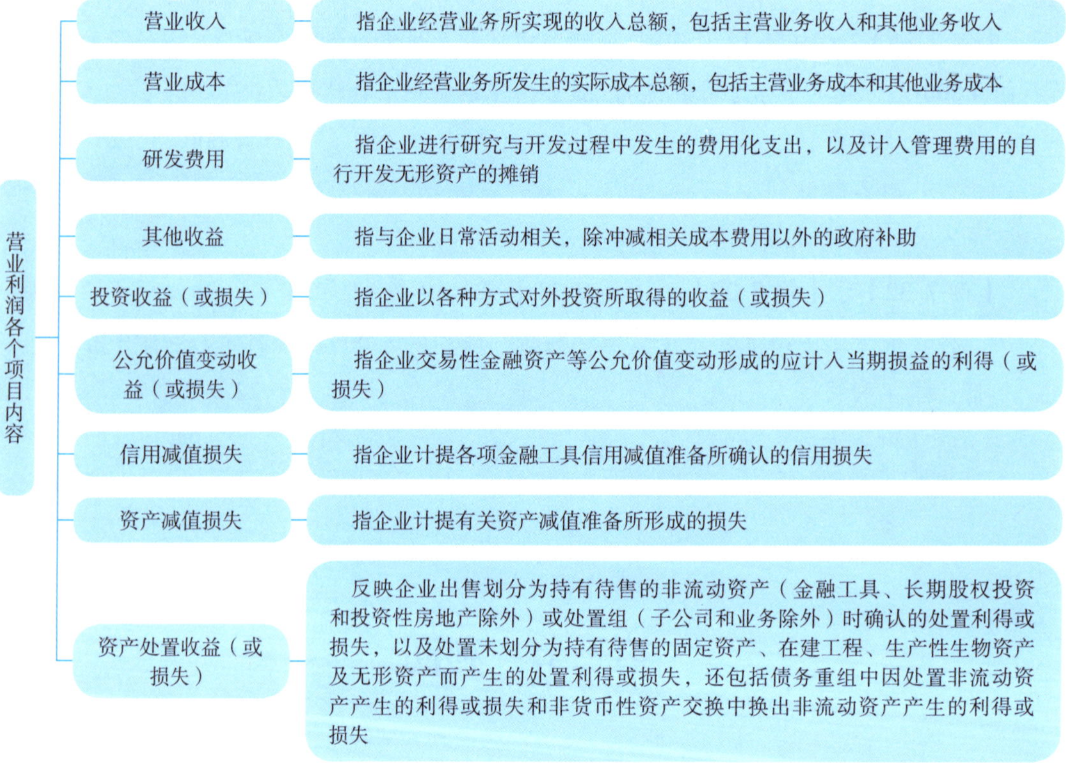

图7-18　营业利润各个项目内容

（二）利润总额

利润总额=营业利润+营业外收入-营业外支出

其中：

营业外收入是指企业发生的与其日常活动无直接关系的各项利得。

营业外支出是指企业发生的与其日常活动无直接关系的各项损失。

（三）净利润

净利润=利润总额-所得税费用

其中，所得税费用是指企业确认的应从当期利润总额中扣除的所得税费用。

二、营业外收支

（一）营业外收入

1. 营业外收入核算的内容

营业外收入核算的内容如图 7-19 所示。

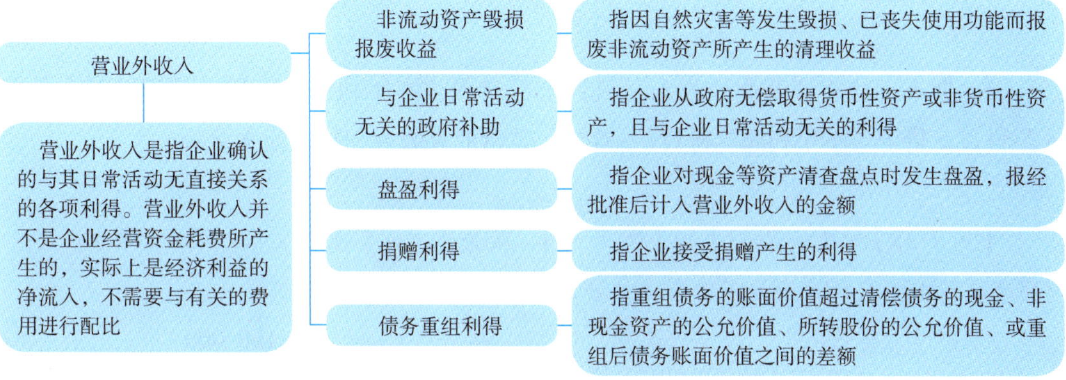

图7-19　营业外收入核算的内容

2. 营业外收入的账务处理

企业应设置“营业外收入”科目，核算营业外收入的取得及结转情况。该科目贷方登记企业确认的营业外收入，借方登记期末将“营业外收入”科目余额转入“本年利润”科目的营业外收入，结转后“营业外收入”科目无余额。“营业外收入”科目可按营业外收入项目进行明细核算。

（1）企业确认处置非流动资产毁损报废收益时，借记“固定资产清理”“银行存款”“待处理财产损益”等科目，贷记“营业外收入”科目。

【例 7-33】某企业将固定资产报废清理的净收益 179 800 元转作营业外收入，应编制如下会计分录：

借：固定资产清理　　179 800

　贷：营业外收入——非流动资产毁损报废收益　　179 800

（2）企业确认盘盈利得、捐赠利得计入营业外收入时，借记“库存现金”“待处理财产损益”等科目，贷记“营业外收入”科目。

【例 7-34】某企业在现金清查中盘盈 200 元，按管理权限报经批准后转入营业外收入，应编制如下会计分录：

①发现盘盈时：

借：库存现金　　　　200

　贷：待处理财产损益　　　　200

②经批准转入营业外收入时：

借：待处理财产损益　　　　200

　贷：营业外收入　　　　200

（3）期末，应将“营业外收入”科目余额转入“本年利润”科目，借记“营业外收入”科目，贷记“本年利润”科目。结转后，“营业外收入”科目应无余额。

【例 7-35】承【例 7-33】和【例 7-34】，某企业本期营业外收入总额为 180 000 元，期末结转本年利润，应编制如下会计分录：

借：营业外收入　　　　180 000

　贷：本年利润　　　　180 000

（二）营业外支出

1. 营业外支出的核算内容

营业外支出核算的内容如图 7-20 所示。

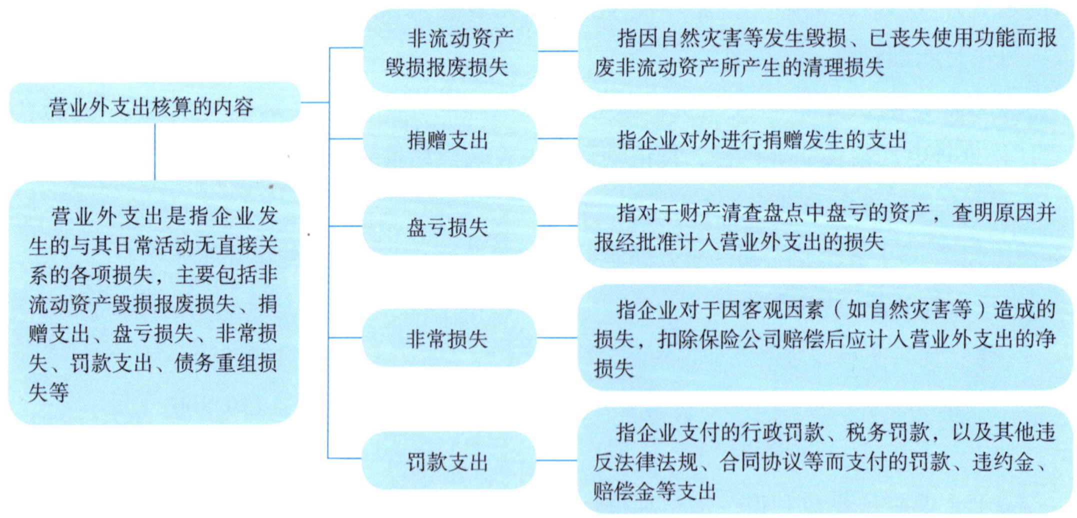

图7-20　营业外支出核算的内容

2. 营业外支出的账务处理

企业应设置“营业外支出”科目，核算营业外支出的发生及结转情况。该科目借方登记确认的营业外支出，贷方登记期末将“营业外支出”科目余额转入“本年利润”科目的营业外支出，结转后“营业外支出”科目无余额。“营业外支出”科目可按营业外支出项目进行明细核算。

（1）企业确认处置非流动资产毁损报废损失时，借记“营业外支出”科目，贷记“固定资产清理”“无形资产”等科目。

【例 7-36】2×17 年 2 月 1 日，某公司取得一项价值 1 000 000 元的非专利技术并确认为无形资产，采用直线法摊销，摊销期限为 10 年。2×19 年 2 月 1 日，由于该技术已被其他新技术所替代，公司决定将其转入报废处理，报废时已摊销 200 000 元，未计提减值准备。该公司应编制如下会计分录：

借：累计摊销　　200 000

　　营业外支出　　800 000

　贷：无形资产　　1 000 000

（2）确认盘亏、罚款支出计入营业外支出时，借记“营业外支出”科目，贷记“待处理财产损益”“库存现金”等科目。

【例 7-37】某企业发生原材料自然灾害损失 270 000 元，经批准全部转作营业外支出。该企业对原材料采用实际成本进行日常核算，应编制如下会计分录：

发生原材料自然灾害损失时：

借：待处理财产损益　　270 000

　贷：原材料　　270 000

批准处理时：

借：营业外支出　　270 000

　贷：待处理财产损益　　270 000

【例 7-38】某企业用银行存款支付税款滞纳金 30 000 元，应编制如下会计分录：

借：营业外支出　　30 000

　贷：银行存款　　30 000

（3）期末，应将“营业外支出”科目余额转入“本年利润”科目，借记“本年利润”科目，贷记“营业外支出”科目。结转后，“营业外支出”科目应无余额。

【例 7-39】某企业本期营业外支出总额为 840 000 元，期末结转本年利润，应编制如下会计分录：

借：本年利润　　840 000

　贷：营业外支出　　840 000

三、所得税费用

企业的所得税费用包括当期所得税和递延所得税两个部分，其中，当期所得税是指当期应交所得税。递延所得税包括递延所得税资产和递延所得税负债。递延所得税资产是指以未来期间很可能取得用来抵扣可抵扣暂时性差异的应纳税所得额为限确认的一项资产。递延所得税负债是指根据应纳税暂时性差异计算的未来期间应付所得税的金额。

（一）应交所得税的计算

应交所得税是指企业按照企业所得税法规定计算确定的针对当期发生的交易和事项，应交纳给税务部门的所得税金额，即当期应交所得税。应纳税所得额是在企业税前会计利润（即利润总额）的基础上调整确定的，计算公式为：

应纳税所得额=税前会计利润+纳税调整增加额-纳税调整减少额

纳税调整增加额主要包括企业所得税法规定允许扣除项目中，企业已计入当期费用但超过税法规定扣除标准的金额（如超过企业所得税法规定标准的职工福利费、工会经费、职工教育经费、业务招待费、公益性捐赠支出、广告费和业务宣传费等），以及企业已计入当期损失但企业所得税法规定不允许扣除项目的金额（如税收滞纳金、罚金、罚款等）。

纳税调整减少额主要包括按企业所得税法规定允许弥补的亏损和准予免税的项目，如前 5 年内未弥补亏损和国债利息收入等。

企业当期应交所得税的计算公式为：

应交所得税=应纳税所得额×所得税税率

【例 7-40】甲公司 2×19 年度利润总额（税前会计利润）为 19 800 000 元，所得税税率为 25%。甲公司全年实发工资、薪金为 2 000 000 元，职工福利费 300 000 元，工会经费 50 000 元，职工教育经费 210 000 元；经查，甲公司当年营业外支出中有 120 000 元为税收滞纳罚金。假定甲公司全年无其他纳税调整因素。

企业所得税法规定，企业发生的合理的工资、薪金支出准予据实扣除；企业发生的职工福利费支出，不超过工资、薪金总额 14% 的部分准予扣除；企业拨缴的工会经费，不超过工资、薪金总额 2% 的部分准予扣除；除国务院财政、税务主管部门另有规定外，企业发生的职工教育经费支出，不超过工资、薪金总额 8% 的部分准予扣除，超过部分准予结转以后纳税年度扣除。

本例中，按企业所得税法规定，企业在计算当期应纳税所得额时，可以扣除工资、薪金支出2 000 000元，扣除职工福利费支出280 000元（2 000 000×14%），工会经费支出40 000元（2 000 000×2%），职工教育经费支出160 000元（2 000 000×8%）。甲公司有两种纳税调整因素：一是已计入当期费用但超过企业所得税法规定标准的费用支出；二是已计入当期营业外支出但按企业所得税法规定不允许扣除的税收滞纳金，这两种因素均应调整增加应纳税所得额。甲公司当期所得税的计算如下：

纳税调整增加额=（300 000－280 000）+（50 000－40 000）+（210 000－160 000）+120 000=200 000（元）

应纳税所得额=税前会计利润+纳税调整增加额=19 800 000+200 000=20 000 000（元）

当期应交所得税额=20 000 000×25%=5 000 000（元）

【例7-41】甲公司2×19年全年利润总额（即税前会计利润）为10 200 000元，其中包括本年实现的国债利息收入200 000元，所得税税率为25%。假定甲公司全年无其他纳税调整因素。

按照企业所得税法的有关规定，企业购买国债的利息收入免交所得税，即在计算应纳税所得额时可将其扣除。甲公司当期所得税的计算如下：

应纳税所得额=税前会计利润－纳税调整减少额=10 200 000－200 000=10 000 000（元）

当期应交所得税额=10 000 000×25%=2 500 000（元）

（二）所得税费用的账务处理

企业根据企业会计准则的规定，计算确定的当期所得税和递延所得税之和，即为应从当期利润总额中扣除的所得税费用。即：

所得税费用=当期所得税+递延所得税

其中，

递延所得税=（递延所得税负债的期末余额－递延所得税负债的期初余额）－（递延所得税资产的期末余额－递延所得税资产的期初余额）

企业应设置“所得税费用”科目，核算企业所得税费用的确认及其结转情况。期末，应将“所得税费用”科目的余额转入“本年利润”科目，借记“本年利润”科目，贷记“所得税费用”科目，结转后，“所得税费用”科目应无余额。

【例7-42】2×19年，甲公司当年应交所得税税额为5 000 000元；递延所得税负债年初数为400 000元，年末数为500 000元；递延所得税资产年初数为250 000元，年末数为200 000元。

甲公司所得税费用的计算如下：

递延所得税 =（500 000 - 400 000）-（200 000 - 250 000）=150 000（元）

所得税费用 =5 000 000+150 000 =5 150 000（元）

甲公司应编制如下会计分录：

借：所得税费用　　5 150 000

　贷：应交税费——应交所得税　　5 000 000

　　递延所得税负债　　100 000

　　递延所得税资产　　50 000

第四节　本年利润

一、结转本年利润的方法

会计期末，结转本年利润的方法有表结法和账结法两种。

1. 表结法

表结法下，各损益类账户每月月末只需结计出本月发生额和月末累计余额，不结转到“年利润”账户，只有在年末时才将全年累计余额转入“本年利润”账户。但每月月末要将损益类账户的本月发生额合计数填入利润表的本月数栏，同时将本月末累计余额填入利润表的本年累计数栏，通过利润表计算反映各期的利润（或亏损）。表结法下，年中损益类账户无需结转入“木年利润”账户，从而减少了转账环节和工作量，同时并不影响利润表的编制及有关损益指标的利用。

2. 账结法

账结法下，每月月末均需编制转账凭证，将在账上结计出的各损益类账户的余额转入“本年利润”科目。结转后“本年利润”科目的本月合计数反映当月实现的利润或发生的亏损，“本年利润”科目的本年累计数反映本年累计实现的利润或发生的亏损。账结法在各月均可通过“本年利润”科目提供当月及本年累计的利润（或亏损）额，但增加了转账环节和工作量。

二、结转本年利润的账务处理

企业应设置“本年利润”科目，核算企业本年度实现的净利润（或发生的净亏损）。

会计期末，企业应将“主营业务收入”“其他业务收入”“其他收益”“营业外收入”等科目的余额分别转入“本年利润”科目的贷方，将“主营业务成本”“其他业务成本”“税金及附加”“销售费用”“管理费用”“财务费用”“信用减值损失”“资产减值损失”“营业外支出”“所得税费用”等科目的余额分别转入“本年利润”科目的借方。企业还应将“投资收益”“公允价值变动损益”“资产处置损益”科目的净收益转入“本年利润”科目的贷方，将“投资收益”“公允价值变动损益”“资产处置损益”科目的净损失转入“本年利润”科目的借方。结转后“本年利润”科目如为贷方余额，表示当年实现的净利润；如为借方余额，表示当年发生的净亏损。

年度终了，企业还应将“本年利润”科目的本年累计余额转入“利润分配——未分配利润”科目。如“本年利润”为贷方余额，借记“本年利润”科目，贷记“利润分配——未分配利润”科目；如为借方余额，作相反的会计分录，借记“利润分配——未分配利润”科目，贷记“本年利润”科目。结转后，“本年利润”科目应无余额。

【例 7-43】乙公司 2×19 年有关损益类科目的年末余额如表 7-2 所示（该企业采用表结法年末一次结转损益类科目，所得税税率为 25%）。

表 7-2 会计科目余额表

单位：元

科目名称	借或贷	结账前余额
主营业务收入	贷	6 000 000
其他业务收入	贷	700 000
其他收益	贷	150 000
投资收益	贷	1 000 000
营业外收入	贷	50 000
主营业务成本	借	4 000 000
其他业务成本	借	400 000
税金及附加	借	80 000
销售费用	借	500 000
管理费用	借	770 000
财务费用	借	300 000
营业外支出	借	250 000

乙公司2×19年末结转本年利润，应编制如下会计分录：

（1）将各损益类科目年末余额结转至“本年利润”科目：

①结转各项收入、利得类科目：

借：主营业务收入　6 000 000
　其他业务收入　700 000
　其他收益　150 000
　投资收益　1 000 000
　营业外收入　50 000
　贷：本年利润　7 900 000

②结转各项费用、损失类科目：

借：本年利润　6 300 000
　贷：主营业务成本　4 000 000
　　其他业务成本　400 000
　　税金及附加　80 000
　　销售费用　500 000
　　管理费用　770 000
　　财务费用　300 000
　　营业外支出　250 000

（2）经过上述结转后，“本年利润”科目的贷方发生额合计7 900 000元减去借方发生额合计6 300 000元即为税前会计利润1 600 000元。

（3）假设乙公司2×19年度不存在所得税纳税调整以及递延所得税因素。

（4）应交所得税=1 600 000×25%=400 000（元）

①确认所得税费用：

借：所得税费用　400 000
　贷：应交税费——应交所得税　400 000

②将所得税费用转入“本年利润”科目：

借：本年利润　400 000
　贷：所得税费用　400 000

（5）将“本年利润”科目年末余额1 200 000元（7 900 000－6 300 000－400 000）转入“利润分配——未分配利润”科目：

借：本年利润　1 200 000
　贷：利润分配——未分配利润　1 200 000

第八章

企业其他核算业务的会计处理

第一节　短期借款

一、短期借款的账务处理

短期借款的账务处理如图 8-1 所示。

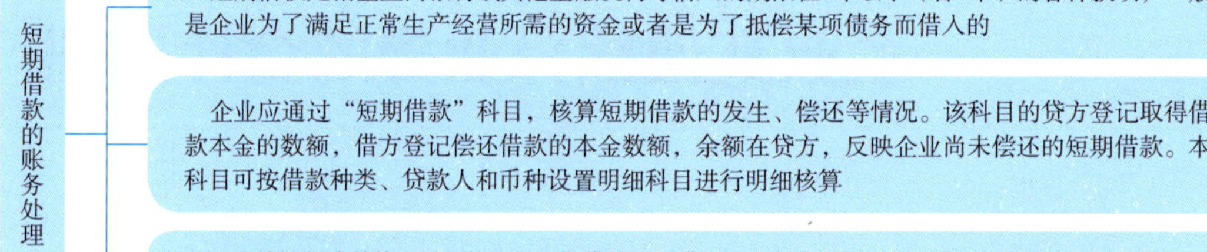

图8-1　短期借款的账务处理

二、借款利息的账务处理

企业借入短期借款应支付利息。在实际工作中，如果短期借款是按期支付的，如按季度支付利息，或者利息在借款到期时连同本金一起归还，并且其数额较大的，企业应采用月末预提方式进行短期借款利息的核算。短期借款利息属于筹资费用，应当于发生时直接计入当期财务费用。在资产负债表日，企业应当按照计算确定的短期借款利息费用，借记“财务费用”科目，贷记“应付利息”科目；实际支付利息时，借记“应付利息”科目，贷记“银行存款”科目。短期借款到期偿还本金时，企业应借记“短期借款”科目，贷记“银行存款”科目。

【例 8-1】甲股份有限公司于 2019 年 1 月 1 日向银行借入一笔生产经营用短期借款，共计 120 000 元，期限为 9 个月，年利率为 4%。根据与银行签署的借款协议，该项借款的本金到期后一次归还；利息分月预提，按季支付。甲股份有限公司的有关会计分录如下：

（1）1 月 1 日借入短期借款：

借：银行存款　　　　120 000

贷：短期借款　　120 000

（2）1 月末，计提 1 月应计利息：

借：财务费用　　400

贷：应付利息　　400

本月应计提的利息金额 =120 000×4%÷12=400（元）

2 月末计提 2 月利息费用的处理与 1 月相同。

（3）3 月末，支付第一季度银行借款利息：

借：财务费用　　400

应付利息　　800

贷：银行存款　　1 200

第二、三季度的会计处理同上。

（4）10 月 1 日偿还银行借款本金：

借：短期借款　　120 000

贷：银行存款　　120 000

如果上述借款期限是 8 个月，则到期日为 9 月 1 日，8 月末之前的会计处理与上述相同。9 月 1 日偿还银行借款本金，同时支付 7 月和 8 月已提未付利息：

借：短期借款　　120 000

应付利息　　800

贷：银行存款　　120 800

如果企业的短期借款利息按月支付，或者利息在借款到期时连同本金一起归还，但是数额不大的，可以不采用预提的方法，而在实际支付或收到银行的计息通知时，直接计入当期损益，借记“财务费用”科目，贷记“银行存款”或“库存现金”科目。

第二节　无形资产

一、无形资产的概念和特征

无形资产是指企业拥有或者控制的没有实物形态的可辨认非货币性资产。无形资产具有三个主要特征，如图 8-2 所示。

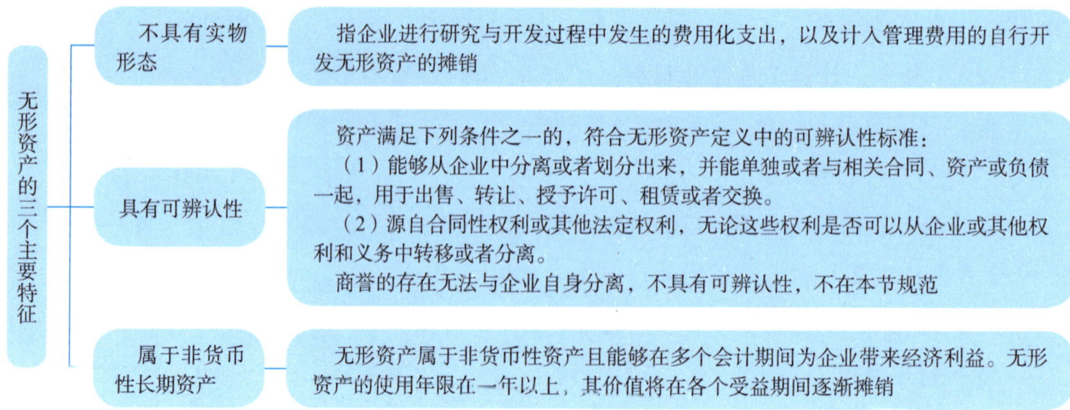

图8-2　无形资产的三个主要特征

二、无形资产的内容

无形资产主要包括专利权、非专利技术、商标权、著作权、土地使用权和特许权等，如图 8-3 所示。

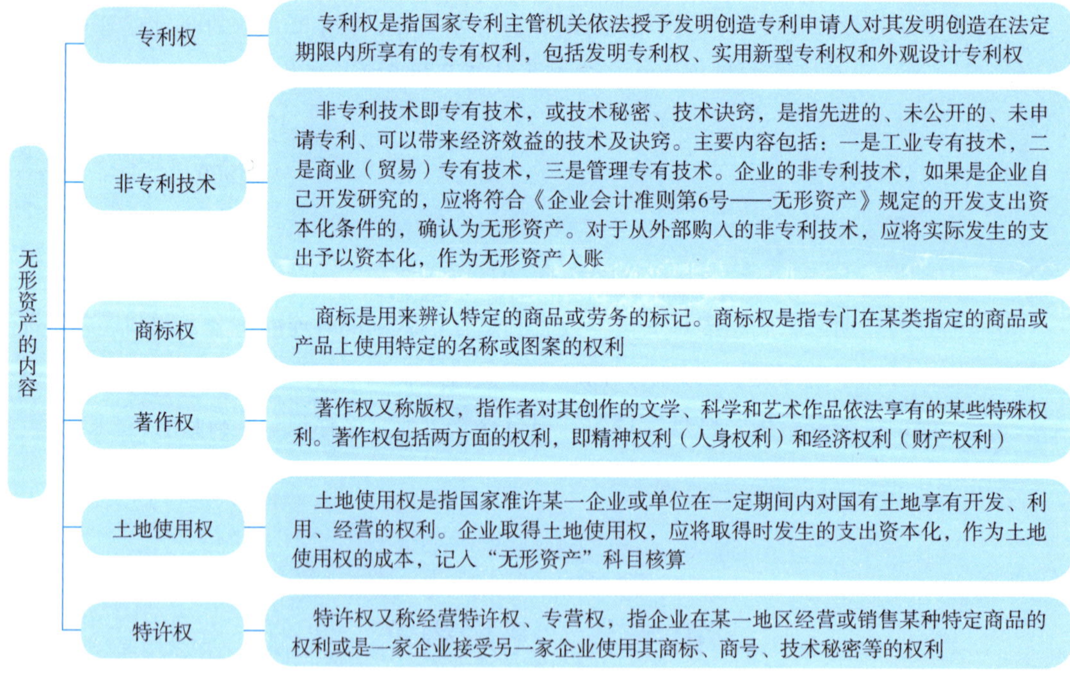

图8-3　无形资产的内容

三、无形资产的核算

为了核算无形资产的取得、摊销和处置等情况，企业应当设置“无形资产”“累计摊销”等科目，如图 8-4 所示。

无形资产核算的科目设置

“无形资产”	“无形资产”科目核算企业持有的无形资产成本，借方登记取得无形资产的成本，贷方登记出售无形资产转出的无形资产账面余额，期末借方余额，反映企业无形资产的成本。本科目应按无形资产项目设置明细账，进行明细核算
“累计摊销”	“累计摊销”科目属于“无形资产”的调整科目，核算企业对使用寿命有限的无形资产计提的累计摊销，贷方登记企业计提的无形资产摊销，借方登记处置无形资产转出的累计摊销，期末贷方余额，反映企业无形资产的累计摊销额
“无形资产减值准备”	企业无形资产发生减值的，还应当设置“无形资产减值准备”科目进行核算

图8-4　无形资产核算的科目设置

1. 无形资产的取得

无形资产应当按照成本进行初始计量。企业取得无形资产的主要方式有外购、自行研究开发等。取得的方式不同，其会计处理也有所差别，如图 8-5 所示。

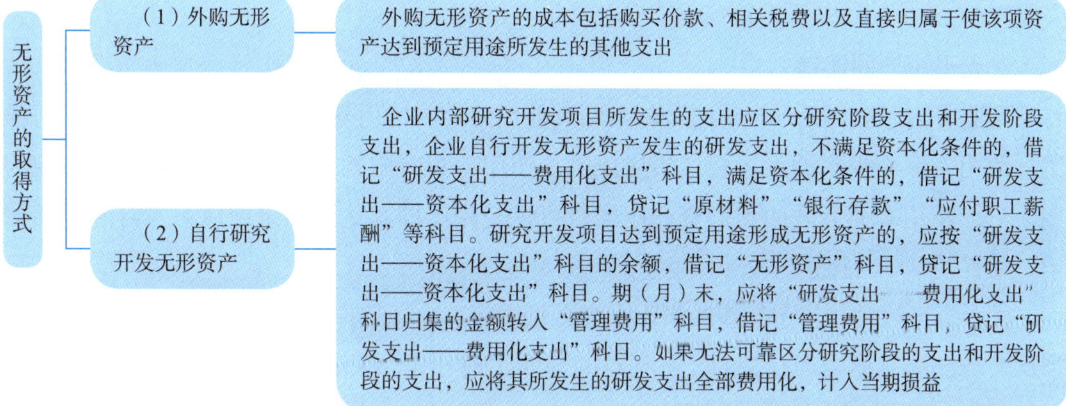

图8-5　无形资产的取得方式

【例 8-2】甲公司购入一项非专利技术，支付的买价和有关费用合计 900 000 元，以银行存款支付。甲公司应编制如下会计分录：

借：无形资产——非专利技术　　　　900 000

　贷：银行存款　　　　　　　　　　　900 000

【例 8-3】甲公司自行研究、开发一项技术，截至 2018 年 12 月 31 日，发生研发支出合计 2 000 000 元，经测试，该项研发活动完成了研究阶段，从 2019 年 1 月 1 日开始进入开发阶段。2019 年发生开发支出 300 000 元，假定符合《企业会计准则第 6 号——无形资产》规定的开发支出资本化的条件。2019 年 6 月 30 日，该项研发活动结束，最终开发出一项非专利技术。甲公司应编制如下会计分录：

（1）2018 年发生的研发支出：

借：研发支出——费用化支出　　2 000 000

　贷：银行存款等　　2 000 000

（2）2018 年 12 月 31 日，发生的研发支出全部属于研究阶段的支出：

借：管理费用　　2 000 000

　贷：研发支出——费用化支出　　2 000 000

（3）2019 年，发生开发支出并满足资本化确认条件：

借：研发支出——资本化支出　　300 000

　贷：银行存款等　　300 000

（4）2019 年 6 月 30 日，该技术研发完成并形成无形资产：

借：无形资产　　300 000

　贷：研发支出——资本化支出　　300 000

2. 无形资产的摊销

企业应当于取得无形资产时分析判断其使用寿命。使用寿命有限的无形资产应进行摊销。使用寿命不确定的无形资产不应摊销。使用寿命有限的无形资产，通常其残值视为零。对于使用寿命有限的无形资产应当自可供使用（即其达到预定用途）当月起开始摊销，处置当月不再摊销。

无形资产摊销方法包括直线法、生产总量法等。企业选择的无形资产的摊销方法，应当反映与该项无形资产有关的经济利益的预期实现方式。无法可靠确定预期实现方式的，应当采用直线法摊销。

企业应当按月对无形资产进行摊销。无形资产的摊销额一般应当计入当期损益。企业自用的无形资产，其摊销金额计入管理费用；出租的无形资产，其摊销金额计入其他业务成本；某项无形资产包含的经济利益通过所生产的产品或其他资产实现的，其摊销金额应当计入相关资产成本。

【例 8-4】甲公司购买了一项特许权，成本为 4 800 000 元，合同规定受益年限为 10 年，甲公司每月应摊销 40 000（4 800 000 / 10 / 12）元。每月摊销时，甲公司应编制如下会计分录：

借：管理费用　　40 000

　贷：累计摊销　　40 000

【例 8-5】2019 年 1 月 1 日，甲公司将其自行开发完成的非专利技术出租给丁公司，该非专利技术成本为 3 600 000 元，双方约定的租赁期限为 10 年，甲公司每月应摊销 30 000（3 600 000/10/12）元。每月摊销时，甲公司应编制如下会计分录：

借：其他业务成本　　30 000

　贷：累计摊销　　30 000

3. 无形资产的处置

企业处置无形资产，应当将取得的价款扣除该无形资产账面价值以及出售相关税费后的差额计入营业外收入或营业外支出。

【例 8-6】甲公司将其购买的一专利权转让给乙公司，该专利权的成本为 600 000 元，已摊销 220 000 元，实际取得的转让价款为 500 000 元，款项已存入银行，假设不考虑相关税费。甲公司应编制如下会计分录：

借：银行存款　　500 000

　　累计摊销　　220 000

　贷：无形资产　　600 000

　　　营业外收入——非流动资产处置利得　　12 000

4. 无形资产的减值

无形资产在资产负债表日存在可能发生减值的迹象时，其可收回金额低于账面价值的，企业应当将该无形资产的账面价值减记至可收回金额，减记的金额确认为减值损失，计入当期损益，同时计提相应的资产减值准备，按应减记的金额，借记“资产减值损失——计提的无形资产减值准备”科目，贷记“无形资产减值准备”科目。无形资产减值损失一经确认，在以后会计期间不得转回。

【例 8-7】2019 年 12 月 31 日，市场上某项新技术生产的产品销售势头较好，已对甲公司产品的销售产生重大不利影响。甲公司外购的类似专利技术的账面价值为 800 000 元，剩余摊销年限为 4 年，经减值测试，该专利技术的可收回金额为 750 000 元。

由于甲公司该专利技术在资产负债表日的账面价值为 800 000 元，可收回全额为 750 000 元。可收回金额低于其账面价值。应按其差额 50 000（800 000−750 000）元计提减值准备。甲公司应编制如下会计分录：

借：资产减值损失——计提的无形资产减值准备　　50 000

　贷：无形资产减值准备　　50 000

第三节 投资性房地产

一、投资性房地产的范围

投资性房地产的主要内容如图 8-6 所示。

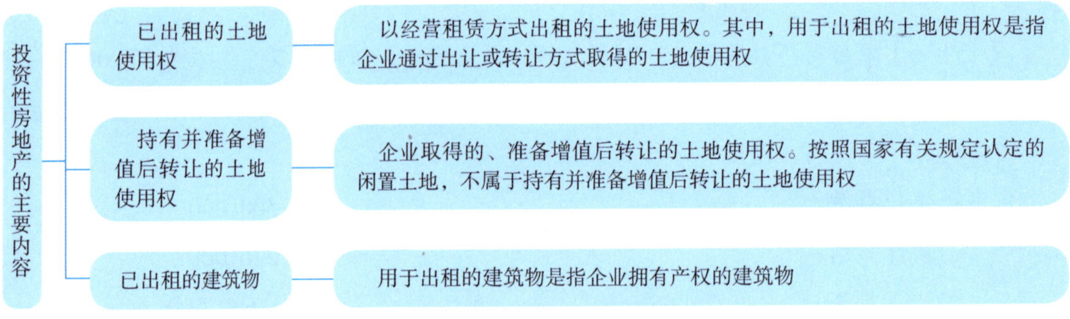

图8-6 投资性房地产的主要内容

二、投资性房地产的初始确认与计量

投资性房地产只有在符合定义的前提下，同时满足图 8-7 所列条件的，才能予以确认。

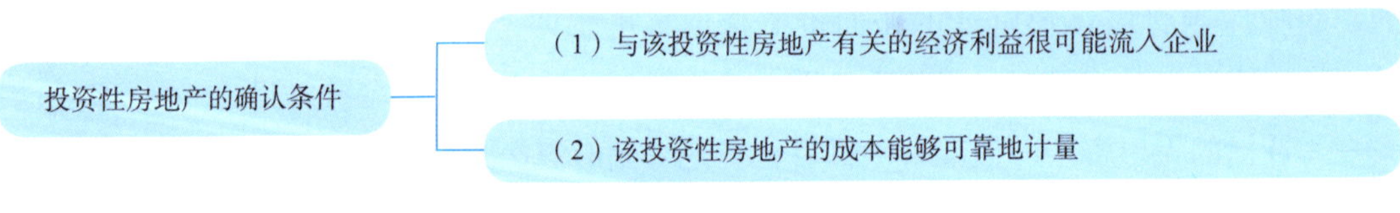

图8-7 投资性房地产的确认条件

对已出租的土地使用权、已出租的建筑物，其作为投资性房地产的确认时点一般为租赁期开始日，即土地使用权、建筑物进入出租状态、开始赚取租金的日期。但对企业持有以备经营出租的空置建筑物，董事会或类似机构作出书面决议，明确表明将其用于经营出租且持有意图，短期内不再发生变化的，即使尚未签订租赁协议，也应视为投资性房地产。这里的“空置建筑物”是指企业新购入、自行建造或开发完工但尚未使用的建筑物，以及不再用于日常生产经营活动且经整理后达到可经营出租状态的建筑物。对持有并准备增值后转让的土地使用权，其作为投资性房地产的确认时点为企业将自用土地使用权停止自用，准备增值后转让的日期。

投资性房地产应当按照成本进行初始计量。

（一）外购投资性房地产的确认和初始计量

在采用成本模式计量下，外购的土地使用权和建筑物，按照取得时的实际成本进行初始计量，借记“投资性房地产”科目，贷记“银行存款”等科目。取得时的实际成本包括购买价款、相关税费和可直接归属于该资产的其他支出。企业购入的房地产，部分用于出租（或资本增值）、部分自用，用于出租（或资本增值）的部分应当予以单独确认的，应按照不同部分的公允价值占公允价值总额的比例将成本在不同部分之间进行分配。

在采用公允价值模式计量下，外购的投资性房地产应当按照取得时的实际成本进行初始计量，其实际成本的确定与采用成本模式计量的投资性房地产一致。企业应当在“投资性房地产”科目下设置“成本”和“公允价值变动”两个明细科目，按照外购的土地使用权和建筑物发生的实际成本，计入“投资性房地产——成本”科目。

（二）自行建造投资性房地产的确认和初始计量

自行建造投资性房地产，其成本由建造该项资产达到预定可使用状态前发生的必要支出构成，包括土地开发费、建筑成本、安装成本、应予以资本化的借款费用、支付的其他费用和分摊的间接费用等。建造过程中发生的非正常性损失，直接计入当期损益，不计入建造成本。采用成本模式计量的，应按照确定的成本，借记“投资性房地产”科目，贷记“在建工程”或“开发成本”科目。采用公允价值模式计量的，应按照确定的成本，借记“投资性房地产——成本”科目，贷记“在建工程”或“开发成本”科目。

（三）非投资性房地产转换为投资性房地产的确认和初始计量

非投资性房地产转换为投资性房地产，实质上是因房地产用途发生改变而对房地产进行的重新分类。转换日通常为租赁期开始日。

三、投资性房地产的后续计量

投资性房地产的后续计量具有成本和公允价值两种模式，通常应当采用成本模式计量，满足特定条件时可以采用公允价值模式计量。但是，同一企业只能采用一种模式对所有投资性房地产进行后续计量，不得同时采用两种计量模式。

（一）采用成本模式进行后续计量的投资性房地产

采用成本模式进行后续计量的投资性房地产内容及账务处理如表 8-1 所示。

表 8-1　采用成本模式进行后续计量的投资性房地产

采用成本模式的后续计量	遵循的会计处理
外购投资性房地产或自行建造的投资性房地产达到预定可使用状态时	按照其实际成本： 借：投资性房地产 　贷：银行存款 / 在建工程等

续表

采用成本模式的后续计量	遵循的会计处理
按期（月）计提折旧或进行摊销	借：其他业务成本等 贷：投资性房地产累计折旧（摊销）
取得的租金收入	借：银行存款等 贷：其他业务收入
经减值测试后确定发生减值的	借：资产减值损失 贷：投资性房地产减值准备

（二）采用公允价值模式进行后续计量的投资性房地产

企业只有存在确凿证据表明投资性房地产的公允价值能够持续可靠取得，才可以采用公允价值模式对投资性房地产进行后续计量，如图 8-8 所示。企业一旦选择采用公允价值计量模式，就应当对其所有投资性房地产均采用公允价值模式进行后续计量。

采用公允价值模式应满足的条件

（1）投资性房地产所在地（投资性房地产所在的城市，大中城市，为所在的城区）有活跃的房地产交易市场

（2）能够从活跃的房地产交易市场上取得同类或类似房地产（所处地理位置和地理环境相同、性质相同、结构类型相同或相近、新旧程度相同或相近、可使用状况相同或相近的建筑物或同一城区、同一位置区域、所处地理环境相同或相近、可使用状况相同或相近的土地）的市场价格及其他相关信息，从而对投资性房地产的公允价值作出合理的估计

图8-8　采用公允价值模式进行后续计量同时满足的条件

【例 8-8】2×19 年 6 月 1 日，甲公司与乙公司达成租赁协议，约定将自己购入的一栋可用于办公的写字楼租赁给乙公司使用，租期自 9 月 1 日开始，租赁期为 5 年。

当年 9 月 1 日，甲公司一次性交纳了全部的购楼款 10 000 000 元，该写字楼也开始起租。由于该栋写字楼地处商业繁华区，所在城区有活跃的房地产交易市场，而且能够从房地产交易市场上取得同类房地产的市场报价，甲公司决定采用公允价值模式对该项出租的房地产进行后续计量。

2×19 年 12 月 31 日，该写字楼的公允价值为 12 000 000 元。2×20 年 12 月 31 日，该写字楼的公允价值为 13 000 000 元。甲公司的账务处理如下：

（1）2×19 年 9 月 1 日，甲公司交纳了全部房款并开始出租。

借：投资性房地产——×× 写字楼（成本）　　10 000 000

　贷：银行存款　　10 000 000

（2）2×19 年 12 月 31 日，以公允价值为基础调整其账面价值，公允价值与原账

面价值之间的差额计入当期损益。

公允价值变动损益 =12 000 000-10 000 000=2 000 000

借：投资性房地产——×× 写字楼（公允价值变动）　　2 000 000

　贷：公允价值变动损益　　2 000 000

（3）2×20 年 12 月 31 日，公允价值又发生变动。

公允价值变动损益 =13 000 000-12 000 000=1 000 000

借：投资性房地产——×× 写字楼（公允价值变动）　　1 000 000

　贷：公允价值变动损益　　1 000 000

四、投资性房地产后续计量模式的变更

投资性房地产后续计量模式的变更原则及账务处理如图 8-9 所示。

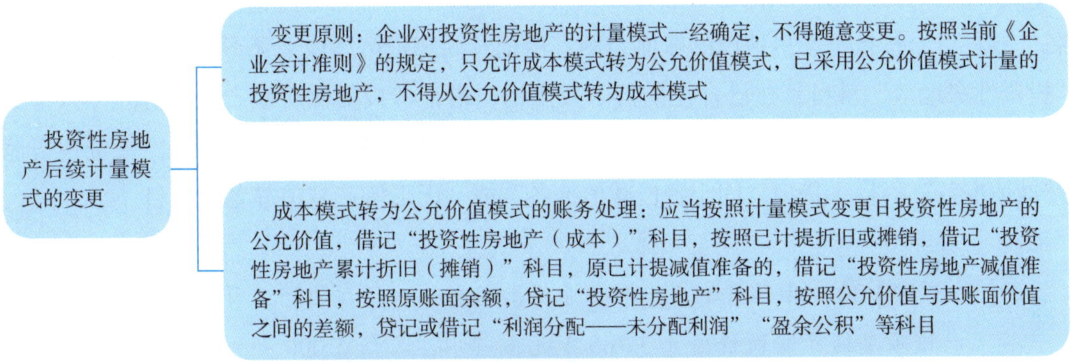

投资性房地产后续计量模式的变更

变更原则：企业对投资性房地产的计量模式一经确定，不得随意变更。按照当前《企业会计准则》的规定，只允许成本模式转为公允价值模式，已采用公允价值模式计量的投资性房地产，不得从公允价值模式转为成本模式

成本模式转为公允价值模式的账务处理：应当按照计量模式变更日投资性房地产的公允价值，借记“投资性房地产（成本）”科目，按照已计提折旧或摊销，借记“投资性房地产累计折旧（摊销）”科目，原已计提减值准备的，借记“投资性房地产减值准备”科目，按照原账面余额，贷记“投资性房地产”科目，按照公允价值与其账面价值之间的差额，贷记或借记“利润分配——未分配利润”“盈余公积”等科目

图8-9　投资性房地产后续计量模式的变更

【例 8-9】甲公司拥有一栋可作办公用的独栋小楼，一直出租给某科技开发公司办公使用。在会计处理上一直按照成本模式作为投资性房地产处理。

2×19 年 1 月 1 日，甲公司认为，出租的写字楼由于其所在地的房地产交易市场比较成熟，具备了采用公允价值模式计量的条件，决定对该项投资性房地产从成本模式转换为公允价值模式计量。该写字楼的原造价为 1 000 000 元，已计提折旧 200 000元，账面价值为 800 000 元。2×19 年 1 月 1 日，该写字楼的公允价值为 950 000 元。假设甲公司按净利润的 10% 计提盈余公积。甲公司应该进行的账务处理如下：

借：投资性房地产——×× 写字楼（成本）　　950 000

　　投资性房地产累计折旧（摊销）　　200 000

　贷：投资性房地产——×× 写字楼　　1 000 000

　　利润分配——未分配利润　　135 000

　　盈余公积　　15 000

五、投资性房地产的转换

房地产的转换，并非是指两个所有权人之间的房产置换，其实质上是因房地产用途发生改变，而在会计处理上，由投资性房地产转换为其他资产，或者由其他资产转换为投资性房地产。

1. 采用成本模式进行后续计量的投资性房地产转换为自用房地产

企业将原本用于赚取租金或资本增值的房地产改用于生产商品、提供劳务或者经营管理，投资性房地产相应地转换为固定资产或无形资产。例如，企业将出租的厂房收回，并用于生产本企业的产品。在此种情况下，转换日为房地产达到自用状态，企业开始将房地产用于生产商品、提供劳务或者经营管理的日期。

企业将投资性房地产转换为自用房地产，应当按该项投资性房地产在转换日的账面余额、累计折旧或摊销、减值准备等，分别转入"固定资产""累计折旧""固定资产减值准备"等科目；按投资性房地产的账面余额，借记"固定资产"或"无形资产"科目，贷记"投资性房地产"科目；按已计提的折旧或摊销，借记"投资性房地产累计折旧（摊销）"科目，贷记"累计折旧"或"累计摊销"科目；原已计提减值准备的，借记"投资性房地产减值准备"科目，贷记"固定资产减值准备"或"无形资产减值准备"科目。

【例 8-10】2019 年 8 月 1 日，甲企业将出租在外的厂房收回，开始用于本企业生产商品。该项房地产账面价值为 3 765 万元，其中，原价 5 000 万元，累计已提折旧 1 235 万元。假设甲企业采用成本计量模式。

甲企业的账务处理如下：

借：固定资产　　50 000 000

　　投资性房地产累计折旧　　12 350 000

　贷：投资性房地产　　50 000 000

　　　累计折旧　　12 350 000

2. 采用公允价值模式进行后续计量的投资性房地产转为自用房地产

企业将采用公允价值模式计量的投资性房地产转换为自用房地产时，应当以其转换当日的公允价值作为自用房地产的账面价值，公允价值与原账面价值的差额计入当期损益。

转换日，按该项投资性房地产的公允价值，借记"固定资产"或"无形资产"科目，按该项投资性房地产的成本，贷记"投资性房地产——成本"科目，按该项投资性房地产的累计公允价值变动，贷记或借记"投资性房地产——公允价值变动"科目，按其差额，贷记或借记"公允价值变动损益"科目。

【例 8-11】2019 年 10 月 15 日，甲企业因租赁期满，将出租的写字楼收回，开始作为办公楼用于本企业的行政管理。2019 年 10 月 15 日，该写字楼的公允价值为 4 800 万元。该项房地产在转换前采用公允价值模式计量，原账面价值为 4 750 万元，其中，成本为 4 500 万元，公允价值变动为增值 250 万元。

甲企业的账务处理如下：

借：固定资产　　48 000 000

　贷：投资性房地产——成本　　45 000 000

　　　　　　　　——公允价值变动　　2 500 000

　　公允价值变动损益　　500 000

3. 采用成本模式进行后续计量的投资性房地产转换为存货

房地产开发企业将用于经营出租的房地产重新开发用于对外销售的，从投资性房地产转换为存货。这种情况下，转换日为租赁期届满、企业董事会或类似机构作出书面决议明确表明将其重新开发用于对外销售的日期。

企业将投资性房地产转换为存货时，应当按照该项房地产在转换日的账面价值，借记“开发产品”科目，按照已计提的折旧或摊销，借记“投资性房地产累计折旧（摊销）”科目，原已计提减值准备的，借记“投资性房地产减值准备”科目，按其账面余额，贷记“投资性房地产”科目。

4. 采用公允价值模式进行后续计量的投资性房地产转换为存货

企业将采用公允价值模式计量的投资性房地产转换为存货时，应当以其转换当日的公允价值作为存货的账面价值，公允价值与原账面价值的差额计入当期损益。

转换日，按该项投资性房地产的公允价值，借记“开发产品”等科目，按该项投资性房地产的成本，贷记“投资性房地产——成本”科目；按该项投资性房地产的累计公允价值变动，贷记或借记“投资性房地产——公允价值变动”科目；按其差额，贷记或借记“公允价值变动损益”科目。

【例 8-12】甲房地产开发企业将其开发的部分写字楼用于对外经营租赁。2019 年 10 月 15 日，因租赁期满，甲企业将出租的写字楼收回，并作出书面决议，将该写字楼重新开发用于对外销售，即由投资性房地产转换为存货，当日的公允价值为 5 800 万元。该项房地产在转换前采用公允价值模式计量，原账面价值为 5 600 万元，其中，成本为 5 000 万元，公允价值增值为 600 万元。

甲企业的账务处理如下：

借：开发产品　　58 000 000

贷：投资性房地产——成本　　50 000 000
　　　　　　　——公允价值变动　　6 000 000
　　公允价值变动损益　　2 000 000

六、非投资性房地产转换为投资性房地产

1. 非投资性房地产转换为采用成本模式进行后续计量的投资性房地产

（1）作为存货的房地产转换为投资性房地产。

通常指房地产开发企业将其持有的开发产品以经营租赁的方式出租，存货相应地转换为投资性房地产。这种情况下，转换日通常为房地产的租赁期开始日。租赁期开始日是指承租人有权行使其使用租赁资产权利的日期。一般而言，对于企业自行建造或开发完成但尚未使用的建筑物，如果企业董事会或类似机构正式作出书面决议，明确表明其自行建造或开发产品用于经营出租、持有意图短期内不再发生变化的，应视为存货转换为投资性房地产，转换日为企业董事会或类似机构作出书面决议的日期。

企业将作为存货的房地产转换为采用成本模式计量的投资性房地产，应当按该项存货在转换日的账面价值，借记“投资性房地产”科目，原已计提跌价准备的，借记“存货跌价准备”科目，按其账面余额，贷记“开发产品”等科目。

（2）自用房地产转换为投资性房地产。

企业将原本用于日常生产商品、提供劳务或者经营管理的房地产改用于出租，通常应于租赁期开始日，按照固定资产或无形资产的账面价值，将固定资产或无形资产相应地转换为投资性房地产。对不再用于日常生产经营活动且经整理后达到可经营出租状况的房地产，如果企业董事会或类似机构正式作出书面决议，明确表明其自用房地产用于经营出租且持有意图短期内不再发生变化的，应视为自用房地产转换为投资性房地产，转换日为企业董事会或类似机构正式作出书面决议的日期。

企业将自用土地使用权或建筑物转换为以成本模式计量的投资性房地产时，应当按该项建筑物或土地使用权在转换日的原价、累计折旧、减值准备等，分别转入“投资性房地产”“投资性房地产累计折旧（摊销）”“投资性房地产减值准备”科目，按其账面余额，借记“投资性房地产”科目，贷记“固定资产”或“无形资产”科目，按已计提的折旧或摊销，借记“累计摊销”或“累计折旧”科目，贷记“投资性房地产累计折旧（摊销）”科目，原已计提减值准备的，借记“固定资产减值准备”或“无形资产减值准备”科目，贷记“投资性房地产减值准备”科目。

2. 非投资性房地产转换为采用公允价值进行后续计量的投资性房地产

（1）作为存货的房地产转换为投资性房地产。

企业将作为存货的房地产转换为采用公允价值模式计量的投资性房地产，应当按该项

房地产在转换日的公允价值入账，借记“投资性房地产——成本”科目，原已计提跌价准备的，借记“存货跌价准备”科目，按其账面余额，贷记“开发产品”等科目。同时，转换日的公允价值小于账面价值的，按其差额，借记“公允价值变动损益”科目；转换日的公允价值大于账面价值的，按其差额，贷记“资本公积——其他资本公积”科目。当该项投资性房地产处置时，因转换计入资本公积的部分应转入当期损益。

【例 8-13】2019 年 3 月 10 日，甲房地产开发公司与乙企业签订了租赁协议，将其开发的一栋写字楼出租给乙企业。租赁期开始日为 2019 年 4 月 15 日。2019 年 4 月 15 日，该写字楼的账面余额为 45 000 万元，公允价值为 47 000 万元。2019 年 12 月 31 日，该项投资性房地产的公允价值为 48 000 万元。

甲企业的账务处理如下：

① 2019 年 4 月 15 日：

借：投资性房地产——成本　　470 000 000

　贷：开发产品　　450 000 000

　　资本公积——其他资本公积　　20 000 000

② 2019 年 12 月 31 日：

借：投资性房地产——公允价值变动　　10 000 000

　贷：公允价值变动损益　　10 000 000

（2）自用房地产转换为投资性房地产。

企业将自用房地产转换为采用公允价值模式计量的投资性房地产，应当按该项土地使用权或建筑物在转换日的公允价值，借记“投资性房地产——成本”科目，按已计提的累计摊销或累计折旧，借记“累计摊销”或“累计折旧”科目；原已计提减值准备的，借记“无形资产减值准备”“固定资产减值准备”科目；按其账面余额，贷记“固定资产”或“无形资产”科目。同时，转换日的公允价值小于账面价值的，按其差额，借记“公允价值变动损益”科目；转换日的公允价值大于账面价值的，按其差额，贷记“资本公积——其他资本公积”科目。当该项投资性房地产处置时，因转换计入资本公积的部分应转入当期损益。

【例 8-14】2019 年 6 月，甲企业打算搬迁至新建办公楼，由于原办公楼处于商业繁华地段，甲企业准备将其出租，以赚取租金收入。2019 年 10 月 30 日，甲企业完成了搬迁工作，原办公楼停止自用，并与乙企业签订了租赁协议，将其原办公楼租赁给乙企业使用，租赁期开始日为 2019 年 10 月 30 日，租赁期限为 3 年。2019 年 10 月 30 日，该办公楼原价为5亿元，已提折旧14 250万元，公允价值为35 000万元。假设甲企业对投资性房地产采用公允价值模式计量。

甲企业的账务处理如下：

借：投资性房地产——成本　　350 000 000

　　公允价值变动损益　　7 500 000

　　累计折旧　　142 500 000

　贷：固定资产　　500 000 000

七、投资性房地产的处置

当投资性房地产被处置，或者永久退出使用且预计不能从其处置中取得经济利益时，应当终止确认该项投资性房地产。

企业可以通过对外出售或转让的方式处置投资性房地产取得收益。对于那些由于使用而不断磨损直到最终报废，或者由于遭受自然灾害等非正常原因发生毁损的投资性房地产应当及时进行清理。此外，企业因其他原因，如非货币性交易等而减少投资性房地产也属于投资性房地产的处置。企业出售、转让、报废投资性房地产或者发生投资性房地产毁损，应当将处置收入扣除其账面价值和相关税费后的金额计入当期损益。

（一）采用成本模式计量的投资性房地产的处置

处置采用成本模式进行后续计量的投资性房地产时，应当按实际收到的金额，借记“银行存款”等科目，贷记“其他业务收入”科目；按该项投资性房地产的账面价值，借记“其他业务成本”科目，按其账面余额，贷记“投资性房地产”科目，按照已计提的折旧或摊销，借记“投资性房地产累计折旧（摊销）”科目，原已计提减值准备的，借记“投资性房地产减值准备”科目。

（二）采用公允价值模式计量的投资性房地产的处置

处置采用公允价值模式计量的投资性房地产，应当按实际收到的金额，借记“银行存款”等科目，贷记“其他业务收入”科目；按该项投资性房地产的账面余额，借记“其他业务成本”科目，按其成本，贷记“投资性房地产——成本”科目，按其累计公允价值变动，贷记或借记“投资性房地产——公允价值变动”科目。同时结转投资性房地产累计公允价值变动。若存在原转换日计入资本公积的金额，也一并结转。

【例8-15】甲为一家房地产开发企业，2019年3月10日，甲企业与乙企业签订了租赁协议，将其开发的一栋写字楼出租给乙企业使用，租赁期开始日为2019年4月15日。2019年4月15日，该写字楼的账面余额为45 000万元，公允价值为47 000万元。2019年12月31日，该项投资性房地产的公允价值为48 000万元。2020年6月租赁期届满，企业收回该项投资性房地产，并以55 000万元出售，出售款项已收讫。甲企业采用公允价值模式计量，不考虑相关税费。

甲企业的账务处理如下：

（1）2019年4月15日，存货转换为投资性房地产：

借：投资性房地产——成本　　470 000 000

　贷：开发产品　　450 000 000

　　资本公积——其他资本公积　　20 000 000

（2）2019年12月31日，公允价值变动：

借：投资性房地产——公允价值变动　　10 000 000

　贷：公允价值变动损益　　10 000 000

（3）2020年6月，出售投资性房地产：

借：银行存款　　550 000 000

　公允价值变动损益　　10 000 000

　资本公积——其他资本公积　　20 000 000

　其他业务成本　　450 000 000

　贷：投资性房地产——成本　　470 000 000

　　　　——公允价值变动　　10 000 000

　　其他业务收入　　550 000 000

第四节　资产减值损失

一、资产减值的范围

企业所有的资产在发生减值时，原则上都应当对所发生的减值损失及时加以确认和计量，因此，资产减值包括所有资产的减值。但是，由于有关资产特性不同，其减值会计处理也有所差别，因而所适用的具体准则也不尽相同。例如，存货、消耗性生物资产的减值分别适用《企业会计准则第1号——存货》和《企业会计准则第5号——生物资产》；建造合同形成的资产、递延所得税资产、融资租赁中出租人未担保余值等资产的减值，分别适用《企业会计准则第15号——建造合同》《企业会计准则第18号——所得税》和《企业会计准则第21——租赁》；采用公允价值后续计量的投资性房地产和由《企业会计准则第 22 号——金融工具确认和计量》所规范的金融资产的减值，分别适用《企业会计准则第 3 号——投资性房地产》和《企业会计准则第 22 号——金融工具确认和计量》，这些资产减值会计的处理由相关章节阐述，本章不涉及有关内容。

本章涉及的主要是除上述资产以外的资产，这些资产通常属于企业非流动资产，具体包括：①对子公司、联营企业和合营企业的长期股权投资；②采用成本模式进行后续计量的投资性房地产；③固定资产；④生产性生物资产；⑤无形资产；⑥商誉；⑦探明石油天然气矿区权益和井及相关设施。

二、资产减值的测试

如果有确凿证据表明资产存在减值迹象的，应当进行减值测试，估计资产的可收回金额。资产存在减值迹象是资产是否需要进行减值测试的必要前提，但是以下资产除外，即因企业合并形成的商誉和使用寿命不确定的无形资产，对于这些资产，无论是否存在减值迹象，都应当至少于每年年度终了进行减值测试。其原因是，因企业合并所形成的商誉和使用寿命不确定的无形资产在后续计量中不再进行摊销，但是考虑到这些资产的价值和产生的未来经济利益有较大的不确定性，为了避免资产价值高估，及时确认商誉和使用寿命不确定的无形资产的减值损失，如实反映企业财务状况和经营成果，对于这些资产，企业至少应当于每年年度终了进行减值测试。另外，对于尚未达到可使用状态的无形资产，由于其价值具有较大的不确定性，也应当每年进行减值测试。

企业在判断资产减值迹象以决定是否需要估计资产可收回金额时，应当遵循重要性原则。根据这一原则，企业资产存在下列情况的，可以不估计其可收回金额：

（1）以前报告期间的计算结果表明，资产可收回金额远高于其账面价值之后又没有发生消除这一差异的交易或者事项的，企业在资产负债表日可以不需重新估计该资产的可收回金额。

（2）以前报告期间的计算与分析表明，资产可收回金额对于资产减值准则中所列示的一种或者多种减值迹象反应不敏感，在本报告期间又发生了这些减值迹象的，在资产负债表日企业可以不需因为上述减值迹象的出现而重新估计该资产的可收回金额。比如在当期市场利率或者其他市场投资报酬率提高的情况下，如果企业计算资产未来现金流量现值时所采用的折现率不大可能受到该市场利率或者其他市场投资报酬率提高的影响；或者即使会受到影响，但以前期间的可收回金额敏感性分析表明，该资产预计未来现金流量也很可能相应增加，因而不大可能导致资产的可收回金额大幅度下降的，企业可以不必对资产可收回金额进行重新估计。

三、资产减值损失确认与计量的一般原则

企业在对资产进行减值测试后，如果可收回金额的计量结果表明，资产的可收回金额低于其账面价值的，应当将资产的账面价值减记至可收回金额，减记的金额确认为资产减值损失，计入当期损益，同时，计提相应的资产减值准备。这样，企业当期确认的减值损失应当反映在其利润表中，而计提的资产减值准备应当作为相关资产的备抵项目，反映于资产负债表中，从而夯实企业资产价值，避免利润虚增，如实反映企业的财务状况和经营成果。

资产减值损失确认后，减值资产的折旧或者摊销费用应当在未来期间作相应调整，以使该资产在剩余使用寿命内，系统地分摊调整后的资产账面价值（扣除预计净残值）。比如，固定资产计提了减值准备后，固定资产账面价值将根据计提的减值准备相应抵减，因此，固定资产在未来计提折旧时，应当以新的固定资产账面价值为基础计提每期折旧。

考虑到固定资产、无形资产、商誉等资产发生减值后，一方面价值回升的可能性比较小，通常属于永久性减值；另一方面从会计信息稳健性要求考虑，为了避免确认资产重估增值和操纵利润，资产减值损失一经确认，在以后会计期间不得转回。以前期间计提的资产减值准备，需要等到资产处置时才可转出。

四、资产减值损失的账务处理

为了正确核算企业确认的资产减值损失和计提的资产减值准备，企业应当设置“资产减值损失”科目，按照资产类别进行明细核算，反映各类资产在当期确认的资产减值损失金额；同时，应当根据不同的资产类别，分别设置“固定资产减值准备”“在建工程减值准备”“投资性房地产减值准备”“无形资产减值准备”“商誉减值准备”“长期股权投资减值准备”“生产性生物资产减值准备”等科目。

当企业确定资产发生了减值时，应当根据所确认的资产减值金额，借记“资产减值损失”科目，贷记“固定资产减值准备”“在建工程减值准备”“投资性房地产减值准备”“无形资产减值准备”“商誉减值准备”“长期股权投资减值准备”“生产性生物资产减值准备”等科目。在期末，企业应当将“资产减值损失”科目余额转入“本年利润”科目，结转后该科目应当没有余额。各资产减值准备科目累积每期计提的资产减值准备，直至相关资产被处置时才予以转出。

【例 8-16】2×19 年 12 月 31 日，丁公司的某生产线存在可能发生减值的迹象。经计算，该机器的可收回金额合计为 1 230 000 元，账面价值为 1 400 000 元，以前年度未对该生产线计提过减值准备。

由于该生产线的可收回金额为 1 230 000 元，账面价值为 1 400 000 元。可收回金额低于账面价值，应按两者之间的差额 170 000（1 400 000−1 230 000）元计提固定资产减值准备。丁公司应编制如下会计分录：

借：资产减值损失——计提的固定资产减值准备　　170 000

　贷：固定资产减值准备　　170 000

第九章

企业财务报告的编制

第一节　财务报告的内容

企业的财务报告包括财务报表和其他应当在财务报告中披露的相关信息和资料。

财务报表一般包括资产负债表、利润表、现金流量表和所有者权益（也称股东权益）变动表以及报表附注，如图 9-1 所示，它们为企业经营者和相关利益者最关心的问题提供信息或答案。资产负债表、利润表、现金流量表和所有者权益变动表是企业基本的财务报表。阅读和分析财务报告主要是指阅读和分析这四大基本报表。报表附注是对财务报表列示的项目所做的进一步说明，以便报表使用者更好地理解报表的信息内容。

其他应当在财务报告中披露的相关信息和资料是指对除财务报表内容以外，其他未能在财务报表中列示的项目所做的说明。这些项目是财务报告的重要组成部分，在财务报告分析中起着重要的作用，与信息使用者的决策相关。阅读财务报告时不能忽略这些内容。

财务报告分为年度、半年度、季度和月度财务报告。它们是按报告内容反映的财务情况所属的时间段来划分的。如，月度财务报告是反映企业某月份的财务情况，年度财务报告是反映企业某会计年度的财务情况。在会计制度上将半年度、季度和月度财务报告这些报告期短于一年的财务报告统称为中期财务报告。由于中期财务报告的内容和格式类似于年度财务报告，只是相对来说有所简化，所以本书以企业年度财务报告为例来说明如何阅读财务报告。

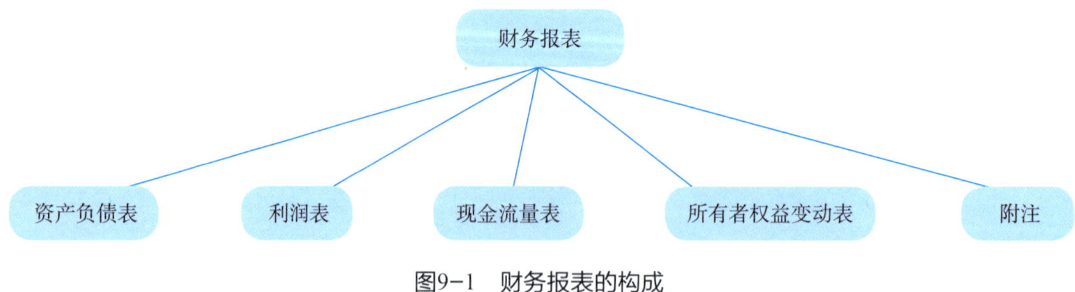

图9-1　财务报表的构成

资产负债表是反映企业在某一特定日期的财务状况的会计报表。企业编制资产负债表的目的是通过如实反映企业的资产、负债和所有者权益金额及其结构情况，从而有助于使用者评价企业资产的质量以及短期偿债能力、长期偿债能力和利润分配能力等。

利润表是反映企业在一定会计期间的经营成果的会计报表。企业编制利润表的目的是通过如实反映企业实现的收入、发生的费用以及应当计入当期利润的利得和损失等金额及其结构情况，从而有助于使用者分析评价企业的盈利能力及其构成与质量。

现金流量表是反映企业在一定会计期间的现金和现金等价物流入和流出的会计报表。企业编制现金流量表的目的是通过如实反映企业各项活动的现金流入、流出情况，从而有助于使用者评价企业的现金流和资金周转情况。

股东权益变动表是反映企业在某一特定日期股东权益增减变动情况的报表。股东权益增减变动表全面反映了企业的股东权益在年度内的变化情况，便于会计信息使用者深入分析企业股东权益的增减变化情况，进而对企业的资本保值增值情况作出正确判断，从而提供对决策有用的信息。

附注是对在会计报表中列示项目所作的进一步说明，以及对未能在这些报表中列示项目的说明等。企业编制附注的目的是通过对财务报表本身作补充说明，以更加全面、系统地反映企业财务状况、经营成果和现金流量的全貌，从而有助于向使用者提供更为有用的信息，做出更加科学合理的决策。

财务报表是财务报告的核心内容，但是除了财务报表之外，财务报告还应当包括其他相关信息，具体可以根据有关法律法规的规定和外部使用者的信息需求而定。如企业可以在财务报告中披露其承担的社会责任、对社区的贡献、可持续发展能力等信息，这些信息对于使用者的决策也是相关的，尽管属于非财务信息，无法包括在财务报表中，但是如果有规定或者使用者有需求的，企业应当在财务报告中予以披露，有时企业也可以自愿在财务报告中披露相关信息。

资产负债表、利润表、股东权益变动表和现金流量表虽然都是各自独立的报表，且各有各的目的与表达方式，但是彼此之间仍存在着紧密的关系，均为企业经由企业信息系统所产出的结果，反映企业的经济活动，财务报表间的勾稽关系如图 9-2 所示。

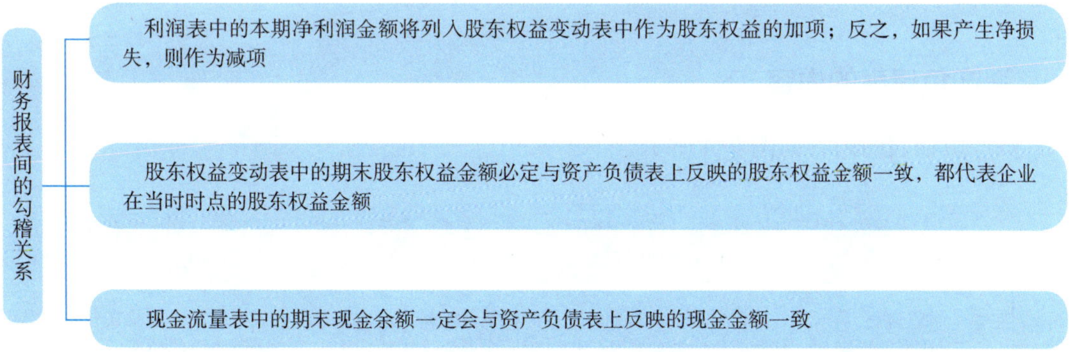

财务报表间的勾稽关系

- 利润表中的本期净利润金额将列入股东权益变动表中作为股东权益的加项；反之，如果产生净损失，则作为减项
- 股东权益变动表中的期末股东权益金额必定与资产负债表上反映的股东权益金额一致，都代表企业在当时时点的股东权益金额
- 现金流量表中的期末现金余额一定会与资产负债表上反映的现金金额一致

图9-2　财务报表间的勾稽关系

第二节　财务报表的编制要求

为了确保财务报表的质量，满足信息使用者的需求，财务报表的编制必须符合数字真实、内容完整、指标统一、报送及时等基本要求，如图 9-3 所示。

财务报表的编制要求
数字真实
会计核算应当以实际发生的交易或事项为依据，如实反映企业的财务状况、经营成果和现金流量
内容完整
财务报表必须按照规定的财务报表的种类、格式和内容编制，不漏填、漏列报表项目
计算准确
要采用正确的计算方法计算填列财务报表中的报表项目金额
编报及时
企业必须按规定的期限和程序及时编制、及时报送，以便报表使用者及时了解企业的财务状况和经营成果

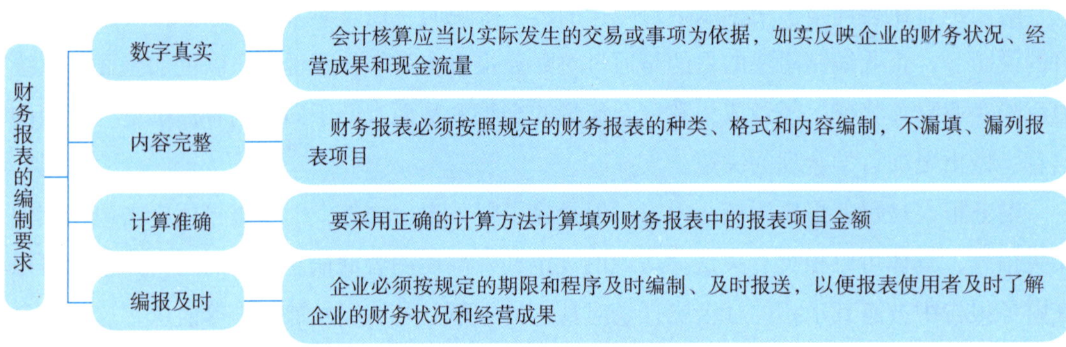

图9-3　财务报表的编制要求

第三节　资产负债表

一、资产负债表的内容

资产负债表的内容如图 9-4 所示。

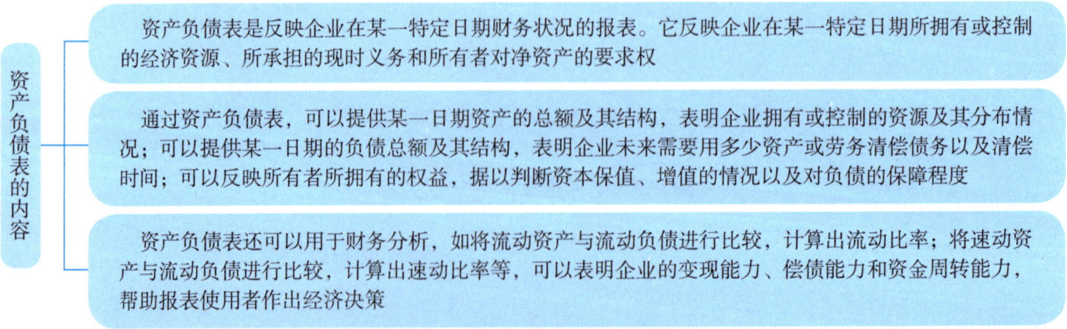

资产负债表的内容
资产负债表是反映企业在某一特定日期财务状况的报表。它反映企业在某一特定日期所拥有或控制的经济资源、所承担的现时义务和所有者对净资产的要求权
通过资产负债表，可以提供某一日期资产的总额及其结构，表明企业拥有或控制的资源及其分布情况；可以提供某一日期的负债总额及其结构，表明企业未来需要用多少资产或劳务清偿债务以及清偿时间；可以反映所有者所拥有的权益，据以判断资本保值、增值的情况以及对负债的保障程度
资产负债表还可以用于财务分析，如将流动资产与流动负债进行比较，计算出流动比率；将速动资产与流动负债进行比较，计算出速动比率等，可以表明企业的变现能力、偿债能力和资金周转能力，帮助报表使用者作出经济决策

图9-4　资产负债表的内容

二、资产负债表的结构

资产负债表主要反映资产、负债和所有者权益三方面的内容，并满足“资产 = 负债 + 所有者权益”平衡式。资产的相关内容介绍如表 9-1（A）所示，负债的相关内容介绍如表 9-1（B）所示。

表 9-1（A）　资产的相关内容

资产的含义	反映由过去的交易、事项形成并由企业在某一特定日期所拥有或控制的、预期会给企业带来经济利益的资源。按照流动资产和非流动资产两大类别在资产负债表中列示	
资产的分类	流动资产	预计在一个正常营业周期中变现、出售或耗用，或者主要为交易目的而持有，或者预计在资产负债表日起一年内（含一年）变现的资产，或者自资产负债表日起一年内交换其他资产或清偿负债的能力不受限制的现金或现金等价物；具体包括：货币资金、交易性金融资产、应收票据、应收账款、预付款项、应收利息、应收股利、其他应收款、存货和一年内到期的非流动资产等
	非流动资产	流动资产以外的资产。具体包括：长期股权投资、固定资产、在建工程、工程物资、固定资产清理、无形资产、开发支出、长期待摊费用以及其他非流动资产等

表 9-1（B）　负债的相关内容

负债的含义	反映在某一特定日期企业所承担的、预期会导致经济利益流出企业的现时义务。按照流动负债和非流动负债在资产负债表中进行列示	
负债的分类	流动负债	预计在一个正常营业周期中清偿，或者主要为交易目的而持有，或者自资产负债表日起一年内（含一年）到期应予以清偿，或者企业无权自主地将清偿推迟至资产负债表日后一年以上的负债。具体包括：短期借款、应付票据、应付账款、预收款项、应付职工薪酬、应交税费、应付利息、应付股利、其他应付款、一年内到期的非流动负债等
	非流动负债	流动负债以外的负债。具体包括：长期借款、应付债券和其他非流动负债等

资产负债表如表 9-2 所示。

表 9-2　资产负债表

会企 01 表

编制单位：　　　　　　　　____年__月__日　　　　　　　　单位：元

资产	期末余额	年初余额	负债和所有者权益（或股东权益）	期末余额	年初余额
流动资产：			流动负债：		
货币资金			短期借款		
交易性金融资产			交易性金融负债		

续表

资产	期末余额	年初余额	负债和所有者权益（或股东权益）	期末余额	年初余额
衍生金融资产			衍生金融负债		
应收票据			应付票据		
应收账款			应付账款		
应收款项融资			预收款项		
预付款项			合同负债		
其他应收款			应付职工薪酬		
存货			应付税费		
合同资产			其他应付项		
持有待售资产			持有待售负债		
一年内到期的非流动资产			一年内到期的非流动负债		
其他流动资产			其他流动负债		
流动资产合计			流动负债合计		
非流动资产：			非流动负债：		
债券投资			长期借款		
其他债券投资			应付债券		
长期应收款			其中：优先股		
长期股权投资			永续债		
其他权益工具投资			租赁负债		
其他非流动金融资产			长期应付款		
投资性房地产			预计负债		
固定资产			递延收益		
在建工程			递延所得税负债		
生产性生物资产			其他非流动负债		
油气资产			非流动负债合计		
使用权资产			负债合计		
无形资产			所有者权益（或股东权益）：		
开发支出			实收资本（或股本）		
商誉			其他权益工具		
长期待摊费用			其中：优先股		
递延所得税资产			永续债		
其他非流动资产			资本公积		
非流动资产合计			减：库存股		
			其他综合收益		
			专项储备		
			盈余公积		
			未分配利润		
			所有者权益（或股东权益）合计		
资产总计			负债和所有者权益（或股东权益）总计		

三、资产负债表的填列方法

资产负债表的填列方法如表 9-3 所示。

表 9-3　资产负债表的填列方法

对应项目	填列方法	相关说明
“年初余额”	据上年末资产负债表“期末余额”栏内所列数字填列	如果本年度资产负债表规定的各个项目的名称和内容同上年度不相一致，应对上年年末资产负债表各项目的名称和数字按本年度的规定进行调整，按调整后的数字填入本表“年初余额”栏内
“期末余额”	直接根据总账科目的余额填列	交易性金融资产、衍生金融资产、长期待摊费用、递延所得税资产、短期借款、交易性金融负债、衍生金融资产负债、应付票据、应付职工薪酬、应交税费、其他应付款、递延所得税负债、实收资本、资本公积、库存股、盈余公积等项目，应当根据相关总账科目的余额直接填列
	据几个总账科目的余额计算填列	“货币资金”项目，应当根据“库存现金”“银行存款”“其他货币资金”等科目期末余额合计填列
	据有关明细科目的余额计算填列	“应付账款”项目，应当根据“应付账款”“预收账款”等科目所属明细科目期末贷方余额合计填列
	据总账科目和明细科目的余额分析计算填列	“长期应收款”项目，应当根据“长期应收款”总账科目余额，减去“未实现融资收益”总账科目余额，再减去所属相关明细科目中将于一年内到期的部分填列；“长期借款”项目，应当根据“长期借款”总账科目余额扣除“长期借款”科目所属明细科目中将于一年内到期的部分填列；“应付债券”项目，应当根据“应付债券”总账科目余额扣除“应付债券”科目所属明细科目中将于一年内到期的部分填列；“长期应付款”项目，应当根据“长期应付款”总账科目余额，减去“未确认融资费用”总账科目余额，再减去所属相关明细科目中将于一年内到期的部分填列
	据总账科目与其备抵科目抵销后的净额填列	“存货”项目，应当根据“原材料”“库存商品”“发出商品”“周转材料”等科目期末余额，减去“存货跌价准备”科目期末余额后的金额填列；“固定资产”项目，应当根据“固定资产”科目期末余额，减去“累计折旧”“固定资产减值准备”等科目期末余额后的金额填列

四、资产负债表项目的填列说明

资产负债表项目的填列说明如表 9-4、表 9-5 所示。

表 9-4　资产项目的填列说明

资产项目	反映内容	填列说明
“货币资金”	反映企业库存现金、银行结算户存款、外埠存款、银行汇票存款、银行本票存款、信用卡存款、信用证保证金存款等的合计数	据“库存现金”“银行存款”“其他货币资金”科目期末余额的合计数填列
“交易性金融资产”	反映资产负债表日企业分类为以公允价值计量且其变动计入当期损益的金融资产，以及企业持有的直接指定为以公允价值计量且其变动计入当期损益的金融资产的期末账面价值	据“交易性金融资产”科目的相关明细科目期末余额分析填列
“衍生金融资产”	反映企业衍生工具形成资产的期末余额	据“衍生金融资产”科目的期末余额填列
“应收票据 ”	反映企业因销售商品、提供劳务等而收到的商业汇票	据“应收票据”科目的期末余额填列
“应收账款”	反映企业因销售商品、提供劳务等经营活动应收取的款项	据“应收账款”和“预收账款”科目所属各明细科目的期末借方余额合计减去“坏账准备”科目中有关应收账款计提的坏账准备期末余额后的金额填列。如“应收账款”科目所属明细科目期末有贷方余额的，应在本表“预收款项”项目内填列
“应收款项融资”	反映资产负债表日以公允价值计量且其变动计入其他综合收益的应收票据和应收账款等	据“应收票据”和“应收账款”相关科目的明细科目填列
“预付款项”	反映企业按照购货合同规定预付给供应单位的款项等	据“预付账款”和“应付账款”科目所属各明细科目的期末借方余额合计数，减去“坏账准备”科目中有关预付款项计提的坏账准备期末余额后的金额填列。如“预付账款”科目所属各明细科目期末有贷方余额的，应在资产负债表“应付账款”项目内填列
“其他应收款”	反映企业除应收票据、应收账款、预付账款以外的其他各种应收、暂付款项。包括应收的各种赔款、罚款；应收出租包装物的押金；应向职工收取的各种垫付款项；备用金等	据“应收利息”“应收股利”“其他应收款”的期末余额相加再减去对应的“坏账准备”的期末余额填列

续表

资产项目	反映内容	填列说明
“存货”	反映企业期末在库、在途和在加工中的各种存货的可变现净值	据“材料采购”“原材料”“低值易耗品”“库存商品”“周转材料”“委托加工物资”“委托代销商品”“生产成本”等科目的期末余额合计，减去“受托代销商品款”“存货跌价准备”科目期末余额后的金额填列。材料采用计划成本核算，以及库存商品采用计划成本核算或售价核算的企业，还应按加或减材料成本差异、商品进销差价后的金额填列
“合同资产”	反映企业按照《企业会计准则第14号——收入》（2017年修订）的相关规定根据本企业履行履约义务与客户付款之间的关系在资产负债表中列示合同资产	据“合同资产”科目的相关明细科目期末余额分析填列，同一合同下的合同资产和合同负债应当以净额列示，其中净额为借方余额的，应当根据其流动性在“合同资产”或“其他非流动资产”项目中填列，已计提减值准备的，还应减去“合同资产减值准备”科目中相关的期末余额后的金额填列；其中净额为贷方余额的，应当根据其流动性在“合同负债”或“其他非流动负债”项目中填列
“持有待售资产”	反映企业已签出售合同但尚未正式出售的固定资产、无形资产等	据“持有待售资产”科目的期末余额，减去“持有待售资产减值准备”科目的期末余额后的金额填列
“其他流动资产”	反映除货币资金、短期投资、应收票据、应收账款、其他应收款、存货等流动资产以外的流动资产	据“待处理财产损益”“应交税费”（增值税明细）、“合同取得成本”“应收退货成本”的期末余额分析填列。若期限超过一年或一个正常营业周期的，在“其他非流动资产”项目中填列，已计提减值准备的，还应减去相关减值准备科目期末余额后的金额填列
“债券投资”	反映资产负债表日企业以摊余成本计量的长期债权投资的期末账面价值	据“债权投资”科目的相关明细科目期末余额，减去“债权投资减值准备”科目中相关减值准备的期末余额后的金额分析填列
“其他债券投资”	反映资产负债表日企业分类为以公允价值计量且其变动计入其他综合收益的长期债权投资的期末账面价值	据“其他债权投资”科目的相关明细科目期末余额分析填列
“长期应收款”	反映企业融资租赁产生的应收款项和采用递延方式分期收款、实质上具有融资性质的销售商品和提供劳务等经营活动产生的应收款项	据“长期应收款”科目余额减未实现融资损益科目余额后的净额填列
“长期股权投资”	反映企业持有的对子公司、联营企业和合营企业的长期股权投资	据“长期股权投资”科目的期末余额，减去“长期股权投资减值准备”科目的期末余额后的金额填列
“其他权益工具投资”	反映资产负债表日企业指定为以公允价值计量且其变动计入其他综合收益的非交易性权益工具投资的期末账面价值	据“其他权益工具投资”科目的期末余额填列

续表

资产项目	反映内容	填列说明
“固定资产”	反映企业各种固定资产原价减去累计折旧和累计减值准备后的净额	据“固定资产”科目的期末余额，减去“累计折旧”和“固定资产减值准备”科目期末余额后的金额填列
“在建工程”	反映企业期末各项未完工程的实际支出，包括交付安装的设备价值、未完建筑安装工程已经耗用的材料、工资和费用支出、预付出包工程的价款等的可收回金额	据“在建工程”科目的期末余额，减去“在建工程减值准备”科目期末余额后的金额填列
“工程物资”	反映企业尚未使用的各项工程物资的实际成本	据“工程物资”科目的期末余额填列
“无形资产”	反映企业持有的无形资产，包括专利权、非专利技术、商标权、著作权、土地使用权等	据“无形资产”的期末余额，减去“累计摊销”和“无形资产减值准备”科目期末余额后的金额填列
“开发支出”	反映企业开发无形资产过程中能够资本化形成无形资产成本的支出部分	据“研发支出”科目中所属的“资本化支出”明细科目期末余额填列
“长期待摊费用”	反映企业已经发生但应由本期和以后各期负担的分摊期限在一年以上的各项费用。长期待摊费用中在一年内（含一年）摊销的部分，在资产负债表“一年内到期的非流动资产”项目填列	据“长期待摊费用”科目的期末余额减去将于一年内（含一年）摊销的数额后的金额填列
“其他非流动资产”	反映企业除长期股权投资、固定资产、在建工程、工程物资、无形资产等以外的其他非流动资产	据有关科目的期末余额填列

表 9–5　负债项目的填列说明

负债项目	反映内容	填列说明
“短期借款”	反映企业向银行或其他金融机构等借入的期限在一年以下（含一年）的各种借款	据“短期借款”科目的期末余额填列
“交易性金融负债”	反映企业采用短期获利模式进行融资所形成的负债，比如应付短期债券	据“交易性金融负债”科目的相关明细科目期末余额分析填列
“应付票据”	反映企业购买材料、商品和接受劳务供应等而开出、承兑的商业汇票，包括银行承兑汇票和商业承兑汇票	据“应付票据”科目的期末余额填列
“应付账款”	反映企业因购买材料、商品和接受劳务供应等经营活动应支付的款项	据“应付账款”和“预付账款”科目所属各明细科目的期末贷方余额合计数填列；如“应付账款”科目所属明细科目期末有借方余额的，应在资产负债表“预付款项”项目内填列
“预收款项”	反映企业按照购货合同规定预付给供应单位的款项	据“预收账款”和“应收账款”科目所属各明细科目的期末贷方余额合计数填列。如“预收账款”科目所属各明细科目期末有借方余额，应在资产负债表“应收账款”项目内填列

续表

负债项目	反映内容	填列说明
“合同负债”	反映企业按照《企业会计准则第14号——收入》(2017年修订)的相关规定根据本企业履行履约义务与客户付款之间的关系在资产负债表中列示合同负债	据“合同负债”科目的相关明细科目期末余额分析填列，同一合同下的合同资产和合同负债应当以净额列示，其中净额为借方余额的，应当根据其流动性在“合同资产”或“其他非流动资产”项目中填列，已计提减值准备的，还应减去“合同资产减值准备”科目中相关的期末余额后的金额填列；其中净额为贷方余额的，应当根据其流动性在“合同负债”或“其他非流动负债”项目中填列
“应付职工薪酬”	反映企业根据有关规定应付给职工的工资、职工福利、社会保险费、住房公积金、工会经费、职工教育经费、非货币性福利、辞退福利等各种薪酬。外商投资企业按规定从净利润中提取的职工奖励及福利基金，也在本项目列示	据“应付职工薪酬”科目的期末贷方余额填列
“应交税费”	反映企业按照税法规定计算应交纳的各种税费，包括增值税、消费税、所得税、资源税、土地增值税、城市维护建设税、房产税、土地使用税、车船使用税、教育费附加、矿产资源补偿费等。企业代扣代交的个人所得税，也通过本项目列示。企业所交纳的税金不需要预计应交数的，如印花税、耕地占用税等，不在本项目列示	据“应交税费”科目的期末贷方余额填列；如“应交税费”科目期末为借方余额，应以“-”号填列
“其他应付款”	反映企业除应付票据、应付账款、预收款项、应付职工薪酬、应付股利、应付利息、应交税费等经营活动以外的其他各项应付、暂收的款项	据“其他应付款”科目的期末余额填列
“持有待售负债”	反映资产负债表日处置组中与划分为持有待售类别的资产直接相关的负债的期末账面价值	据“持有待售负债”科目的期末余额填列
“一年内到期的非流动负债”	反映非流动负债中将于资产负债表日后一年内到期部分的金额，如将于一年内偿还长期借款	据有关科目的期末余额填列
“长期借款”	反映企业向银行或其他金融机构借入的期限在一年以上（不含一年）的各项借款	据“长期借款”科目的期末余额填列
“应付债券”	反映企业为筹集长期资金而发行的债券本金和利息	据“应付债券”科目的期末余额填列

续表

负债项目	反映内容	填列说明
“其他非流动负债”	反映企业除长期借款、应付债券等项目以外的其他非流动负债	据有关科目的期末余额填列。其他非流动负债项目应根据有关科目期末余额减去将于一年内（含一年）到期偿还数后的余额填列。非流动负债各项目中将于一年内（含一年）到期的非流动负债，应在“一年内到期的非流动负债”项目内单独反映

所有者权益，是企业资产扣除负债后的剩余权益，反映企业在某一特定日期股东（投资者）拥有的净资产的总额，它一般按照实收资本、资本公积、盈余公积和未分配利润分项列示，如表 9-6 所示。

表 9-6 所有者权益的填列说明

所有者权益项目	反映内容	填列说明
“实收资本（或股本）”	反映企业各投资者实际投入的资本（或股本）总额	据“实收资本”（或“股本”）科目的期末余额填列
“其他权益工具”	反映企业的优先股和永续债	据“其他权益工具”科目的期末余额填列
“资本公积”	反映企业资本公积的期末余额	据“资本公积”科目的期末余额填列
“其他综合收益”	反映企业可供出售金融资产的公允价值变动、长期股权投资权益法下被投资人其他所有者权益的变动、投资性房地产公允价值模式下的转换	据“其他综合收益”科目的期末余额填列
“专项储备”	反映高危行业企业按照规定提取的安全生产费以及维持简单再生产费用等具有类似性质的费用	据“专项储备”科目的期末余额填列
“盈余公积”	反映企业盈余公积的期末余额	据“盈余公积”科目的期末余额填列
“未分配利润”	反映企业尚未分配的利润	据“本年利润”科目和“利润分配”科目的余额计算填列。未弥补的亏损在本项目内以“-”号填列

五、资产负债表编制示例

【例 9-1】甲股份有限公司 2018 年 12 月 31 日的资产负债表（年初余额略）及 2019 年 12 月 31 日的科目余额表分别见表 9-7 和表 9-8。假设甲股份有限公司 2019 年度除计提固定资产减值准备导致固定资产账面价值与其计税基础存在可抵扣暂时性差异外，其他资产和负债项目的账面价值均等于其计税基础。假定甲公司未来很可能获得足够的应纳税所得额用来抵扣可抵扣暂时性差异，适用的所得税税率为25%。

表9-7 资产负债表

会企01表

编制单位：甲股份有限公司　　2018年12月31日　　单位：元

资产	期末余额	年初余额	负债和所有者权益（或股东权益）	期末余额	年初余额
流动资产：			流动负债：		
货币资金	1 406 300		短期借款	300 000	
交易性金融资产	15 000		交易性金融负债	0	
衍生金融资产			衍生金融负债		
应收票据	246 000		应付票据	200 000	
应收账款	299 100		应付账款	953 800	
应收款项融资			预收款项	500 000	
预付款项	100 000		合同负债		
其他应收款	5 000		应付职工薪酬	110 000	
存货	2 580 000		应付税费	36 600	
合同资产			其他应付项	50 000	
持有待售资产			持有待售负债		
一年内到期的非流动资产			一年内到期的非流动负债		
其他流动资产	100 000		其他流动负债	501 000	
流动资产合计	4 751 400		流动负债合计	2 651 400	
非流动资产：			非流动负债：		
债券投资			长期借款	600 000	
其他债券投资			应付债券		
长期应收款			其中：优先股		
长期股权投资	250 000		永续债		
其他权益工具投资			租赁负债		
其他非流动金融资产			长期应付款		
投资性房地产			预计负债		
固定资产	1 100 000		递延收益		
在建工程	1 500 000		递延所得税负债		
生产性生物资产			其他非流动负债		
油气资产			非流动负债合计	600 000	
使用权资产			负债合计	3 251 400	
无形资产	600 000		所有者权益（或股东权益）：		

续表

资产	期末余额	年初余额	负债和所有者权益（或股东权益）	期末余额	年初余额
开发支出			实收资本（或股本）	5 000 000	
商誉			其他权益工具	0	
长期待摊费用			其中：优先股	0	
递延所得税资产			永续债		
其他非流动资产	200 000		资本公积		
非流动资产合计	3 650 000		减：库存股		
			其他综合收益		
			专项储备		
			盈余公积	100 000	
			未分配利润	50 000	
			所有者权益（或股东权益）合计	5 150 000	
资产总计	8 401 400		负债和所有者权益（或股东权益）总计	8 401 400	

表 9-8 科目余额表

编制单位：甲股份有限公司　　2018 年 12 月 31 日　　单位：元

科目名称	借方余额	科目名称	贷方余额
库存现金	125 566.75	短期借款	50 000
银行存款	344 943.25	应付票据	100 000
其他货币资金	240 690	应付账款	603 800
交易性金融资产	0	应付股利	100 000
应收票据	46 000	预收账款	350 000
应收账款	600 100	其他应付款	50 000
坏账准备	1 600	应付职工薪酬	180 000
预付账款	100 000	应交税费	100 000
其他应收款	5 000	应付利息	0
材料采购	305 000	应付股利	0
原材料	732 000	一年内到期的长期负债	0
周转材料	230 000	长期借款	1 160 000
库存商品	1 287 700	股本	5 000 000
材料成本差异	20 000	盈余公积	166 621.10
其他流动资产	7 125	利润分配（未分配利润）	108 037.15
长期股权投资	250 000		

续表

科目名称	借方余额	科目名称	贷方余额
固定资产	2 401 000		
累计折旧	140 000		
固定资产减值准备	30 000		
工程物资	100 000		
在建工程	603 933.25		
无形资产	600 000		
累计摊销	30 000		
递延所得税资产	7 500		
其他长期资产	162 500		
合计	7 968 458.25	合计	7 968 458.25

根据上述资料，编制甲股份有限公司 2019 年 12 月 31 日的资产负债表，如表 9-9 所示。

表 9-9　资产负债表

会企 01 表

编制单位：甲股份有限公司　　2019 年 12 月 31 日　　单位：元

资产	期末余额	年初余额	负债和所有者权益（或股东权益）	期末余额	年初余额
流动资产：			流动负债：		
货币资金	712 200	1 406 300	短期借款	50 000	300 000
交易性金融资产	0	15 000	交易性金融负债		0
衍生金融资产			衍生金融负债		
应收票据	46 000	246 000	应付票据	100 000	200 000
应收账款	598 500	299 100	应付账款	703 800	953 800
应收款项融资			预收款项	350 000	500 000
预付款项	100 000	100 000	合同负债		
其他应收款	5 000	5 000	应付职工薪酬	180 000	110 000
存货	2 574 700	2 580 000	应付税费	100 000	36 600
合同资产			其他应付项	50 000	50 000
持有待售资产			持有待售负债		
一年内到期的非流动资产			一年内到期的非流动负债		
其他流动资产	7 125	100 000	其他流动负债		501 000

续表

资产	期末余额	年初余额	负债和所有者权益（或股东权益）	期末余额	年初余额
流动资产合计	4 043 525	4 751 400	流动负债合计	1 533 800	2 651 400
非流动资产：			非流动负债：		
债券投资			长期借款	1 160 000	600 000
其他债券投资			应付债券		
长期应收款			其中：优先股		
长期股权投资	250 000	250 000	永续债		
其他权益工具投资	0		租赁负债		
其他非流动金融资产			长期应付款		
投资性房地产			预计负债		
固定资产	2 231 000	1 100 000	递延收益		
在建工程	603 933.25	1 500 000	递延所得税负债		
生产性生物资产	100 000		其他非流动负债		
油气资产			非流动负债合计	1 160 000	600 000
使用权资产			负债合计	2 693 800	3 251 400
无形资产	570 000	600 000	所有者权益（或股东权益）：		
开发支出			实收资本（或股本）	5 000 000	5 000 000
商誉			其他权益工具	0	0
长期待摊费用			其中：优先股	0	0
递延所得税资产	7 500		永续债		
其他非流动资产	162 500	200 000	资本公积		
非流动资产合计	3 924 933.25	3 650 000	减：库存股		
			其他综合收益		
			专项储备		
			盈余公积	166 621.10	100 000
			未分配利润	108 037.15	50 000
			所有者权益（或股东权益）合计	5 274 658.25	5 150 000
资产总计	7 968 458.25	8 401 400	负债和所有者权益（或股东权益）总计	7 968 458.25	8 401 400

第四节　利润表

一、利润表的内容

利润表是反映企业在一定会计期间的经营成果的报表。通过利润表，可以反映企业一定会计期间的收入实现情况，如实现的营业收入、实现的投资收益、实现的营业外收入各有多少；可以反映一定会计期间的费用耗费情况，如耗费的营业成本、营业税费、销售费用、管理费用、财务费用、营业外支出各有多少；可以反映企业生产经营活动的成果，即净利润的实现情况，据以判断资本保值、增值情况，等等。

将利润表中的信息与资产负债表中的信息相结合，还可以提供财务分析的基本资料，如将销货成本与存货平均余额进行比较，计算出存货周转率；将净利润与资产总额进行比较，计算出资产收益率等，可以表现企业资金周转情况以及企业的盈利能力和水平，便于报表使用者判断企业未来的发展趋势，作出经济决策。

二、利润表的结构

常见的利润表结构主要有单步式和多步式两种。在我国，企业利润表采用的基本上是多步式结构，即通过对当期的收入、费用、支出项目按性质加以归类，按利润形成的主要环节列示一些中间性利润指标，分步计算当期净损益，便于使用者理解企业经营成果的不同来源。利润表主要反映以下几方面的内容：

（1）营业收入，由主营业务收入和其他业务收入组成。

（2）营业利润，营业收入减去营业成本（主营业务成本、其他业务成本）、营业税金及附加、销售费用、管理费用、财务费用、资产减值损失，加上公允价值变动收益、投资收益，即为营业利润。

（3）利润总额，营业利润加上营业外收入，减去营业外支出，即为利润总额。

（4）净利润，利润总额减去所得税费用，即为净利润。

（5）其他综合收益，具体分为“以后会计期间不能重分类进损益的其他综合收益项目”和“以后会计期间在满足规定条件时将重分类进损益的其他综合收益项目”两类，并以扣除相关所得税影响后的净额列报。

（6）综合收益总额，净利润加上其他综合收益税后净额，即为综合收益总额。

（7）每股收益，包括基本每股收益和稀释每股收益两项指标。

其中，其他综合收益，是指企业根据其他会计准则规定未在当期损益中确认的各项利得和损失。其他综合收益项目分为下列两类：① 以后会计期间不能重分类进损益的其他综合收益项目，主要包括重新计量设定受益计划净负债或净资产导致的变动、按照权益法核算的在被投资单位不能重分类进损益的其他综合收益变动中所享有的份额等。② 以后会计期间在满足规定条件时将重分类进损益的其他综合收益项目，主要包括：按照权益法核算的在被投资单位可重分类进损益的其他综合收益变动中所享有的份额、可供出售金融资产公允价值变动形成的利得或损失、持有至到期投资重分类为可供出售金融资产形成的利得或损失、现金流量套期工具产生的利得或损失中属于有效套期的部分、外币财务报表折算差额、自用房地产或作为存货的房地产转换为以公允价值模式计量的投资性房地产在转换日公允价值大于账面价值部分等。

此外，为了使报表使用者通过比较不同期间利润的实现情况，判断企业经营成果的未来发展趋势，企业需要提供比较利润表，利润表还就各项目再分为“本期金额”和“上期金额”两栏分别填列。

利润表的具体格式如表 9-10 所示。

表 9-10　利润表

编制单位：　　　　　　　　　　　______年度　　　　　　　　　　　单位：元

项目	本期金额	上期金额
一、营业收入		
减：营业成本		
税金及附加		
销售费用		
管理费用		
研发费用		
财务费用（收益以“-”号填列）		
其中：利息费用		
利息收入		
加：其他收益		
投资收益（损失以“-”号填列）		
其中：对联营企业和合营企业的投资收益		
以摊余成本计量的金融资产终止确认收益（损失以“-”号填列）		
净敞口套期收益（损失以“-”号填列）		

续表

项目	本期金额	上期金额
加：公允价值变动收益（净损失以“-”号填列）		
信用减值损失		
资产减值损失		
资产处置收益（损失以“-”号填列）		
二、营业利润（亏损以“-”号填列）		
加：营业外收入		
减：营业外支出		
三、利润总额（亏损总额以“-”号填列）		
减：所得税费用		
四、净利润（净亏损以“-”号填列）		
（一）持续经营净利润（净亏损以“-”号填列）		
（二）终止经营净利润（净亏损以“-”号填列）		
五、其他综合收益的税后净额		
（一）不能重分类进损益的其他综合收益		
1. 重新计量设定受益计划变动额		
2. 权益法下不能转损益的其他综合收益		
3. 其他权益工具投资公允价值变动		
4. 企业自身信用风险公允价值变动		
（二）将重分类进损益的其他综合收益		
1. 权益法下可转损益的其他综合收益		
2. 其他债权投资公允价值变动		
3. 金融资产重分类计入其他综合收益的金额		
4. 其他债权投资信用减值准备		
5. 现金流量套期		
6. 外币财务报表折算差额		
……		
六、综合收益总额		
七、每股收益：		
（一）基本每股收益		
（二）稀释每股收益		

三、利润表的编制

利润表项目的填列说明如表 9-11 所示。

表 9-11　利润表项目的填列说明

利润表项目	反映内容	填列说明
“营业收入”	反映企业经营主要业务和其他业务所确认的收入总额	据“主营业务收入”和“其他业务收入”科目的发生额分析填列
“营业成本”	反映企业经营主要业务和其他业务所发生的成本总额	据“主营业务成本”和“其他业务成本”科目的发生额分析填列
“税金及附加”	反映企业经营业务应负担的消费税、城市建设维护税、资源税、土地增值税和教育费附加等	据“税金及附加”科目的发生额分析填列
“销售费用”	反映企业在销售商品过程中发生的包装费、广告费等费用和为销售本企业商品而专设的销售机构的职工薪酬、业务费等经营费用	据“销售费用”科目的发生额分析填列
“管理费用”	反映企业为组织和管理生产经营发生的管理费用	据“管理费用”的发生额分析填列
“研发费用”	反映企业进行研究与开发过程中发生的费用化支出	据“管理费用”科目下的“研发费用”明细科目的发生额分析填列
“财务费用”	反映企业筹集生产经营所需资金等而发生的筹资费用。其中：“利息费用”行项目，反映企业为筹集生产经营所需资金等而发生的应予费用化的利息支出。“利息收入”行项目，反映企业确认的利息收入	据“财务费用”科目的相关明细科目的发生额分析填列
“其他收益”	反映计入其他收益的政府补助等	据“其他收益”科目的发生额分析填列
“投资收益”	反映企业以各种方式对外投资所取得的收益	据“投资收益”科目的发生额分析填列，如为投资损失，本项目以“-”号填列
“净敞口套期收益”	反映净敞口套期下被套期项目累计公允价值变动转入当期损益的金额或现金流量套期储备转入当期损益的金额	据“净敞口套期损益”科目的发生额分析填列，如为套期损失，以“-”号填列
“资产减值损失”	反映企业固定资产、无形资产以及除特别规定外的其他资产，因账面价值高于其可收回金额而造成的损失	据“资产减值损失”科目的发生额分析填列
“信用减值损失”	反映企业按照《企业会计准则第 22 号——金融工具确认和计量》（2017 年修订）的要求计提的各项金融工具减值准备所形成的预期信用损失	据“信用减值损失”科目的发生额分析填列

续表

利润表项目	反映内容	填列说明
“资产处置收益”	反映企业出售划分为持有待售的非流动资产（金融工具、长期股权投资和投资性房地产除外）或处置组（子公司和业务除外）时确认的处置利得或损失，以及处置未划分为持有待售的固定资产、在建工程、生产性生物资产及无形资产而产生的处置利得或损失。债务重组中因处置非流动资产产生的利得或损失和非货币性资产交换中换出非流动资产产生的利得或损失也包括在本项目内	据“资产处置损益”科目的发生额分析填列，如为处置损失，以“–”号填列
“公允价值变动收益”	反映企业应当计入当期损益的资产或负债公允价值变动收益	据“公允价值变动损益”科目的发生额分析填列，如为净损失，本项目以“–”号填列
“营业利润”	反映企业实现的营业利润	如为亏损，本项目以“–”号填列
“营业外收入”	反映企业发生的除营业利润以外的收益，主要包括债务重组利得、与企业日常活动无关的政府补助、盘盈利得、捐赠利得（企业接受股东或股东的子公司直接或间接的捐赠，经济实质属于股东对企业的资本性投入的除外）等	据“营业外收入”科目的发生额分析填列
“营业外支出”	反映企业发生的除营业利润以外的支出，主要包括债务重组损失、公益性捐赠支出、非常损失、盘亏损失、非流动资产毁损报废损失等	据“营业外支出”科目的发生额分析填列
“利润总额”	反映企业实现的利润	如为亏损，本项目以“–”号填列
“所得税费用”	反映企业应从当期利润总额中扣除的所得税费用	据“所得税费用”科目的发生额分析填列
“净利润”	反映企业实现的净利润	如为亏损，本项目以“–”号填列

四、利润表编制示例

【例 9–2】甲股份有限公司 2019 年度有关损益类科目和“其他综合收益科目”明细科目的本年累计发生净额分别如表 9–12 和表 9–13 所示。

表 9–12　甲股份有限公司损益类科目 2019 年度累计发生净额

单位：元

科目名称	借方发生额	贷方发生额
主营业务收入		1 250 000
主营业务成本	750 000	
营业税金及附加	2 000	

续表

科目名称	借方发生额	贷方发生额
销售费用	20 000	
管理费用	157 100	
财务费用	41 500	
资产减值损失	30 900	
投资收益		31 500
营业外收入		50 000
营业外支出	19 700	
所得税费用	85 300	

表 9–13　甲股份有限公司“其他综合收益”明细科目 2019 年度累计发生净额

单位：元

明细科目名称	借方发生额	贷方发生额
权益法下在被投资单位以后将重分类进损益的其他综合收益中享有的份额 *		12 000
合计	0	12 000

* 甲公司持有乙公司 30% 的股份，能够对乙公司施加重大影响。2019 年度，乙公司因持有的可供出售金融资产公允价值变动计入资本公积的金额为 40 000 元。假定甲公司与乙公司适用的会计政策、会计期间相同，投资时乙公司有关资产、负债的公允价值与其账面价值相同，双方在当期及以前期间未发生任何内部交易，并且假定不考虑交易费用及其他相关因素。

根据上述资料，编制甲股份有限公司 2019 年度利润表，如表 9–14 所示。

表 9–14　利润表

会企 02 表

编制单位：甲股份有限公司　　　2019 年度　　　单位：元

项目	本期金额	上期金额
一、营业收入	1 250 000	
减：营业成本	750 000	
税金及附加	2 000	
销售费用	20 000	
管理费用	157 100	
研发费用		
财务费用	41 500	

续表

项目	本期金额	上期金额
其中：利息费用		
利息收入		
加：其他收益		
投资收益	31 500	
其中：对联营企业和合营企业的投资收益		
以摊余成本计量的金融资产终止确认收益（损失以“−”号填列）		
净敞口套期收益（损失以“−”号填列）		
公允价值变动收益（损失以“−”号填列）		
信用减值损失（损失以“−”号填列）		
资产减值损失（损失以“−”号填列）	30 900	
资产处置收益（损失以“−”号填列）		
二、营业利润（亏损以“−”号填列）	280 000	
加：营业外收入	50 000	
减：营业外支出	19 700	
三、利润总额（亏损总额以“−”号填列）	310 300	
减：所得税费用	85 300	
四、净利润（净亏损以“−”号填列）	225 000	
（一）持续经营净利润（净亏损以“−”号填列）		
（二）终止经营净利润（净亏损以“−”号填列）		
五、其他综合收益的税后净额	12 000	
（一）不能重分类进损益的其他综合收益		
1. 重新计量设定收益计划变动额		
2. 权益法下不能转损益的其他综合收益		
3. 其他权益工具投资公允价值变动		
4. 企业自身信用风险公允价值变动		
……		
（二）将重分类进损益的其他综合收益		
1. 权益法下可转损益的其他综合收益	12 000	
2. 其他债券投资公允价值变动		
3. 金融资产充分类计入其他综合收益的金额		
4. 其他债券投资信用减值准备		
5. 现金流量套期储备		

续表

项目	本期金额	上期金额
6. 外币财务报表折算差额		
……		
六、综合收益总额	237 000	
七、每股收益		
（一）基本每股收益		
（二）稀释每股收益		

第五节　现金流量表

一、现金流量表的内容

现金流量表，是指反映企业在一定会计期间现金和现金等价物流入和流出的报表。从编制原则上看，现金流量表按照收付实现制原则编制，将权责发生制下的盈利信息调整为收付实现制下的现金流量信息，便于信息使用者了解企业净利润的质量。从内容上看，现金流量表被划分为经营活动、投资活动和筹资活动三个部分，每类活动又分为各具体项目，这些项目从不同角度反映企业业务活动的现金流入与流出，弥补了资产负债表和利润表提供信息的不足。

通过现金流量表，报表使用者能够了解现金流量的影响因素，评价企业的支付能力、偿债能力和周转能力，预测企业未来现金流量，为其决策提供有力依据。

二、现金流量表的结构

在现金流量表中，现金及现金等价物被视为一个整体，企业现金形式的转换不会产生现金的流入和流出。例如，企业从银行提取现金，是企业现金存放形式的转换，并未流出企业，不构成现金流量。同样，现金与现金等价物之间的转换也不属于现金流量，例如，企业用现金购买三个月到期的国库券。

根据企业业务活动的性质和现金流量的来源，现金流量表在结构上将企业一定期间产生的现金流量分为三类：经营活动产生的现金流量、投资活动产生的现金流量和筹资活动产生的现金流量。

1. 经营活动产生的现金流量

经营活动是指企业投资活动和筹资活动以外的所有交易和事项。各类企业由于行业特点不同，对经营活动的认定存在一定差异。对于工业企业而言，经营活动主要包括销售商品或半成品、提供劳务、购买原材料或商品、接受劳务、支付职工薪酬、支付税费等。

在我国，企业经营活动产生的现金流量应当采用直接法填列。直接法，是指通过现金收入和现金支出的主要类别列示经营活动的现金流量。

2. 投资活动产生的现金流量

投资活动是指企业长期资产的购建和不包括在现金等价物范围内的投资及其处置活动。长期资产是指固定资产、无形资产、在建工程、其他资产等持有期限在一年或一个营业周期以上的资产。这里所讲的投资活动，既包括实物资产投资，也包括金融资产投资。

3. 筹资活动产生的现金流量

筹资活动是指导致企业资本及债务规模和构成发生变化的活动。这里所说的资本，既包括实收资本（股本），也包括资本溢价（股本溢价）；这里所说的债务，指对外举债，包括向银行借款、发行债券以及偿还债务等。通常情况下，应付账款、应付票据等商业应付款等属于经营活动，不属于筹资活动。

此外，对于企业日常活动之外的、不经常发生的特殊项目，如自然灾害损失、保险赔款、捐赠等，应当归并到相关类别中，并单独反映。对于自然灾害损失和保险赔款，如果能够确认属于流动资产损失，应当列入经营活动产生的现金流量；属于固定资产损失，应当列入投资活动产生的现金流量。

外币现金流量以及境外子公司的现金流量，应当采用现金流量发生日的即期汇率或按照系统合理的方法确定的、与现金流量发生日即期汇率近似的汇率折算。而现金流量表“现金及现金等价物净增加额”项目中外币现金净增加额是按资产负债表日的即期汇率折算的。这两者的差额即为汇率变动对现金的影响，应当作为调节项目，在现金流量表中单独列报。

现金流量表的具体格式如表 9-15 所示。

表 9-15　现金流量表

单位：元

项目	本期金额	上期金额
一、经营活动产生的现金		
销售商品、提供劳务收到的现金		
收到的税费返还		

续表

项目	本期金额	上期金额
收到其他与经营活动有关的现金		
经营活动现金流入小计		
购买商品、接受劳务支付的现金		
支付给职工以及为职工支付的现金		
支付的各项税费		
支付其他与经营活动有关的现金		
经营活动现金流出小计		
经营活动产生的现金流量净额		
二、投资活动产生的现金流量		
收回投资收到的现金		
取得投资收益收到的现金		
处置固定资产、无形资产和其他长期资产收回的现金净额		
处置子公司及其他营业单位收到的现金净额		
收到其他与投资活动有关的现金		
投资活动现金流入小计		
购建固定资产、无形资产和其他长期资产支付的现金		
投资支付的现金		
取得子公司及其他营业单位支付的现金净额		
支付其他与投资活动有关的现金		
投资活动现金流出小计		
投资活动产生的现金流量净额		
三、筹资活动产生的现金流量		
吸收投资收到的现金		
取得借款收到的现金		
收到其他与筹资活动有关的现金		
筹资活动现金流入小计		
偿还债务支付的现金		
分配股利、利润或偿付利息支付的现金		
支付其他与筹资活动有关的现金		
筹资活动现金流出小计		
筹资活动产生的现金流量净额		
四、汇率变动对现金及现金等价物的影响		

续表

项目	本期金额	上期金额
五、现金及现金等价物净增加额		
加：期初现金及现金等价物余额		
六、期末现金及现金等价物余额		

三、现金流量表的编制

（一）直接法和间接法

现金流量表编制的直接法和间接法内容如图 9-5 所示。

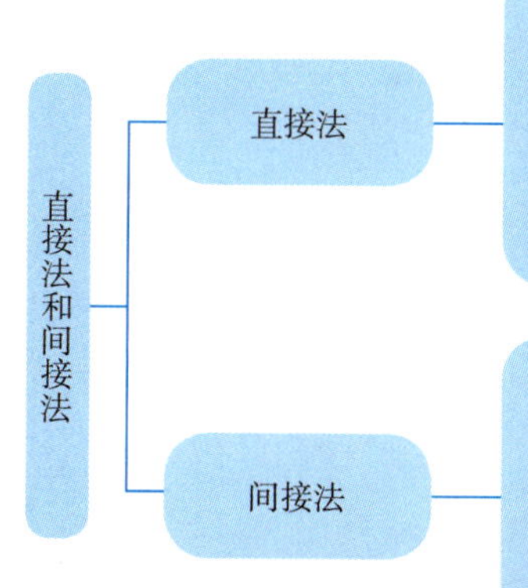

直接法下，一般是以利润表中的营业收入为起算点，调节与经营活动有关的项目的增减变动，然后计算出经营活动产生的现金流量。

采用直接法编报的现金流量表，便于分析企业经营活动产生的现金流量的来源和用途，预测企业现金流量的未来前景。

我国企业会计准则规定企业应当采用直接法编报现金流量表，同时要求在附注中提供以净利润为基础调节到经营活动现金流量的信息

间接法下，将净利润调节为经营活动现金流量，实际上就是将按权责发生制原则确定的净利润调整为现金净流入，并剔除投资活动和筹资活动对现金流量的影响。

采用间接法编报现金流量表，便于将净利润与经营活动产生的现金流量净额进行比较，了解净利润与经营活动产生的现金流量差异的原因，从现金流量的角度分析净利润的质量

图9-5　现金流量表编制的直接法和间接法

（二）工作底稿法、T 型账户法和分析填列法

现金流量表编制的工作底稿法、T 型账户法和分析填列法内容如图 9-6 所示。

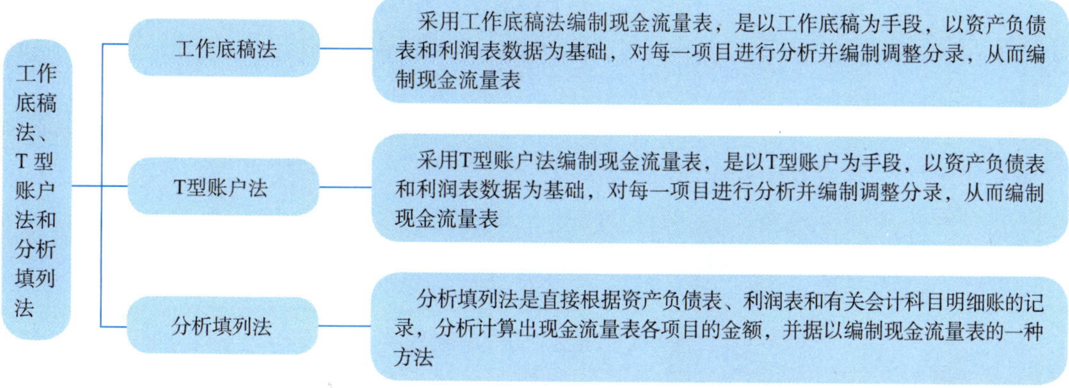

图9-6　现金流量表编制的工作底稿法、T型账户法和分析填列法

工作底稿法的编制程序如图 9-7 所示。

将资产负债表的期初数和期末数过入工作底稿的期初数栏和期末数栏

对当期业务进行分析并编制调整分录。编制调整分录时，要以利润表项目为基础，从“营业收入”开始，结合资产负债表项目逐一进行分析。在调整分录中，有关现金和现金等价物的事项，并不直接借记或贷记现金，而是分别计入“经营活动产生的现金流量”“投资活动产生的现金流量”“筹资活动产生的现金流量”有关项目，借记表示现金流入，贷记表示现金流出

将调整分录过入工作底稿中的相应部分

核对调整分录，借方、贷方合计数均已经相等，资产负债表项目期初数加减调整分录中的借贷金额以后，也等于期末数

根据工作底稿中的现金流量表项目部分编制正式的现金流量表

图9-7　工作底稿法的编制程序

T 型账户法的编制程序如图 9-8 所示。

为所有的非现金项目（包括资产负债表项目和利润表项目）分别开设T型账户，并将各自的期末期初变动数过入各该账户。如果项目的期末数大于期初数，则将差额过入和项目余额相同的方向；反之，过入相反的方向

开设一个大的“现金及现金等价物”T型账户，左右两边分为经营活动、投资活动和筹资活动三个部分，左边记现金流入，右边记现金流出。与其他账户一样，过入期末期初变动数

以利润表项目为基础，结合资产负债表分析每一个非现金项目的增减变动，并据此编制调整分录

将调整分录过入各T型账户，并进行核对，该账户借贷相抵后的余额与原先过入的期末期初变动数应当一致

根据大的“现金及现金等价物”T型账户编制正式的现金流量表

图9-8　T型账户法的编制程序

对经营活动产生的现金流量的介绍如表 9-16 所示，投资活动产生的现金流量的介绍如表 9-17 所示，筹资活动产生的现金流量如表 9-18 所示。

表 9-16 经营活动产生的现金流量

经营活动产生的现金流量项目	反映内容
“销售商品、提供劳务收到的现金”	反映企业本年销售商品、提供劳务收到的现金，以及以前年度销售商品、提供劳务本年收到的现金（包括应向购买者收取的增值税销项税额）和本年预收的款项，减去本年销售本年退回商品和以前年度销售本年退回商品支付的现金。企业销售材料和代购代销业务收到的现金，也在本项目反映
“收到的税费返还”	反映企业收到返还的所得税、增值税、营业税、消费税、关税和教育费附加等各种税费返还款
“收到其他与经营活动有关的现金”	反映企业经营租赁收到的租金等其他与经营活动有关的现金流入，金额较大的应当单独列示
“购买商品、接受劳务支付的现金”	反映企业本年购买商品、接受劳务实际支付的现金（包括增值税进项税额），以及本年支付以前年度购买商品、接受劳务的未付款项和本年预付款项，减去本年发生的购货退回收到的现金。企业购买材料和代购代销业务支付的现金，也在本项目反映
“支付给职工以及为职工支付的现金”	反映企业本年实际支付给职工的工资、资金、各种津贴和补贴等职工薪酬（包括代扣代缴的职工个人所得税）
“支付的各项税费”	反映企业本年发生并支付、以前各年发生本年支付以及预交的各项税费，包括所得税、增值税、营业税、消费税、印花税、房产税、土地增值税、车船使用税、教育费附加等
“支付其他与经营活动有关的现金”	反映企业经营租赁支付的租金、支付的差旅费、业务招待费、保险费、罚款支出等其他与经营活动有关的现金流出，金额较大的应当单独列示

表 9-17 投资活动产生的现金流量

投资活动产生的现金流量项目	反映内容
“收回投资收到的现金”	反映企业出售、转让或到期收回除现金等价物以外的对其他企业长期股权投资而收到的现金，但处置子公司及其他营业单位应收到的现金净额除外
“取得投资收益收到的现金”	反映企业除现金等价物以外的对其他企业的长期股权投资等分回的现金股利和利息等
“处置固定资产、无形资产和其他长期资产收回的现金净额”	反映企业出售、报废固定资产、无形资产和其他长期资产所取得的现金（包括因资产毁损而收到的保险赔偿收入），减去为处置这些资产而支付的有关费用后的净额
“处置子公司及其他营业单位应收到的现金净额”	反映企业处置子公司及其他营业单位所取得的现金，减去相关处置费用以及子公司及其他营业单位持有的现金和现金等价物后的净额
“购建固定资产、无形资产和其他长期资产支付的现金”	反映企业购买、建造固定资产、取得无形资产和其他长期资产所支付的现金（含增值税款等），以及用现金支付的应由在建工程和无形资产负担的职工薪酬
“投资支付的现金”	反映企业取得除现金等价物以外的对其他企业的长期股权投资所支付的现金以及支付的佣金、手续费等附加费用，但取得子公司及其他营业单位支付的现金净额除外
“取得子公司及其他营业单位支付的现金净额”	反映企业购买子公司及其他营业单位购买出价中以现金支付的部分，减去子公司及其他营业单位持有的现金和现金等价物后的净额
“收到其他与投资活动有关的现金”与“支付其他与投资活动有关的现金”	反映企业除上述项目外收到或支付的其他与投资活动有关的现金，金额较大的应当单独列示

表 9-18 筹资活动产生的现金流量

筹资活动产生的现金流量项目	反映内容
“吸收投资收到的现金”	反映企业以发行股票、债券等方式筹集资金实际收到的款项，减去直接支付的佣金、手续费、宣传费、咨询费、印刷费等发行费用后的净额
“取得借款收到的现金”	反映企业举借各种短期、长期借款而收到的现金
“偿还债务支付的现金”	反映企业为偿还债务本金而支付的现金
“分配股利、利润或偿付利息支付的现金”	反映企业实际支付的现金股利、支付给其他投资单位的利润或用现金支付的借款利息、债券利息
“收到其他与筹资活动有关的现金”“支付其他与筹资活动有关的现金”	反映企业除上述项目外收到或支付的其他与筹资活动有关的现金，金额较大的应当单独列示

四、现金流量表补充资料

（一）将净利润调整为经营活动现金流量

净利润与经营活动现金流量之间的差额有三个来源，如图 9-9 所示。

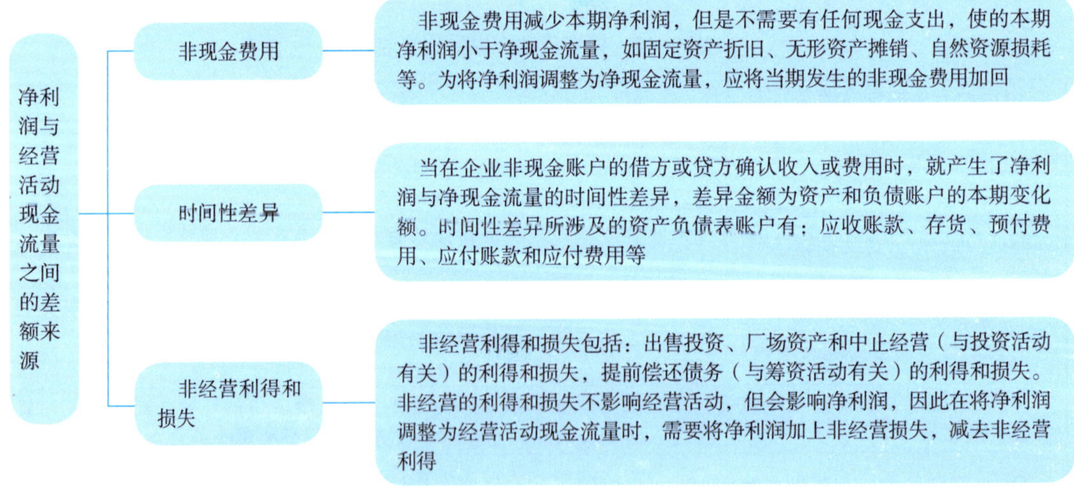

图9-9 净利润与经营活动现金流量之间的差额来源

（二）不涉及现金收支的重大投资和筹资活动

不涉及现金收支的重大投资和筹资活动，反映企业一定期间内影响资产或负债但不形成该期现金收支的所有投资和筹资活动的信息。这些投资和筹资活动虽然不涉及现金收支，但对以后各期的现金流量有重大影响，例如，企业融资租入设备，将形成的负债计入“长期应付款”账户，当期并不支付设备款及租金，但以后各期必须为此支付现金，从而在一定期间内形成了一项固定的现金支出。

企业应当在附注中披露不涉及当期现金收支、但影响企业财务状况或在未来可能影响企业现金流量的重大投资和筹资活动内容，如图 9-10 所示。

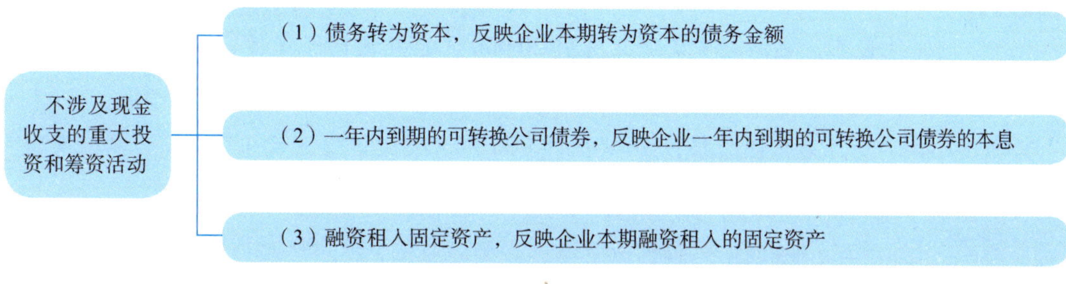

图9-10　不涉及现金收支的重大投资和筹资活动的内容

（三）现金及现金等价物的构成

企业应当在附注中披露与现金及现金等价物有关的下列信息：①现金及现金等价物的构成及其在资产负债表中的相应金额。②企业持有但不能由母公司或集团内其他子公司使用的大额现金及现金等价物金额。企业持有现金及现金等价物余额但不能被集团使用的情形多种多样，例如，国外经营的子公司，由于受当地外汇管制或其他立法的限制，其持有的现金及现金等价物，不能由母公司或其他子公司正常使用。

五、现金流量表编制示例

【例 9-3】沿用【例 9-1】和【例 9-2】的资料，甲股份有限公司其他相关资料如下：

1. 2019 年度利润表有关项目的明细资料如下：

（1）管理费用的组成：职工薪酬 17 100 元，无形资产摊销 60 000 元，折旧费 20 000 元，支付其他费用 60 000 元。

（2）财务费用的组成：计提借款利息 11 500 元，支付应收票据（银行承兑汇票）贴现利息 30 000 元。

（3）资产减值损失的组成：计提坏账准备 900 元，计提固定资产减值准备 30 000 元。上年年末坏账准备余额为 900 元。

（4）投资收益的组成：收到股息收入 30 000 元，与本金一起收回的交易性股票投资收益 500 元，自公允价值变动损益结转投资收益 1 000 元。

（5）营业外收入的组成：处置固定资产净收益 50 000 元（其所处置固定资产原价为 400 000 元，累计折旧为 150 000 元，收到处置收入 300 000 元）。假定不考虑与固定资产处置有关的税费。

（6）营业外支出的组成：报废固定资产净损失 19 700 元（其所报废固定资产原价为 200 000 元，累计折旧为 180 000 元，支付清理费用 500 元，收到残值收入 800 元）。

（7）所得税费用的组成：当期所得税费用 92 800 元，递延所得税收益 7 500 元。

除上述项目外，利润表中的销售费用 20 000 元至期末已经支付。

2. 资产负债表有关项目的明细资料如下：

（1）本期收回交易性股票投资本金 15 000 元、公允价值变动 1 000 元，同时实现投资收益 500 元。

（2）存货中生产成本、制造费用的组成：职工薪酬 324 900 元，折旧费 80 000 元。

（3）应交税费的组成：本期增值税进项税额 42 466 元，增值税销项税额 212 500 元，已交增值税 100 000 元；应交所得税期末余额为 20 097 元，应交所得税期初余额为 0；应交税费期末数中应由在建工程负担的部分为 100 000 元。

（4）应付职工薪酬的期初数无应付在建工程人员的部分，本期支付在建工程人员职工薪酬 200 000 元。应付职工薪酬的期末数中应付在建工程人员的部分为 28 000 元。

（5）应付利息均为短期借款利息，其中本期计提利息 11 500 元，支付利息 12 500 元。

（6）本期用现金购买固定资产 101 000 元，购买工程物资 300 000 元。

（7）本期用现金偿还短期借款 250 000 元，偿还一年内到期的长期借款 1 000 000 元；借入长期借款 560 000 元。

根据以上资料，采用分析填列的方法，编制甲股份有限公司 2019 年度的现金流量表。

1. 甲股份有限公司 2019 年度现金流量表各项目金额，分析确定如下：

（1）销售商品、提供劳务收到的现金 = 主营业务收入 + 应交税费（应交增值税——销项税额）+（应收账款年初余额 − 应收账款期末余额）+（应收票据年初余额 − 应收票据期末余额）− 当期计提的坏账准备 − 票据贴现的利息 =1250 000 +212 500+（299 100−598 200）+（246 000−66 000）−900 − 30 000 = 1 312 500（元）

（2）购买商品、接受劳务支付的现金 = 主营业务成本 + 应交税费（应交增值税——进项税额）−（存货年初余额 − 存货期末余额）+（应付账款年初余额 − 应付账款期末余额）+（应付票据年初余额 − 应付票据期末余额）+（预付账款期末余额 − 预付账款年初余额）− 当期列入生产成本、制造费用的职工薪酬 − 当期列入生产成本、制造费用的折旧费和固定资产修理费 = 750 000+42 466−（2 580 000−2 484 700）+（953 800−953 800）+（200 000−100 000）+（100 000−100 000）−324 900−80 000 = 392 266（元）

（3）支付给职工以及为职工支付的现金 = 生产成本、制造费用、管理费用中职工薪酬 +（应付职工薪酬年初余额 - 应付职工薪酬期末余额）-［应付职工薪酬（在建工程）年初余额 - 应付职工薪酬（在建工程）期末余额］= 324 900 +17 100 +（110 000-180 000）-（0-28 000）= 300 000（元）

（4）支付的各项税费 = 当期所得税费用 + 营业税金及附加 + 应交税费（应交增值税——已交税金）-（应交所得税期末余额 - 应交所得税期初余额）= 92 800+2 000+100 000 -（20 097-0）= 174 703（元）

（5）支付其他与经营活动有关的现金 = 其他管理费用 + 销售费用 = 60 000 +20 000 = 80 000（元）

（6）收回投资收到的现金 = 交易性金融资产贷方发生额 + 与交易性金融资产一起收回的投资收益 = 16 000 +500 = 16 500（元）

（7）取得投资收益收到的现金 = 收到的股息收入 = 30 000（元）

（8）处置固定资产收回的现金净额 = 300 000+（800-500）= 300 300（元）

（9）购建固定资产支付的现金 = 用现金购买的固定资产、工程物资 + 支付给在建工程人员的薪酬 = 101 000 + 300 000 + 200 000 = 601 000（元）

（10）取得借款收到的现金 = 560 000（元）

（11）偿还债务支付的现金 = 250 000 +1 000 000 = 1 250 000（元）

（12）偿付利息支付的现金 = 12 500（元）

2. 将净利润调节为经营活动现金流量各项目计算分析如下：

（1）资产减值准备 = 900 +30 000 = 30 900（元）

（2）固定资产折旧 = 20 000 +80 000 = 100 000（元）

（3）无形资产摊销 = 60 000（元）

（4）处置固定资产、无形资产和其他长期资产的损失（减：收益）= -50 000（元）

（5）固定资产报废损失 = 19 700（元）

（6）财务费用 = 11 500（元）

（7）投资损失（减：收益）= -31 500（元）

（8）递延所得税资产减少 = 0-7 500 = -7 500（元）

（9）存货的减少 = 2 580 000-2 484 700 = 95 300（元）

（10）经营性应收项目的减少 =（246 000-66 000）+（299 100+900-598 200-1 800）= -120 000（元）

（11）经营性应付项目的增加 =（100 000-200 000）+（953 800-953 800）+［（180 000-28 000）-110 000］+［（226 731-100 000）- 36 600］= 32 131（元）

3. 根据上述数据，编制现金流量表及其补充资料如表 9-19、表 9-20 所示。

表 9-19　现金流量表

会企 03 表

编制单位：甲股份有限公司　　2019 年度　　单位：元

项目	本期金额	上期金额（略）
一、经营活动产生的现金流量		
销售商品、提供劳务收到的现金	1 312 500	
收到的税费返还	0	
收到其他与经营活动有关的现金	0	
经营活动现金流入小计	1 312 500	
购买商品、接受劳务支付的现金	392 266	
支付给职工以及为职工支付的现金	300 000	
支付的各项税费	174 703	
支付其他与经营活动有关的现金	80 000	
经营活动现金流出小计	946 969	
经营活动产生的现金流量净额	365 531	
二、投资活动产生的现金流量		
收回投资收到的现金	16 500	
取得投资收益收到的现金	30 000	
处置固定资产、无形资产和其他长期资产收回的现金净额	300 300	
处置子公司及其他营业单位收到的现金净额	0	
收到其他与投资活动有关的现金	0	
投资活动现金流入小计	346 800	
购建固定资产、无形资产和其他长期资产支付的现金	601 000	
投资支付的现金	0	
取得子公司及其他营业单位支付的现金净额	0	
支付其他与投资活动有关的现金	0	
投资活动现金流出小计	601 000	
投资活动产生的现金流量净额	−254 200	

续表

项目	本期金额	上期金额（略）
三、筹资活动产生的现金流量		
吸收投资收到的现金	0	
取得借款收到的现金	560 000	
收到其他与筹资活动有关的现金	0	
筹资活动现金流入小计	560 000	
偿还债务支付的现金	1 250 000	
分配股利、利润或偿付利息支付的现金	12 500	
支付其他与筹资活动有关的现金	0	
筹资活动现金流出小计	1 262 500	
筹资活动产生的现金流量净额	−702 500	
四、汇率变动对现金及现金等价物的影响	0	
五、现金及现金等价物净增加额	−591 169	
加：期初现金及现金等价物余额	1 406 300	
六、期末现金及现金等价物余额	815 131	

表 9–20　现金流量表补充资料

补充资料	本期金额	上期金额（略）
1.将净利润调节为经营活动现金流量		
净利润	225 000	
加：资产减值准备	30 900	
固定资产折旧、油气资产折耗、生产性生物资产折旧	100 000	
无形资产摊销	60 000	
长期待摊费用摊销	0	
处置固定资产、无形资产和其他长期资产的损失（收益以“−”号填列）	−50 000	
固定资产报废损失（收益以“−”号填列）	19 700	
公允价值变动损失（收益以“−”号填列）	0	

续表

补充资料	本期金额	上期金额（略）
财务费用（收益以"–"号填列）	11 500	
投资损失（收益以"–"号填列）	–31 500	
递延所得税资产减少（增加以"–"号填列）	–7 500	
递延所得税负债增加（减少以"–"号填列）	0	
存货的减少（增加以"–"号填列）	95 300	
经营性应收项目的减少（增加以"–"号填列）	–120 000	
经营性应付项目的增加（减少以"–"号填列）	32 131	
其他	0	
经营活动产生的现金流量净额	365 531	
2.不涉及现金收支的重大投资和筹资活动		
债务转为资本	0	
一年内到期的可转换公司债券	0	
融资租入固定资产	0	
3.现金及现金等价物净变动情况		
现金的期末余额	815 131	
减：现金的期初余额	1 406 300	
加：现金等价物的期末余额	0	
减：现金等价物的期初余额	0	
现金及现金等价物净增加额	–591 169	

第六节 所有者权益变动表

一、所有者权益变动表的内容

所有者权益变动表是指反映构成所有者权益各组成部分当期增减变动情况的报表。所有者权益变动表应当全面反映一定时期所有者权益变动的情况，不仅包括所有者权益总量的增减变动，还包括所有者权益增减变动的重要结构性信息，让报表使用者准确理解所有者权益增减变动的根源，如表 9-21 所示。

表 9-21 所有者权益变动表的内容及结构

定义	反映构成所有者权益各组成部分当期增减变动情况的报表
结构	当期损益、直接计入所有者权益的利得和损失，以及与所有者的资本交易导致的所有者权益的变动分别列示
单独列示反映的信息项目	净利润；直接所有者权益的利得和损失项目及其总额；会计政策变更和差错更正的累积影响金额；所有者投入资本和向所有者分配利润等；提取的盈余公积；实收资本或股本、资本公积、盈余公积、未分配利润的期初和期末余额及其调节情况

二、所有者权益变动表的编制

（1）“上年年末余额”项目，反映企业上年资产负债表中实收资本（或股本）、资本公积、库存股、盈余公积、未分配利润的年末余额。

（2）“会计政策变更”“前期差错更正”项目，分别反映企业采用追溯调整法处理的会计政策变更的累积影响金额和采用追溯重述法处理的会计差错更正的累积影响金额。

（3）“本年增减变动额”项目如表 9-22 所示。

表 9-22 “本年增减变动额”项目

“本年增减变动额”项目	反映内容	填列说明
直接计入所有者权益的利得和损失	反映企业当年直接所有者权益的利得和损失金额	“可供出售金融资产公允价值变动净额”：反映企业持有的可供出售金融资产当年公允价值变动的金额
		“权益法下被投资单位其他所有者权益变动的影响”：反映企业对按照权益法核算的长期股权投资，在被投资单位除当年实现的净损益以外其他所有者权益当年变动中应享有的份额
		“与所有者权益项目相关的所得税影响”：反映企业根据《企业会计准则第 18 号——所得税》规定所有者权益项目的当年所得税影响金额
所有者投入和减少资本	反映企业当年所有者投入的资本和减少的资本	“所有者投入资本”：反映企业接受投资者投入形成的实收资本（或股本）和资本溢价或股本溢价
		“股份支付所有者权益的金额”：反映企业处于等待期中的权益结算的股份支付当年资本公积的金额
利润分配	反映企业当年的利润分配金额	“提取盈余公积”：反映企业按照规定提取的盈余公积
		“对所有者（或股东）的分配”：反映对所有者（或股东）分配的利润（或股利）金额
所有者权益内部结转	反映企业构成所有者权益的组成部分之间的增减变动情况	“资本公积转增资本（或股本）”：反映企业以资本公积转增资本或股本的金额
		“盈余公积转增资本（或股本）”：反映企业以盈余公积转增资本或股本的金额
		“盈余公积弥补亏损”：反映企业以盈余公积弥补亏损的金额

三、所有者权益变动表编制示例

【例 9-4】沿用【例 9-1】、【例 9-2】和【例 9-3】的资料，甲股份有限公司其他相关资料为：提取盈余公积 24 770.4 元，向投资者分配现金股利 32 215. 85 元。

根据上述资料，编制甲股份有限公司 2019 年度的所有者权益变动表，如表 9-23 所示。

表 9-23　所有者权益变动表

会企 04 表

编制单位：甲股份有限公司　　　　2019 年度　　　　单位：元

项目	本年金额											上年金额										
	实收资本（或股本）	其他权益工具			资本公积	减：库存股	其他综合收益	专项储备	盈余公积	未分配利润	所有者权益合计	实收资本（或股本）	其他权益工具			资本公积	减：库存股	其他综合收益	专项储备	盈余公积	未分配利润	所有者权益合计
		优先股	永续债	其他									优先股	永续债	其他							
一、上年年末余额	5 000 000								100 000	50 000	5 150 000											
加：会计政策变更																						
前期差错更正																						
其他																						
二、本年年初余额	5 000 000								100 000	50 000	5 150 000											
三、本年增减变动金额（减少以“-”号填列）																						
（一）综合收益总额							12 000		225 000	237 000												
（二）所有者投入和减少资本																						
1.所有者投入的普通股																						
2.其他权益工具持有者投入资本																						

续表

项目	本年金额										上年金额									
	实收资本（或股本）	其他权益工具			资本公积	减：库存股	其他综合收益	专项储备	盈余公积	未分配利润	所有者权益合计	实收资本（或股本）	其他权益工具			资本公积	减：库存股	其他综合收益	专项储备	盈余公积	未分配利润	所有者权益合计
		优先股	永续债	其他									优先股	永续债	其他							
3.股份支付计入所有者权益的金额																						
4.其他																						
（三）利润分配																						
1.提取盈余公积									24 770.40	−24 770.40	0											
2.对所有者（或股东）的分配										−32 215.85	−32 215.85											
3.其他																						

第七节　财务报表附注

一、财务报表附注的内容

附注是对资产负债表、利润表、现金流量表和所有者权益变动表等报表中列示项目的文字描述或明细资料，以及对未能在这些报表中列示项目的说明等，是财务报表的重要组成部分，应当按照如下顺序至少披露下列内容，如图 9-11 所示。

报表附注包含的内容

（一）企业的基本情况：
（1）企业注册地、组织形式和总部地址；
（2）企业的业务性质和主要经营活动；
（3）母公司以及集团最终母公司的名称；
（4）财务报告的批准报出者和财务报告批准报出日

（二）财务报表的编制基础

（三）遵循企业会计准则的声明：企业应当声明编制的财务报表符合企业会计准则的要求，真实、完整地反映了企业的财务状况、经营成果和现金流量等有关信息

（四）重要会计政策和会计估计：企业应当披露采用的重要会计政策和会计估计，在披露重要会计政策和会计估计时，应当披露重要会计政策的确定依据和财务报表项目的计量基础，以及会计估计中所采用的关键假设和不确定因素

（五）会计政策和会计估计变更以及差错更正的说明：企业应当按照《企业会计准则第28号——会计政策、会计估计变更和差错更正》及其应用指南的规定，披露会计政策和会计估计变更以及差错更正的有关情况

（六）报表重要项目的说明

（七）或有事项：按照《企业会计准则第13号——或有事项》第十四条和第十五条的相关规定进行披露

（八）资产负债表日后事项
（1）每项重要的资产负债表日后非调整事项的性质、内容，及其对财务状况和经营成果的影响，无法做出估计的，应当说明原因；
（2）资产负债表日后，企业利润分配方案中拟分配的以及经审议批准宣告发放的股利或利润

（九）关联方关系及其交易

图9-11　企业报表附注包含的内容

二、分部信息的披露

企业应当在附注中披露报告分部的下列信息：

（1）描述性信息。

①确定报告分部考虑的因素：通常包括企业管理层是否按照产品和服务、地理区域、监管环境差异或综合各种因素进行组织管理。

②报告分部的产品和劳务的类型。

（2）每一报告分部的利润（亏损）总额相关信息，包括利润（亏损）总额组成项目及计量的相关会计政策信息。

（3）每一报告分部的资产总额、负债总额相关信息。

（4）除上述已经作为报告分部信息组成部分的披露内容外，企业还应当披露下列信息：

①每一产品和劳务或每一类似产品和劳务的对外交易收入。但是，披露相关信息不切实可行的除外。企业披露相关信息不切实可行的，应当披露这一事实。

②企业取得的来自本国的对外交易收入总额，以及企业从其他国家取得的对外交易收入总额。但是，披露相关信息不切实可行的除外。企业披露相关信息不切实可行的，应当披露这一事实。

③企业取得的位于本国的非流动资产（不包括金融资产、独立账户资产、递延所得税资产）总额，以及企业位于其他国家的非流动资产（不包括金融资产、独立账户资产、递延所得税资产）总额。但是，披露相关信息不切实可行的除外。企业披露相关信息不切实可行的，应当披露这一事实。

④企业对主要客户的依赖程度。企业与某一外部客户交易收入占合并总收入或企业总收入的 10% 或以上，应当披露这一事实，以及来自该外部客户的总收入和相关报告分部的特征。

（5）报告分部的以下信息应当与企业信息相衔接：收入总额、利润（亏损）总额、资产总额、负债总额。

三、关联方披露

（一）关联方关系的认定

关联方关系的存在是以控制、共同控制或重大影响为前提条件的。在判断是否存在关联方关系时，应当遵循实质重于形式的原则。企业的关联方包括：

（1）该企业的母公司，不仅包括直接或间接地控制该企业的其他企业，也包括能够对该企业实施直接或间接控制的单位等。

（2）该企业的子公司，包括直接或间接地被该企业控制的其他企业，也包括直接或间接地被该企业控制的企业、单位、基金等特殊目的实体。

（3）与该企业受同一母公司控制的其他企业。例如，A公司和B公司同受C公司控制，从而A公司和B公司之间构成关联方关系。

（4）对该企业实施共同控制的投资方，包括直接的共同控制和间接的共同控制。对企业实施直接或间接共同控制的投资方与该企业之间是关联方关系，但这些投资方之间并不存在关联方关系。例如，A、B、C三个企业共同控制D企业，从而A和D、B和D，以及C和D成为关联方关系。如果不存在其他关联方关系，A和B、A和C以及B和C之间不构成关联方关系。

（5）对该企业施加重大影响的投资方，包括直接的重大影响和间接的重大影响。对企业实施重大影响的投资方与该企业之间是关联方关系，但这些投资方之间并不能仅仅因为对同一家企业具有重大影响而视为存在关联方关系。

（6）该企业的合营企业。合营企业包括合营企业的子公司。合营企业是以共同控制为前提的，两方或多方共同控制某一企业时，该企业则为投资者的合营企业。例如，A、B、C、D企业各占F企业有表决权资本的25%，按照合同规定，投资各方按照出资比例控制F企业，由于出资比例相同，F企业由A、B、C、D企业共同控制，在这种情况下，A和F、B和F、C和F以及D和F之间构成关联方关系。

（7）该企业的联营企业，包括联营企业的子公司。联营企业和重大影响是相联系的，如果投资者能对被投资企业施加重大影响，则该被投资企业应被视为投资者的联营企业。

（8）该企业的主要投资者个人及与其关系密切的家庭成员。

（9）该企业或其母公司的关键管理人员及与其关系密切的家庭成员。关键管理人员，是指有权力并负责计划、指挥和控制企业活动的人员。

（10）该企业主要投资者个人、关键管理人员或与其关系密切的家庭成员控制、共同控制的其他企业。与主要投资者个人、关键管理人员关系密切的家庭成员，是指在处理与企业的交易时可能影响该个人或受该个人影响的家庭成员，例如，父母、配偶、兄弟姐妹和子女等。

（二）关联方交易的类型

（1）购买或销售商品。购买或销售商品是关联方交易较常见的交易事项，例如，企业集团成员企业之间互相购买或销售商品，形成关联方交易。

（2）购买或销售除商品以外的其他资产。例如，母公司出售给子公司设备或建筑物等。

（3）提供或接受劳务。例如，A企业是B企业的联营企业，A企业专门从事设备维修服务，B企业的所有设备均由A企业负责维修，B企业每年支付设备维修费用300万元，该维修服务构成A企业与B企业的关联方交易。

（4）担保。担保包括在借贷、买卖、货物运输、加工承揽等经济活动中，为了保障其债权实现而实行的担保等。当存在关联方关系时，一方往往为另一方提供为取得借款、买卖等经济活动中所需要的担保。

（5）提供资金（贷款或股权投资）。例如，企业从其关联方取得资金，或权益性资金在关联方之间的增减变动等。

（6）租赁。租赁通常包括经营租赁和融资租赁等，关联方之间的租赁合同也是主要的交易事项。

（7）代理。代理主要是依据合同条款，一方可为另一方代理某些事务，如代理销售货物或代理签订合同等。

（8）研究与开发项目的转移。在存在关联方关系时，有时某一企业所研究与开发的项目会由于一方的要求而放弃或转移给其他企业。例如，B 公司是 A 公司的子公司，A 公司要求 B 公司停止对某一新产品的研究和试制，并将 B 公司研究的现有成果转给 A 公司最近购买的、研究与开发能力超过 B 公司的 C 公司继续研制，形成关联方交易。

（9）许可协议。当存在关联方关系时，关联方之间可能达成某项协议，允许一方使用另一方商标等，从而形成了关联方之间的交易。

（10）代表企业或由企业代表另一方进行债务结算。

（11）关键管理人员薪酬。关联方交易还包括就某特定事项在未来发生或不发生时所作出的采取相应行动的任何承诺，例如（已确认及未确认的）待执行合同。

（三）关联方的披露

（1）企业无论是否发生关联方交易，均应当在附注中披露与该企业之间存在直接控制关系的母公司和子公司有关的信息。母公司不是该企业最终控制方的，还应当披露企业集团内对该企业享有最终控制权的企业（或主体）的名称。母公司和最终控制方均不对外提供财务报表的，还应当披露母公司之上与其最相近的对外提供财务报表的母公司名称。

（2）企业与关联方发生关联方交易的，应当在附注中披露该关联方关系的性质、交易类型及交易要素。关联方关系的性质，是指关联方与该企业的关系，即关联方是该企业的子公司、合营企业、联营企业等。交易类型通常包括购买或销售商品、购买或销售商品以外的其他资产、提供或接受劳务、担保、提供资金（贷款或股权投资）、租赁、代理、研究与开发项目的转移、许可协议、代表企业或由企业代表另一方进行债务结算、就某特定事项在未来发生或不发生时所作出的采取相应行动的任何承诺，包括（已确认及未确认的）待执行合同等。交易要素至少应当包括：交易的金额；未结算项目的金额、条款和条件（包括承诺），以及有关提供或取得担保的信息；未结算应收项目坏账准备金额；定价政策。关联方交易的金额应当披露相关比较数据。

（3）对外提供合并财务报表的，对于已经包括在合并范围内各企业之间的交易不予披露。合并财务报表是将集团作为一个整体来反映与其有关的财务信息，在合并财务报表中，企业集团作为一个整体看待，企业集团内的交易已不属于交易，并且已经在编制合并财务报表时予以抵销。因此，关联方披露准则规定，对外提供合并财务报表的，除了应按上述（1）（2）的要求进行披露外，对于已经包括在合并范围内并已抵销的各企业之间的交易不予披露。

第八节　中期财务报告

一、中期财务报告的定义

中期财务报告，是指以中期为基础编制的财务报告。“中期”，是指短于一个完整的会计年度（自公历1月1日起至12月31日止）的报告期间，它可以是一个月、一个季度或者半年，也可以是其他短于一个会计年度的期间，如1月1日至9月30日的期间等。因此，中期财务报告包括月度财务报告、季度财务报告、半年度财务报告，也包括年初至本中期末的财务报告。

二、中期财务报告的构成

中期财务报告至少应当包括以下部分：资产负债表；利润表；现金流量表；附注。

（1）资产负债表、利润表、现金流量表和附注是中期财务报告至少应当编制的法定内容，对其他财务报表或者相关信息，如所有者权益（或股东权益）变动表等，企业可以根据需要自行决定。

（2）中期资产负债表、利润表和现金流量表的格式和内容，应当与上年度财务报表相一致。但如果当年新施行的会计准则对财务报表格式和内容作了修改，中期财务报表应当按照修改后的报表格式和内容编制，与此同时，在中期财务报告中提供的上年度比较财务报表的格式和内容也应当作相应的调整。

（3）中期财务报告中的附注相对于年度财务报告中的附注而言，是适当简化的。中期财务报表附注的编制应当遵循重要性原则。如果某项信息没有在中期财务报告附注中披露，会影响到投资者等信息使用者对企业财务状况、经营成果和现金流量判断的正确性，那么就认为这一信息是重要的。但企业至少应当在中期财务报告附注中披露中期财务报告准则规定的信息。

第十章

企业纳税核算与纳税申报

第一节　我国现行税收制度

一、我国现行税收制度

目前，我国共有增值税、消费税、企业所得税、个人所得税、资源税、城镇土地使用税、房产税、城市维护建设税、耕地占用税、土地增值税、车辆购置税、车船税、印花税、契税、烟叶税、关税、船舶吨税 17 个税种。其中，15 个税种由税务部门负责征收；关税和船舶吨税由海关部门征收，另外，进口货物的增值税、消费税也由海关部门代征。

二、工业企业中涉及的税种

工业企业中涉及的税种主要有：增值税、企业所得税、城市维护建设税、教育费附加以及印花税，各税种简要介绍如下。

（一）增值税

凡在中华人民共和国境内销售货物或者提供加工、修理修配劳务、销售服务、无形资产或者不动产，以及进口货物的单位和个人，均为增值税的纳税人。增值税纳税人分为一般纳税人和小规模纳税人。对一般纳税人，就其销售货物或者提供加工、修理修配劳务、销售服务、无形资产或者不动产，以及进口货物的增加值征税，基本税率为 13%，低税率为 9%，出口货物为 0（国务院另有规定的除外）；对小规模纳税人，实行简易办法计算应纳税额，征收率为 3%。增值税的纳税期限一般为 1 个月。另外，根据纳税人应纳增值税额的大小，还有 1 日、3 日、5 日、10 日、15 日、1 个季度等其他六种应纳税期限，其中 1 个季度的规定仅适用于小规模纳税人。纳税人应在次月的 1 ～ 15 日的征期内申报纳税，不能按照固定期限纳税的，可以按次纳税。

自 2018 年 5 月 1 日起，工业企业只要年应税销售额在 500 万元（含）以下的，即可认定为小规模企业，属于小规模纳税人。

（二）企业所得税

在中国境内的一切企业和其他取得收入的组织（不包括个人独资企业、合伙企业），为企业所得税纳税人。企业分为居民企业和非居民企业。居民企业应当就其来源于中国境内、境外的所得缴纳企业所得税。非居民企业根据其是否在中国境内设立机构、场所，以及所得是否与境内机构、场所有实际联系确定应纳税所得额。企业所得税以企业每一纳税年度的收入总额，减除不征税收入、免税收入、各项扣除以及允许弥补的以前年度亏损后的余额，为应纳税所得额，税率为25%。企业所得税按纳税年度计算，纳税年度自公历1月1日起至12月31日止。企业所得税实行按月或按季预缴、年终汇算清缴、多退少补的征收办法，即企业应当自月份或者季度终了之日起15日内，向税务机关报送预缴企业所得税纳税申报表，预缴税款。企业应当自年度终了之日起5个月内，向税务机关报送年度企业所得税纳税申报表，并汇算清缴，结清应缴应退税款。

（三）城市维护建设税

城市维护建设税对缴纳增值税和消费税的单位和个人征收。它以纳税人实际缴纳的增值税、消费税为计税依据，区别纳税人所在地的不同，分别按7%（在市区）、5%（在县城、镇）和1%（不在市区、县城或镇）三档税率计算缴纳。城市维护建设税分别与增值税、消费税同时缴纳。

（四）教育费附加

教育费附加和地方教育附加是对缴纳增值税和消费税的单位和个人，就其实际缴纳的税额为计算依据征收的一种附加费，用以支持地方教育事业的发展。

（五）印花税

对在经济活动和经济交往中书立、领受税法规定的应税凭证的单位和个人征收。印花税根据应税凭证的性质，分别按合同金额依比例税率或者按件定额计算应纳税额。比例税率有1‰、0.5‰、0.3‰和0.05‰四档，比如购销合同按购销金额的0.3‰贴花，加工承揽合同按加工或承揽收入的0.5‰贴花，财产租赁合同按租赁金额的1‰贴花，借款合同按借款金额的0.05‰贴花等；权利、许可证等按件贴花5元。印花税实行由纳税人根据规定自行计算应纳税额，购买并一次贴足印花税票的办法缴纳。股权转让书据按其书立时证券市场当日实际成交价格计算的金额，由立据双方当事人分别按3‰的税率缴纳印花税（即证券交易印花税）。

三、税款征收方式

税款征收方式是指税务机关根据各税种的不同特点、征纳双方的具体条件而确定的计算征收税款的方法和形式。税款征收的方式如图10-1所示。

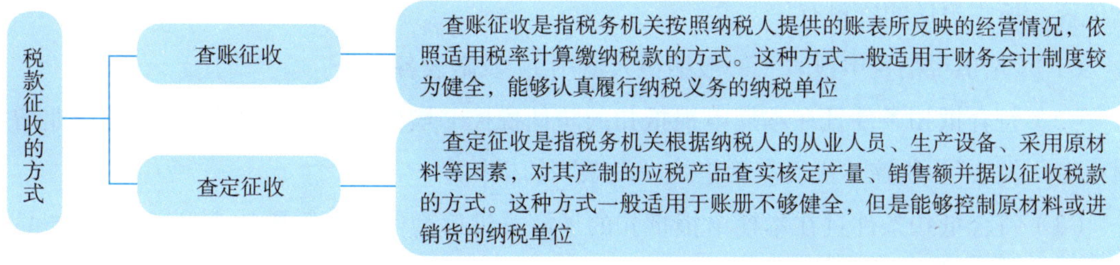

图10-1

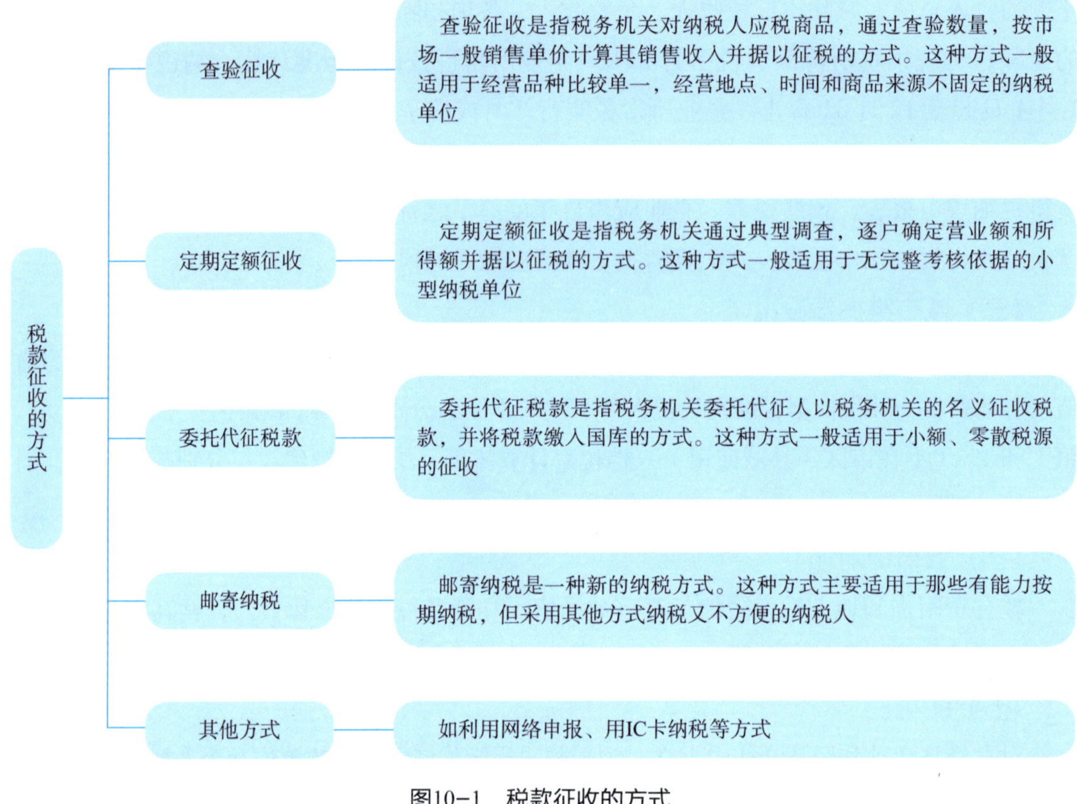

图10-1　税款征收的方式

第二节　增值税纳税申报

一、增值税一般纳税人申报

1. 增值税一般纳税人申报报送资料

增值税一般纳税人依照税收法律法规及相关规定确定的申报期限、申报内容申报缴纳增值税。所需报送的资料有：

（1）《增值税纳税申报表（一般纳税人适用）》及附表各 3 份。

（2）符合抵扣条件且在本期申报抵扣的防伪税控“增值税专用发票”“货物运输业增值税专用发票”、税控“机动车销售统一发票”的抵扣联。

（3）符合抵扣条件且在本期申报抵扣的《海关进口增值税专用缴款书》、购进农产品取得的普通发票的复印件。

（4）增值税一般纳税人进口货物取得属于增值税扣税范围的海关缴款书时应报送《海关稽核结果通知书》。

（5）部分行业试行农产品增值税进项税额核定扣除办法的一般纳税人应报送《农产品核定扣除增值税进项税额计算表（汇总表）》《投入产出法核定农产品增值税进项税额计算表》《成本法核定农产品增值税进项税额计算表》《购进农产品直接销售核定农产品增值税进项税额计算表》《购进农产品用于生产经营且不构成货物实体核定农产品增值税进项税额计算表》。

（6）符合抵扣条件且在本期申报抵扣的中华人民共和国税收缴款凭证及清单，书面合同、付款证明和境外单位的对账单或者发票。

（7）已开具的农产品收购凭证存根联或报查联。

（8）纳税人提供应税服务，在确定应税服务销售额时，按照有关规定从取得的全部价款和价外费用中扣除价款的合法凭证及清单。

（9）从事成品油销售业务的一般纳税人应报送《成品油购销存情况明细表》、加油 IC 卡、《成品油购销存数量明细表》。

（10）辅导期一般纳税人应报送《稽核结果比对通知书》。

（11）从事机动车生产的一般纳税人应报送《机动车辆生产企业销售明细表》《机动车辆销售统一发票清单》及电子信息；每年第一个增值税纳税申报期，应报送上一年度《机动车辆生产企业销售情况统计表》。

（12）从事机动车销售的一般纳税人应报送《机动车辆经销企业销售明细表》《机动车辆销售统一发票清单》及电子信息。

（13）采用预缴方式缴纳增值税的发、供电企业应报送《电力企业增值税销项税额和进项税额传递单》。

（14）各类汇总纳税企业应报送分支机构增值税汇总纳税信息传递单。

（15）从事轮胎、酒精、摩托车等产品生产的一般纳税人应报送《部分产品销售统计表》。

（16）《增值税减免税申报明细表》，由享受增值税减免税优惠政策的增值税一般纳税人在办理增值税纳税申报时填报。

（17）省税务机关规定的其他资料。

以上资料中，纳税申报表及其附表为必报资料，（2）～（17）为纳税申报其他资料，其报备要求由各省、自治区、直辖市和计划单列市国家税务局确定。

2. 增值税一般纳税人申报流程

增值税一般纳税人申报流程如图 10-2 所示。

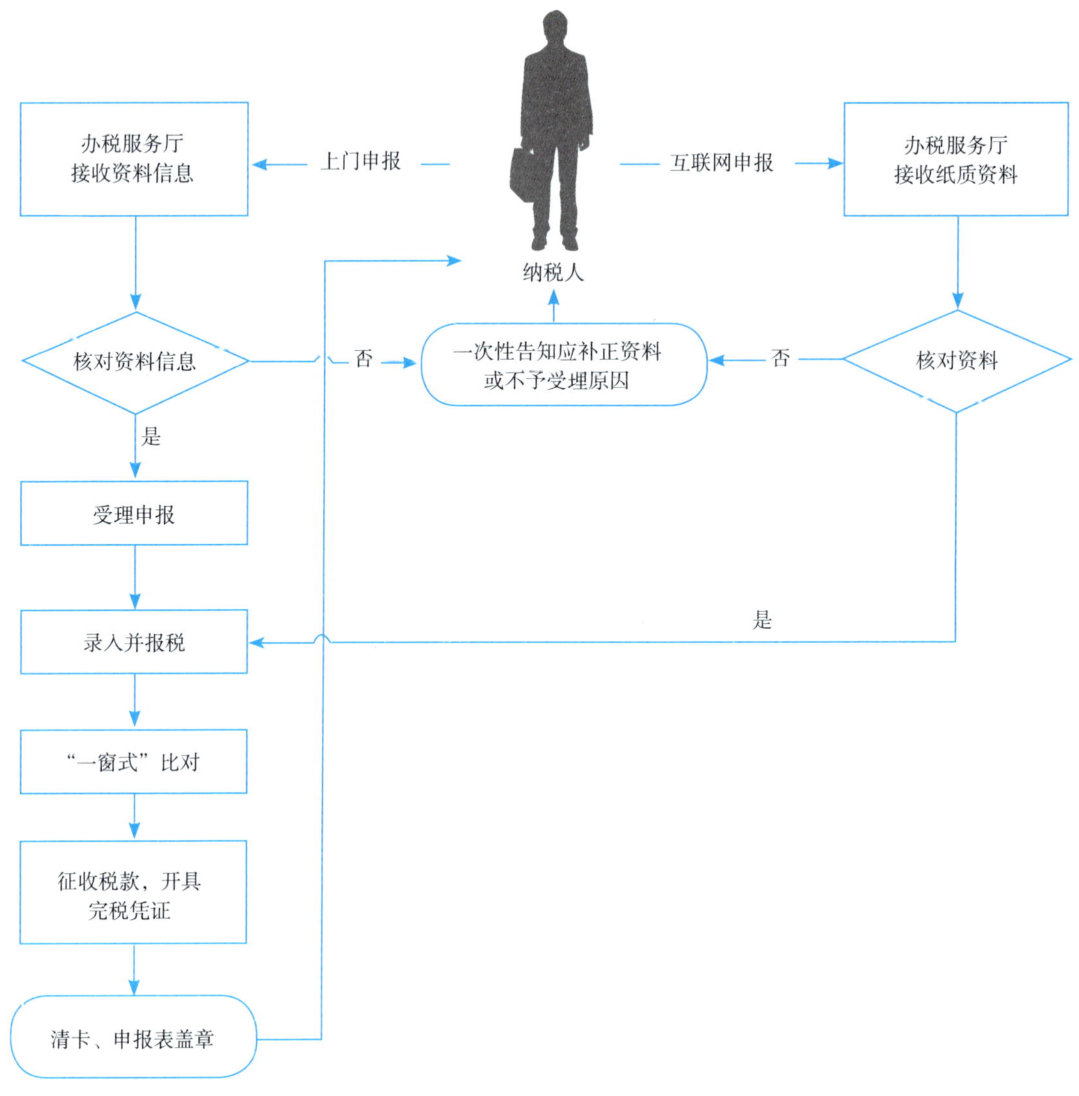

图10-2　增值税一般纳税人申报流程图

二、增值税小规模纳税人申报

1. 增值税小规模纳税人申报报送资料

年应税销售额超过小规模纳税人标准的其他个人按小规模纳税人纳税；非企业性单位、不经常发生应税行为的企业可选择按小规模纳税人规定申报缴纳增值税。所需报送的资料有：

（1）《增值税纳税申报表（小规模纳税人适用）》及附表各3份。

（2）使用税控收款机的纳税人应报送税控收款机用户卡等存储开票信息的存储介质，也可点对点或网络传输开票信息。

（3）已开具的税控“机动车销售统一发票”和普通发票的存根联。

（4）《增值税减免税申报明细表》，由享受增值税减免税优惠政策的小规模纳税人在办理增值税纳税申报时填报。仅享受月销售额不超过 3 万元（按季纳税 9 万元）免征增值税政策或未达起征点的增值税小规模纳税人不需填报明细表。

（5）省税务机关规定的其他资料。

以上资料中，纳税申报表及附表为必报资料，（2）～（5）的报备要求由各省、自治区、直辖市和计划单列市国家税务局确定。

2. 增值税小规模纳税人申报流程

增值税小规模纳税人申报流程如图 10-3 所示。

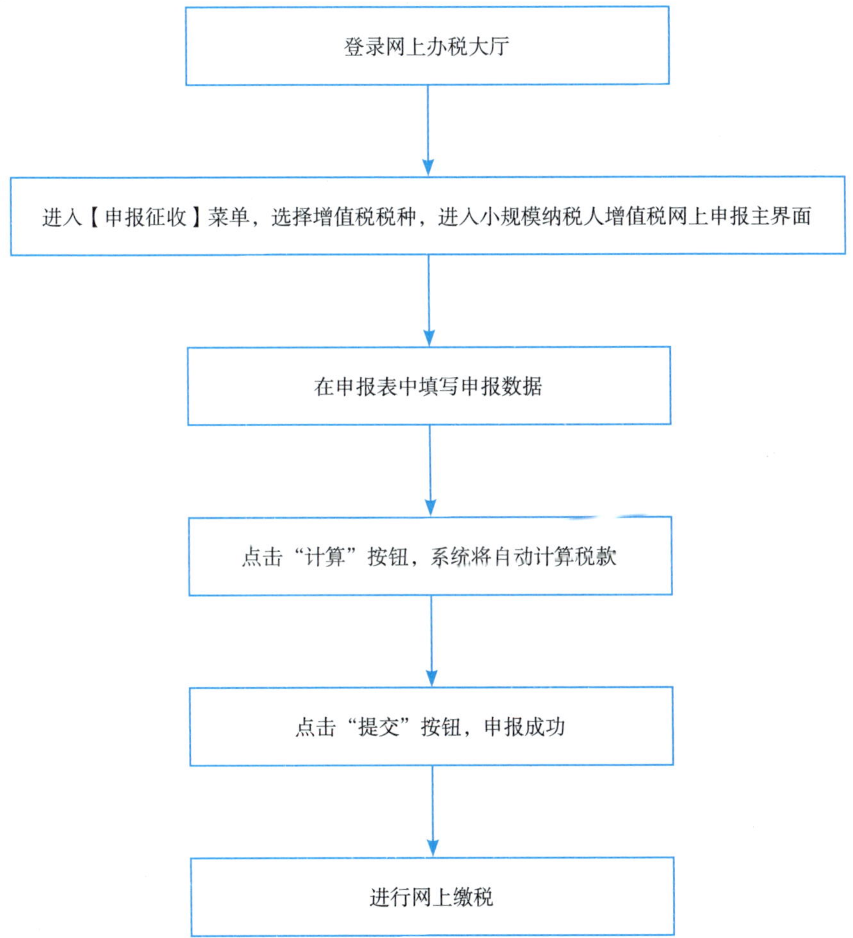

图10-3　增值税小规模纳税人申报流程图

第三节　企业所得税纳税申报

一、企业所得税的汇算清缴

根据《企业所得税法》的规定，企业所得税的应纳税所得额为企业每一纳税年度的收入总额减去不征税收入、免税收入、各项扣除以及允许弥补的以前年度亏损后的余额。因此企业所得税实质上是一个按年度征收的税种，但在实际工作中，为了保证税收收入及时均衡入库、促进财政预算收支平衡，同时方便纳税人合理安排资金周转，税法规定了按月或按季预缴的政策，纳税人在年度终了后 5 个月内办理年度汇算清缴。

汇算清缴是指纳税人在月份或者季度终了之日起 15 日内，依照税收法律、法规、规章及其他有关企业所得税的规定，自行计算全年应纳税所得额和应纳所得税额，根据月度或季度预缴的所得税数额，确定该年度应补或者应退税额，并填写年度企业所得税纳税申报表，向主管税务机关办理年度企业所得税纳税申报、提供税务机关要求提供的有关资料、结清全年企业所得税税款的行为。

年度汇算清缴综合反映了纳税人在一个纳税年度中的整体情况，其唯一的载体就是企业所得税年度纳税申报表。因此，年度纳税申报表集中反映了纳税人全年的损益核算及涉及的所有政策。

二、居民企业所得税月（季）度预缴纳税申报

1. 查账征收报送资料

实行查账征收企业所得税的纳税人，依照税收法律法规及相关规定确定的申报内容，在季度或月份终了后 15 日内，向税务机关申报缴纳企业所得税。所需报送的资料有：

（1）《中华人民共和国企业所得税月（季）度预缴纳税申报表（A 类，2019 年版）》3 份。

（2）跨省、自治区、直辖市和计划单列市设立的，实行汇总纳税办法的居民企业应报送：

总机构在月（季）度终了之日起 10 日内，应报送《中华人民共和国企业所得税汇总纳税分支机构所得税分配表（2019 年版）》和各分支机构上一年度的年度财务报表（或年度财务状况和营业收支情况）。在一个纳税年度内，各分支机构上一年度的年度财务报表（或年度财务状况和营业收支情况）原则上只需要报送一次。

分支机构在月（季）度终了之日起 15 日内，应报送总机构申报后加盖有税务机关业务专用章的《中华人民共和国企业所得税汇总纳税分支机构所得税分配表（2019 年版）》复印件。

（3）在同一省、自治区、直辖市和计划单列市内跨地、市（区、县）设立的，实行汇总纳税办法的居民企业，总分机构应报送省税务机关规定的相关资料。

（4）符合条件的境外投资居民企业在办理企业所得税预缴申报时向税务机关填报《居民企业参股外国企业信息报告表》。

（5）企业固定资产采取一次性税前扣除、缩短折旧年限或加速折旧方法的，预缴申报时，须同时报送《固定资产加速折旧（扣除）预缴情况统计表》。

2. 查账征收基本流程

居民企业所得税查账征收季度预缴申报流程如图 10-4 所示。

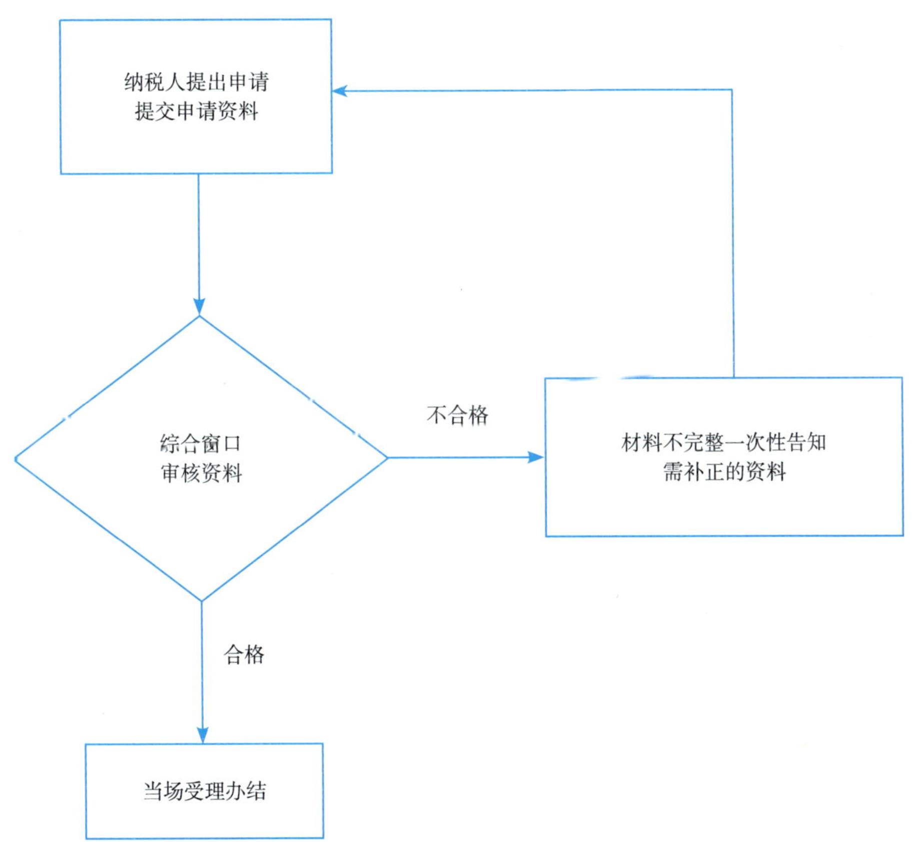

图10-4 企业所得税查账征收季度预缴申报流程图

3. 核定征收（查定征收、查验征收、定期定额征收）报送资料

实行核定征收企业所得税的纳税人，依照税收法律法规及相关规定确定的申报内容，在季度或月份终了后 15 日内，向税务机关申报缴纳企业所得税。所需报送的资料有：

（1）《中华人民共和国企业所得税月（季）度和年度纳税申报表（B 类，2019 年版）》3 份。

（2）符合条件的境外投资居民企业在办理企业所得税预缴申报时向税务机关填报《居民企业参股外国企业信息报告表》。

4. 核定征收基本流程

企业所得税核定征收季度预缴申报流程如图 10-5 所示。

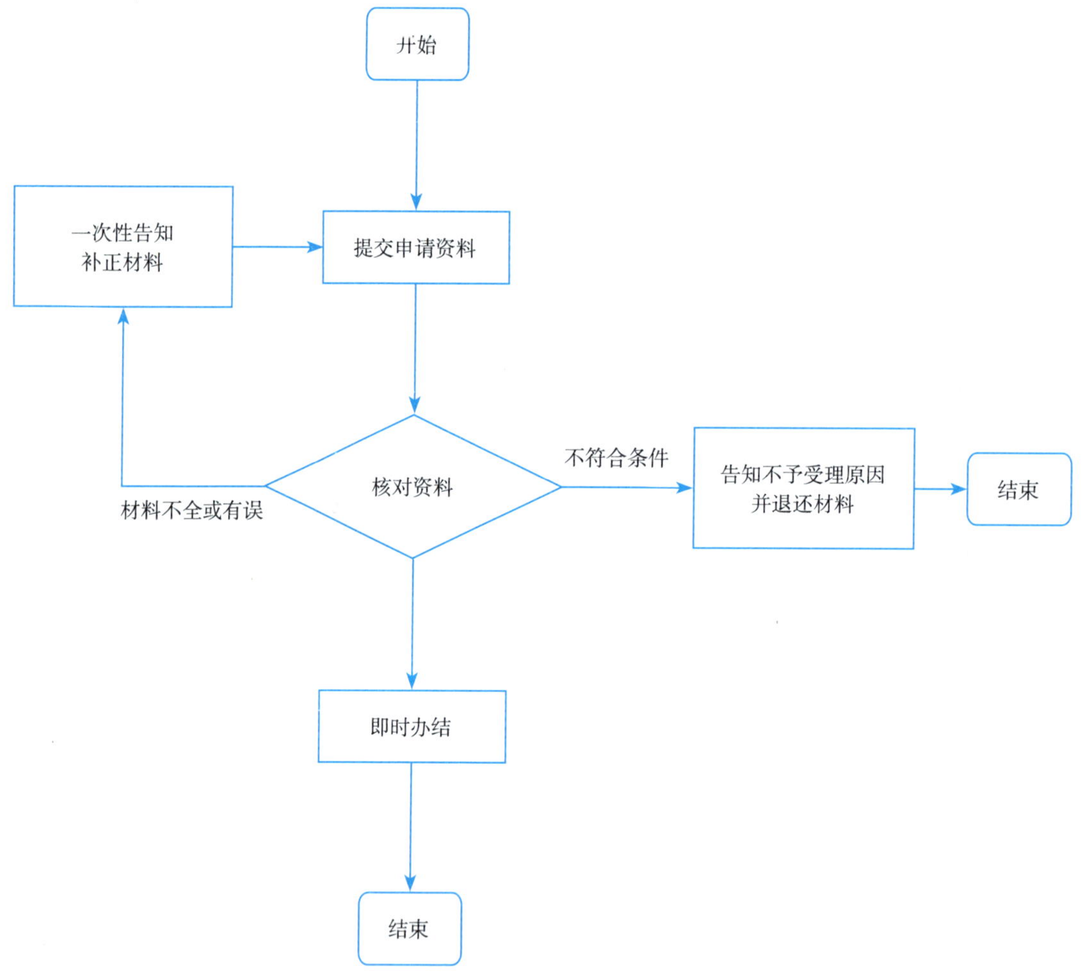

图10-5　企业所得税核定征收季度预缴申报流程图

三、居民企业所得税年度纳税申报

1. 查账征收报送资料

实行查账征收企业所得税的纳税人，依照税收法律法规及相关规定确定的申报内容，在年度终了之日起 5 个月内或自实际经营终止之日起 60 日内，向税务机关申报年度企业所得税，并办理汇算清缴，结清应缴应退税款。所需报送的资料有：

（1）《中华人民共和国企业所得税年度纳税申报表（A类，2019年版）》及附表各3份。

（2）涉及关联方业务往来的，同时应报送《中华人民共和国企业年度关联业务往来报告表》及附表各3份。

（3）备案事项相关资料：

存在税前资产损失扣除情况的企业应报送资产损失申报材料和纳税资料。

资产损失按其申报内容和要求的不同，分为清单申报和专项申报两种申报形式。

属于清单申报的资产损失，企业可按会计核算科目进行归类、汇总，然后再将汇总清单报送税务机关，有关会计核算资料和纳税资料留存备查。

属于专项申报的资产损失，企业应逐项（或逐笔）报送申请报告，同时附送会计核算资料及其他相关的纳税资料。

企业应当自搬迁开始年度至次年5月31日前，向税务机关报送政策性搬迁依据、搬迁规划等相关材料，包括：政府搬迁文件或公告、搬迁重置总体规划、拆迁补偿协议、资产处置计划；企业搬迁完成当年应同时报送《企业政策性搬迁清算损益表》及相关材料。

房地产开发经营企业应报送房地产开发产品实际毛利额与预计毛利额之间差异调整情况的报告；应报送依据计税成本对象确定原则确定的已完工开发产品成本对象，确定原则、依据，共同成本分配原则、方法，以及开发项目基本情况、开发计划等专项报告。

（4）跨省、自治区、直辖市和计划单列市设立的，实行汇总纳税办法的居民企业应报送：

总机构应报送《中华人民共和国企业所得税年度纳税申报表（A类，2019年版）》，同时报送《中华人民共和国企业所得税汇总纳税分支机构所得税分配表（2019年版）》和各分支机构的年度财务报表、各分支机构参与企业年度纳税调整情况的说明。

分支机构应报送《中华人民共和国企业所得税月（季）度预缴纳税申报表（A类，2019年版）》，同时报送总机构申报后加盖有税务机关业务专用章的《中华人民共和国企业所得税汇总纳税分支机构所得税分配表（2019年版）》复印件，分支机构参与企业年度纳税调整情况的说明。

（5）在同一省、自治区、直辖市和计划单列市内跨地、市（区、县）设立的，实行汇总纳税办法的居民企业，总分机构应报送省税务机关规定的相关资料。

（6）委托中介机构代理纳税申报的，应出具双方签订的代理合同，并附送中介机构出具的包括纳税调整的项目、原因、依据、计算过程、调整金额等内容的报告。

（7）适用《企业所得税法》第45条情形或者需要适用《特别纳税调整实施办法（试行）》第84条规定的居民企业，应填报《受控外国企业信息报告表》；纳入《企业所得税法》第24条规定抵免范围的外国企业或符合《企业所得税法》第45条规定的受控外国企业，应报送按照中国会计制度编报的年度独立财务报表。

2. 查账征收基本流程

企业所得税查税征收年度纳税申报流程如图 10-6 所示。

3. 核定征收报送资料

采用核定应税所得率方式征收企业所得税的纳税人，依照税收法律法规及相关规定确定的申报内容，在年度终了之日起 5 个月内或年度中间终止经营活动之日起 60 日内，向税务机关申报年度企业所得税，并办理汇算清缴，结清应缴应退税款。所需报送的资料有：

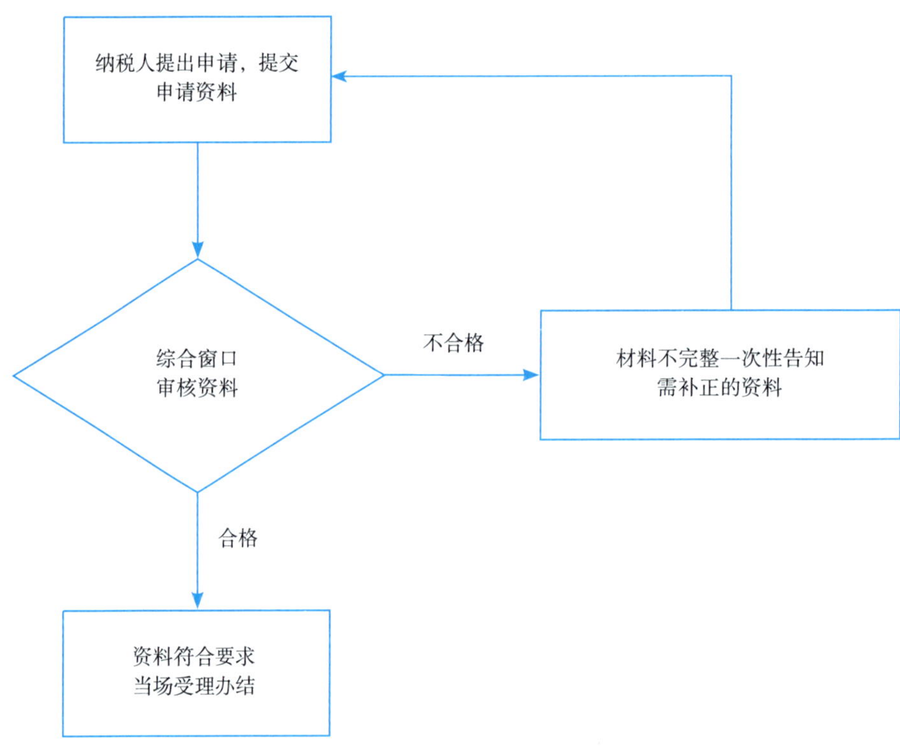

图10-6　企业所得税查账征收年度纳税申报流程图

（1）《中华人民共和国企业所得税月（季）度和年度纳税申报表（B 类，2019 年版）》3 份。

（2）适用《企业所得税法》第 45 条情形或者需要适用《特别纳税调整实施办法（试行）》第 84 条规定的居民企业，填报《受控外国企业信息报告表》；纳入《企业所得税法》第 24 条规定抵免范围的外国企业或符合《企业所得税法》第 45 条规定的受控外国企业，应报送按照中国会计制度编报的年度独立财务报表。

4. 核定征收基本流程

企业所得税核定征收年度纳税申报流程如图 10-7 所示。

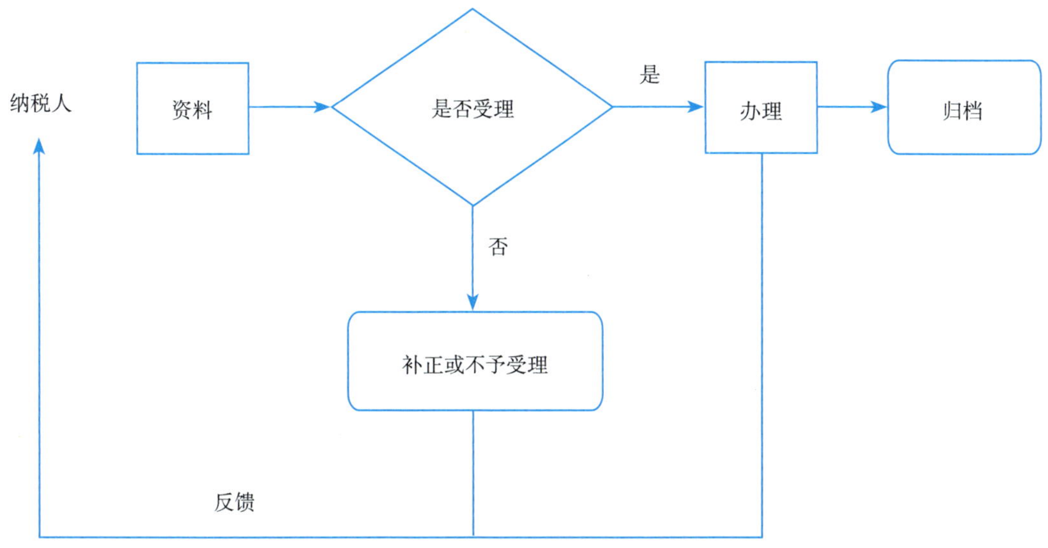

图10-7　企业所得税核定征收年度纳税申报流程图

四、居民企业清算所得税申报

1. 居民企业清算所得税申报报送资料

居民企业不再持续经营，发生结束自身业务、处置资产、偿还债务以及向所有者分配剩余财产等经济行为时，对清算所得、清算所得税、股息分配等事项进行处理，并依照税收法律法规及相关规定，自清算结束之日起 15 日内，就其清算所得向税务机关申报缴纳企业所得税。所需报送的资料有：

（1）《中华人民共和国企业清算所得税申报表》及附表各 3 份。

（2）企业由法人转变为个人独资企业、合伙企业等非法人组织，或将登记注册地转移至中华人民共和国境外，应附送以下资料原件及复印件：

① 企业改变法律形式的工商部门或其他政府部门的有关文件。

② 企业全部资产的计税基础以及评估机构出具的资产评估报告。

③ 企业债权、债务处理或归属情况说明。

（3）被合并企业，应附送以下资料原件及复印件：

① 企业合并的工商部门或其他政府部门的有关文件。

② 企业全部资产和负债的计税基础以及评估机构出具的资产评估报告。

③ 企业债务处理或归属情况说明。

（4）被分立企业，应附送以下资料原件及复印件：

① 企业分立的工商部门或其他政府部门的有关文件。

② 被分立企业全部资产的计税基础以及评估机构出具的资产评估报告。

③企业债务处理或归属情况说明。

2. 基本流程

企业所得税清算申报流程如图 10-8 所示。

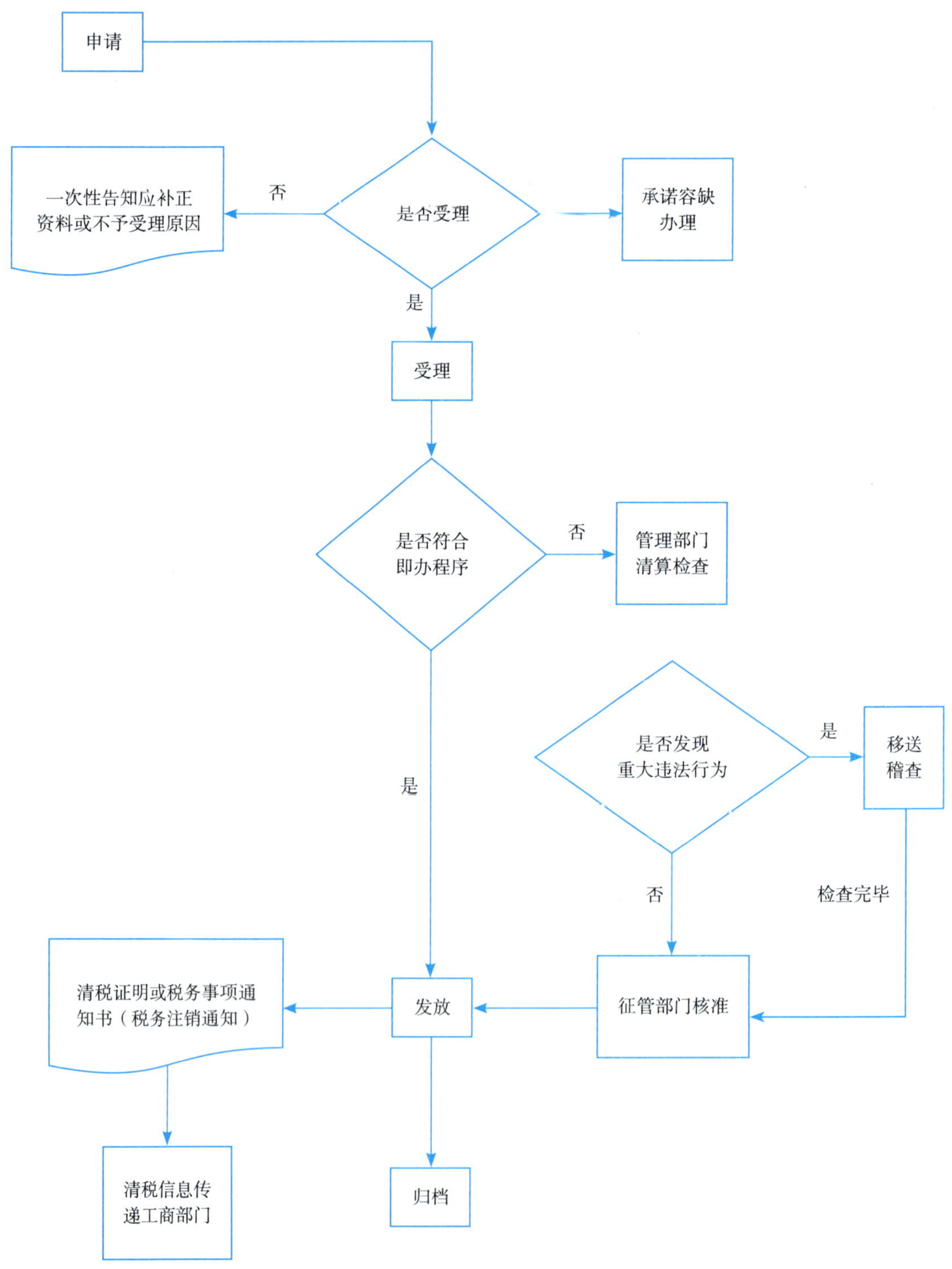

图10-8　企业所得税清算申报流程图

五、非居民企业所得税季度纳税申报

1. 据实申报报送资料

依照外国（地区）法律成立且实际管理机构不在中华人民共和国境内，但在中华人民共和国境内设立机构、场所，能够建立健全账簿，规范财务核算，正确计算盈亏的非居民企业，在季度或月份终了后 15 日内，向税务机关申报缴纳企业所得税（在中华人民共和国境内取得工程作业和劳务所得应缴纳的所得税实施指定扣缴的除外）。所需报送的资料有：

（1）《中华人民共和国非居民企业所得税季度纳税申报表（适用于据实申报企业）》3 份。

（2）非居民企业在中华人民共和国境内承包工程作业或提供劳务项目的应报送：

① 工程作业（劳务）决算（结算）报告或其他说明材料。

② 参与工程作业或劳务项目外籍人员姓名、国籍、出入境时间、在华工作时间、地点、内容、报酬标准、支付方式、相关费用等情况的书面报告。

③ 非居民企业依据税收协定在中华人民共和国境内未构成常设机构，需要享受税收协定待遇的，应提交《非居民享受税收协定待遇执行情况报告表》。

2. 据实申报操作说明

（1）进入页面。

选择菜单项“我要办税”→“税费申报及缴纳”→“按期应申报”→“企业所得税（月季报）”，点击“填写申报表”，进入申报页面。

（2）操作步骤。

①进入到申报表填写界面，填写数据，确认无误后，点击“申报”。

②申报成功后，跳转申报结果页面提示申报结果。

3. 核定征收报送资料

依照外国（地区）法律成立且实际管理机构不在中华人民共和国境内，但在中华人民共和国境内设立机构、场所，账簿不健全，不能准确核算收入或成本费用，以及无法据实申报的非居民企业，在季度或月份终了后 15 日内，向税务机关申报缴纳企业所得税（在中华人民共和国境内取得工程作业和劳务所得应缴纳的所得税实施指定扣缴的除外）。所需报送的资料有：

《中华人民共和国非居民企业所得税季度纳税申报表（适用于核定征收企业）》3 份。

4. 核定征收操作说明

（1）进入页面。

选择菜单项“我要办税”→“税费申报及缴纳”→“按期应申报”→“非居民企业（核定征收）企业所得税季度和年度纳税申报”，点击“填写申报表”，进入申报页面。

（2）操作步骤。

①进入到申报表填写界面，选择“季度”，点击“填写申报表”。

②根据实际情况填写相关数据，确认无误后，点击“申报”，跳转至申报结果提示成功界面即可。

六、非居民企业所得税年度纳税申报

1. 据实申报报送资料

依照外国（地区）法律成立且实际管理机构不在中华人民共和国境内，但在中华人民共和国境内设立机构、场所，能够建立健全账簿，规范财务核算，正确计算盈亏的非居民企业，自年度终了之日起 5 个月内，年度中间终止经营活动的自实际终止经营之日起 60 日内向税务机关申报年度企业所得税，并汇算清缴，结清应缴应退税款。所需报送的资料有：

（1）《中华人民共和国非居民企业所得税年度纳税申报表（适用于据实申报企业）》及附表各 3 份。

（2）涉及关联方业务往来的，应报送《中华人民共和国企业年度关联业务往来报告表》及附表各 3 份。

（3）非居民企业在中华人民共和国境内承包工程作业或提供劳务项目的应报送：

① 工程作业（劳务）决算（结算）报告或其他说明材料。

② 参与工程作业或劳务项目外籍人员姓名、国籍、出入境时间、在华工作时间、地点、内容、报酬标准、支付方式、相关费用等情况的书面报告。

③ 非居民企业依据税收协定在中华人民共和国境内未构成常设机构，需要享受税收协定待遇的，应提交《非居民享受税收协定待遇执行情况报告表》。

2. 据实申报基本流程

非居民企业所得税年度纳税据实申报流程如图 10-9 所示。

3. 核定征收报送资料

依照外国（地区）法律成立且实际管理机构不在中华人民共和国境内，但在中华人民共和国境内设立机构、场所，账簿不健全，不能准确核算收入或成本费用，以及无法据实申报的非居民企业，自年度终了之日起 5 个月内，年度中间终止经营活动的自实际终止经营之日起 60 日内，向税务机关申报年度企业所得税，并汇算清缴，结清应缴应退税款。所需报送的资料有：

《中华人民共和国非居民企业所得税年度纳税申报表（适用于核定征收企业）》3 份。

4. 核定征收基本流程

非居民企业所得税年度纳税核定征收流程如图 10-10 所示。

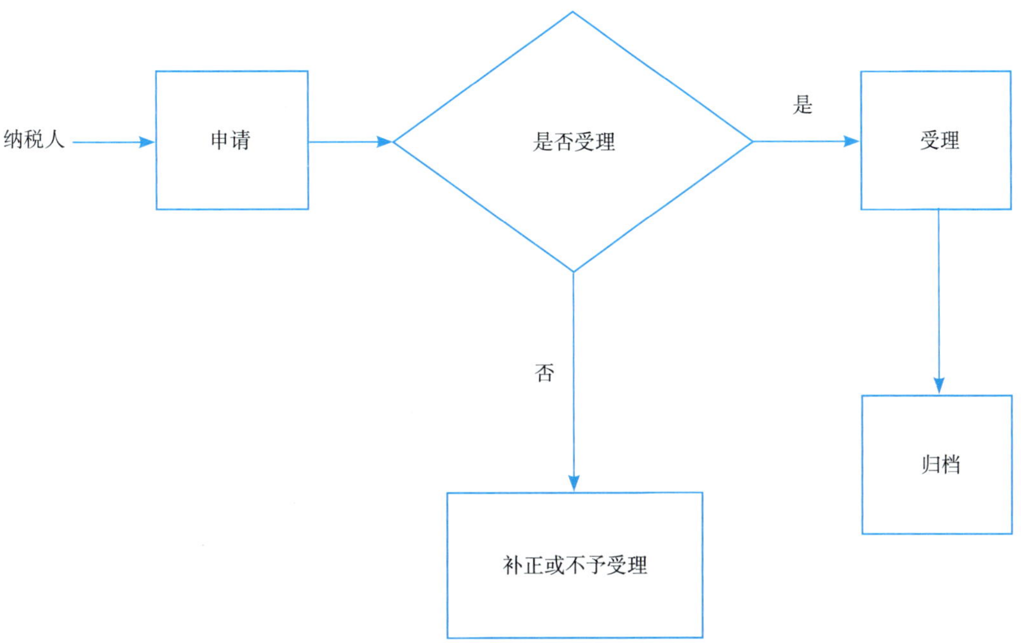

图10-9　非居民企业所得税年度纳税据实申报流程图

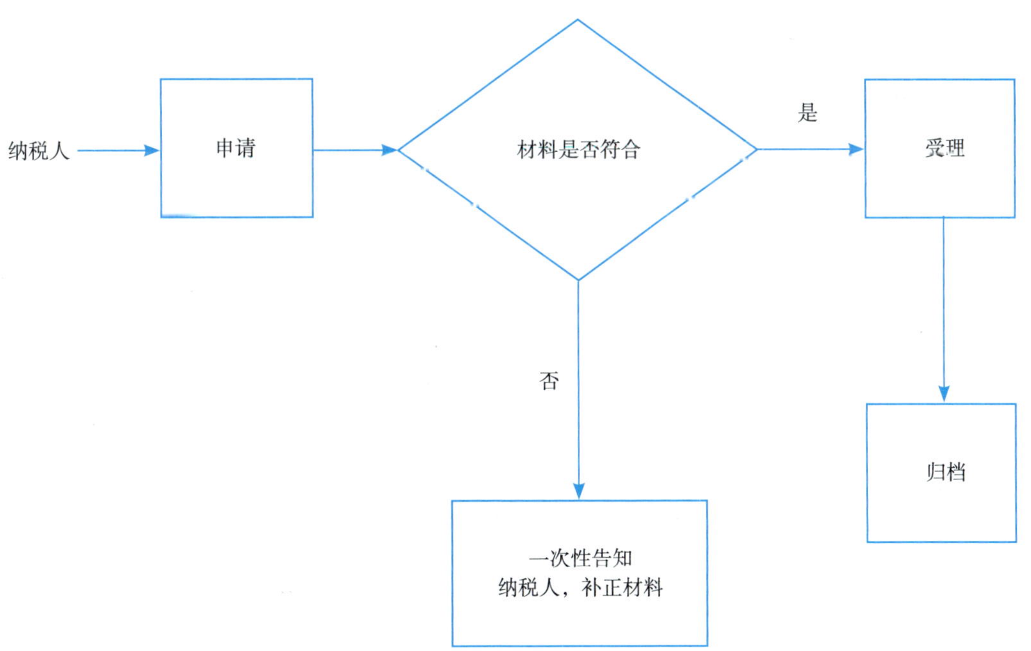

图10-10　非居民企业所得税年度纳税核定征收流程图

第四节　城市维护建设税及教育费附加纳税申报

一、报送资料

在中华人民共和国境内缴纳增值税、消费税、营业税的单位和个人，依照税收法律法规及相关规定确定的申报期限、申报内容，就其应税项目如实向税务机关申报缴纳城市维护建设税及教育费附加。所需报送的资料有：

《城市维护建设税、教育费附加、地方教育附加税（费）申报表》3 份。

二、基本流程

（1）登陆进入电子税务局，点击“我要申报”，再点击“税费申报及缴纳”。

（2）点击“地方教育附加、教育费附加、城市维护建设税”，三大报表中任意申报表后面的填写申报表。

（3）进入报表填写界面，填写增值税税款。

（4）填写好之后，会自动计算出附加税税款。

（5）点击“申报”。

（6）页面弹出提示，点击“确定”。

（7）申报成功，点“缴款”即可。

第五节　印花税纳税申报

一、报送资料

印花税纳税人依照税收法律法规及相关规定确定的申报期限、申报内容，就其应税项目如实向税务机关申报缴纳印花税。所需报送的资料有：

《印花税纳税申报表》3 份。

二、基本流程

（1）登录系统后，点击“我要办税——税费申报及缴纳”。

（2）进入申报界面，在“填写报表”模块内，点击“印花税申报表”，进行填写（根据实际情况，选择纳税期限）。

（3）根据实际情况选择相应的应税凭证，如果存在多种应税凭证，进行“增加行”即可。

（4）根据是否为增值税小规模纳税人，选择普惠性税收减免政策。

（5）核对无误后，点击“保存”即可。

（6）点击“确定”，填写完成。

（7）点击“报表申报”，点击“申报”。

（8）系统提示，点击“确定”，申报完成，查看申报回执。

第十一章

企业的清算、破产与重整

第一节　清算、破产与重整

一、清算、破产与重整的概念

清算、破产与重整的概念如图 11-1 所示。

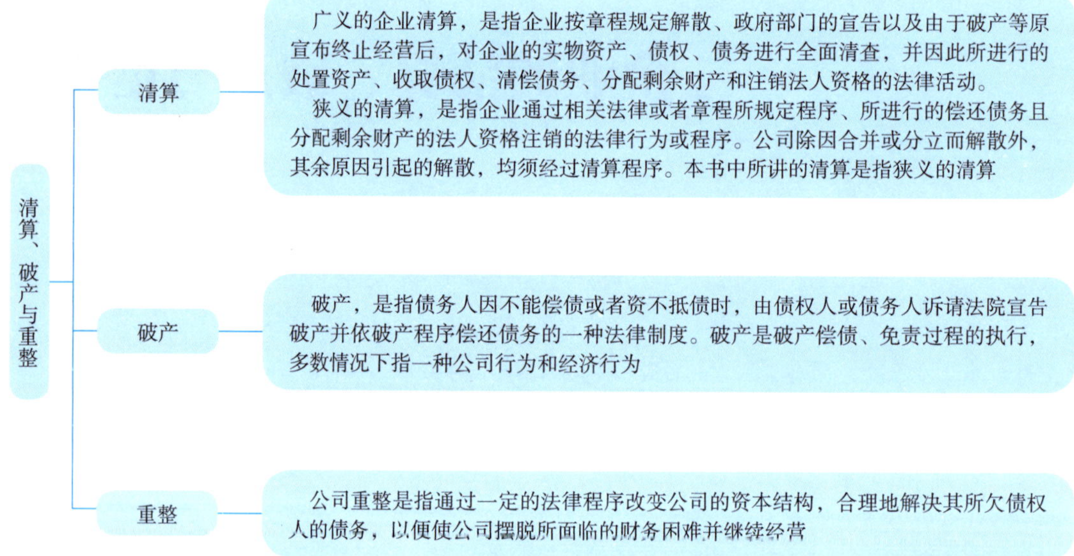

图11-1　清算、破产与重整的概念

二、破产、清算与重整的关系

破产、清算与重整的具体关系如下：

（1）清算与破产均导致企业法人的注销，因此在处置资产、偿还债务方面具有相同的程序；但两者在头尾两部分不同：头部属于起因不同，清算原因多样，而破产与重整则原因相同且较为简单；尾部属于结果不同，清算时所有债务都得足额偿付且投资者会有部分利益回收，但破产则不然。

（2）破产与重整则起因相同，方案执行者与结果均不同。破产偿债方案目的在于利用现有资产来偿债，但利益影响复杂因此由管理人负责；而重整目的在于企业再次经营，重点在于再生，因此由债务人负责。结果方面，失败的重整依然是破产，但成功的重整则是企业的再生。

（3）重整与清算整体的法律属性的相似度较差，但在具体重整方式上，则具有较高的相似性，尤其是债务重整部分。而在会计处理方面，因为两者具有很高的一致性，除了资本调整部分外，没有差别。

本书能将其合并为一章探讨，原因在于三者对于会计影响的相同性或相似性。三者相同点在于持续经营前提的不成立，并影响到会计主体、会计分期与货币计量等其他前提的松动或变化，随后影响到具体的会计处理，下面分节介绍三者的会计处理。

第二节　企业清算会计

一、企业清算的会计影响

（一）对会计假设的影响

企业清算对会计假设的影响如图 11-2 所示。

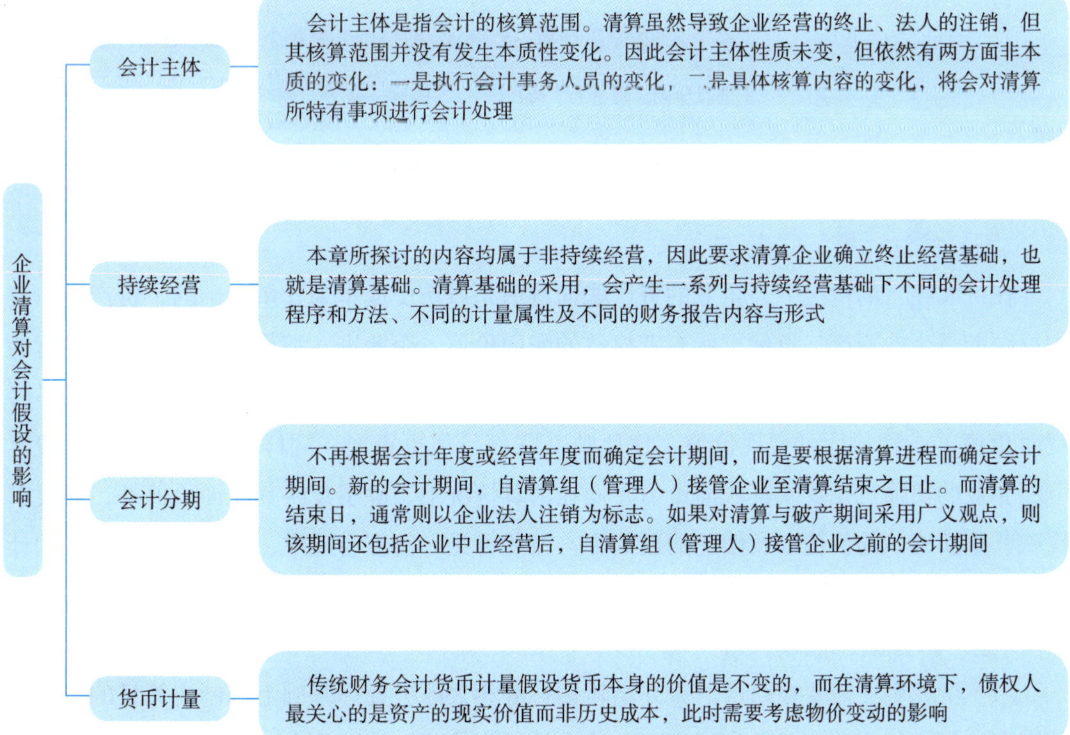

图11-2　企业清算对会计假设的影响

（二）对会计信息质量特征的影响

企业清算对会计信息质量特征的影响如图 11-3 所示。

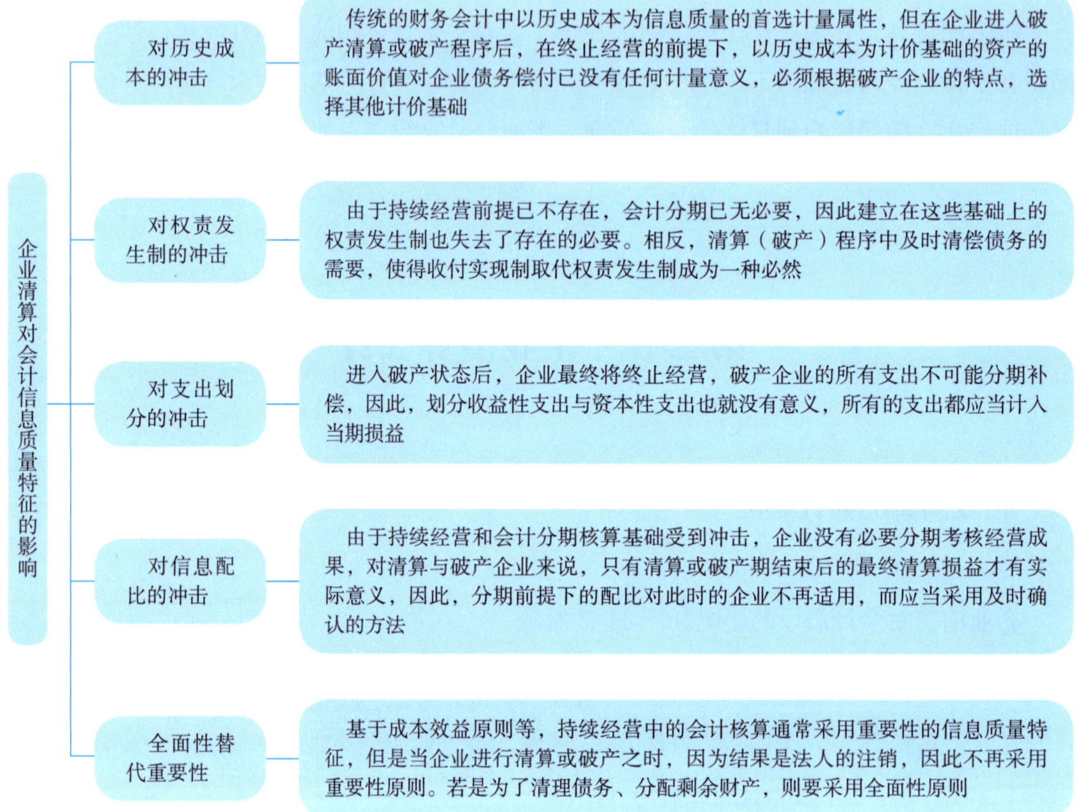

图11-3　企业清算对会计信息质量特征的影响

（三）会计计量的变化

在持续经营的情况下，企业的资产账面价值是以历史成本为计量基础的，资产负债表中反映的是企业资产、负债、所有者权益的账面价值。企业进入清算程序后，持续经营的前提条件发生变化，清算目的是将财产变现以偿还债务，企业资产除反映其账面价值外，现时价值（或称预计可变现价值）比反映其账面价值更重要。同样，在正常经营的情况下，企业的负债也是反映其账面价值，而在清算情况下，除了反映其账面价值外，还要求反映其重新确认的价值以及偿还的数额等。由此可见，清算会计中，企业资产、负债的计量基础、计量方法等比传统的财务会计有所改变。

（四）两套会计报表

（1）清算企业需要在财产清查并结转损益等相关账务处理基础上编制清算日的资产负债表和自年初起至破产日的利润表，上述会计报表构成向清算组办理会计档案移交手续的基础。此时的会计报表主要是清算资产负债表。

（2）清算期间的会计报表，属于清算组接管企业后，清算过程中及终结时编制有关会计报表，清算组编制的会计报表为企业会计的第二套报表，主要报送债权人会议、受理破产的人民法院、政府有关部门。此套报表，包括清算偿债期间的清算资产负债表、清算财产表、清算损益表，也包括清算结束时的清算损益表、债务清偿表。

二、企业清算日的会计处理

1. 在清算开始日，会计的主要任务是编制清算日会计报表

（1）资产类。

一般而言，清算企业的资产按其归属对象被划分为四类：用作担保的资产、抵销资产、受托资产和普通资产。

用作担保的资产是指根据法律或协议规定，对企业的债务提供担保，使债权人享有物资保证的资产。如果债务人不能履行偿债义务，债权人有权取得担保物用以抵偿债款。因此，用作担保的资产实际上是在符合一定条件下，支配权和处分权属于债权人而不是债务人的资产。

抵销资产是指企业与债权人互为债权、债务时，以债权抵销债务的那部分资产。

受托资产是指企业在清算前接受其他企业委托，为其加工、代销，所有权属于其他企业的资产，委托人可通过行使取回权将其取回。这类资产因为所有权不属于清算企业，因此不在清算资产负债表中反映。

普通资产是指根据规定可以用来偿付非担保债务的资产。它是担保资产、抵销资产和受托资产以外的资产。可以按其存在形态分为货币资金、应收款项、投资、实物资产以及有转让价值的无形资产等。

（2）负债类。

负债按其对资产的要求权不同，也可以分为四类：担保债务、抵销债务、受托债务和普通债务。

担保债务是指债务人以一定财产提供担保而形成的债务。

抵销债务是指与抵销资产相对应的债务。

受托债务是指与受托资产相对应的债务。

普通债务是指除担保债务、抵销债务和受托债务以外的债务。普通债务根据其受偿顺序又可以分为优先受偿债务和普通债务。其中优先受偿债务包括职工薪酬及其社保费用、应付税费。剩余的债务则为普通债务，它是担保债务、抵销债务、受托债务、优先受偿债务以外的剩余债务。

（3）净资产。

清算净资产是指清算企业所有者权益净额，它表现为资产可实现净值总额大于确定

的债务总金额的差额，如果资产的可实现净值总额小于确定的债务总金额，则为清算净亏损。

2. 清算日会计报表

（1）清算资产负债表。

在清算开始日应当编制清算资产负债表如表 11-1 与清算财产表如表 11-2 所示。其中，资产应当反映出账面价值与清算中预计可实现净值，而对于负债则要列示出账面数和经过核实而确认的数字。

表 11-1　清算资产负债表

资产	账面价值	预计可实现净值	债务及净资产	账面数	确认数
用作担保的资产			有担保的债务		
被留置的资产			附有留置权的债务		
被质押的资产			附有质权的债务		
……			……		
小计			小计		
普通资产			应付清算费用		
货币资金			共益债务		
有价证券			小计		
应收债权			普通债务		
实物资产			应付职工薪酬		
……			……		
有转让价值的无形资产			债务合计		
……			清算净资产		
小计			清算损益		
总计			总计		

（2）清算财产表。

清算工作的基础是企业的财产，因此清算财产表应当包括企业财产的账面价值、预计可实现净值、预计变现损益等主要内容，并进行分项列示。

表 11-2 清算财产表

财产项目	账面价值	预计可实现净值	预计变现损益	备注
用作担保的财产				
……				
普通财产				
……				
合计				

三、企业清算期间的会计处理

企业在清算期间，会计处理步骤如下。

1. 处理清算财产

（1）收回应收账款等债权。

当清算企业收到原来有关的债务人以现金、银行存款等方式交来的应收款或以原材料、产成品等实物资产抵顶其应收款等债权时，应按实际收回银行存款的金额或用来抵顶债权的非货币资产的预计可变现金额，借记“银行存款”或“库存商品”等科目按应收金额与实收金额或预计可变现金额之间的差额，借记或贷记“清算损益”科目，按应收金额贷记“应收账款”“应收票据”等科目。对于不能收回的应收款项按核销的金额，借记“清算损益”科目，贷记“应收款”等科目。

（2）变卖材料、产成品等存货。

变卖材料、产成品等存货时，应按实际变卖收入和收取的增值税额，借记“银行存款”等科目，按实际账面价值和变卖收入的差额借记或贷记“清算损益”科目，按账面价值贷记“材料”“库存商品”等科目，按收取的增值税额贷记“应交税费——应交增值税（销项税额）”科目（一般纳税企业）或贷记“应交税费——应交增值税”科目（小规模纳税企业）。

处置、销售产品等应缴纳消费税或营业税以及按缴纳的增值税、消费税、营业税计算应缴的城市维护建设税和教育费附加，应借记“清算损益”账户，贷记“应交税费”或“其他应交款”科目。

（3）处置固定资产、在建工程及转让无形资产。

变卖固定资产、在建工程及转让无形资产时，应按实际变卖收入借记“银行存款”等科目，按实际账面价值和变卖收入的差额借记或贷记“清算损益”科目，按账面价值贷记

“固定资产”“在建工程”“无形资产”等科目。对转让相关资产应缴纳的有关税费，应借记“清算损益”科目，贷记“应交税费”等科目。

（4）取得其他业务收入。

清算期间取得的其他业务收入应按实际收入金额借记“银行存款”等科目，贷记“清算损益”科目，发生的税金等支出，借记“清算损益”科目，贷记“应交税费”等科目。

（5）转让对外投资。

转让企业原来的对外投资时，应按实际取得的转让收入借记“银行存款”等科目，按投资的账面价值与转让收入的差额借记或贷记“清算损益”科目，按投资的账面价值贷记“投资”科目。

（6）分回的投资收益。

对于清算企业在清算期间分回的投资收益采用成本法核算的应按实际取得的款项金额借记“银行存款”等科目，贷记“清算损益”科目。采用权益法核算的按实际取得的款项金额借记“银行存款”等科目，贷记“投资”科目。

2. 支付清算费用

清算期间支付的各项清算费用应通过“清算费用”科目核算。支付清算费用时，应按实际发生额借记“清算费用”科目，贷记“现金”“银行存款”等科目。

3. 转让土地使用权、支付职工有关费用

转让土地使用权、支付离退休职工有关费用和职工安置费应分以下两个步骤进行处理：

第一，转让土地使用权。转让土地使用权可以分为转让无偿划拨取得的土地使用权和转让有偿取得的土地使用权两种情况。如果转让的是无偿划拨取得的土地使用权，应区分在取得该土地时是否单独入账，对于取得时没有单独入账的土地，在转让时应按实际转让收入借记“银行存款”科目，贷记“土地使用权转让收益”科目。对于取得时已作为固定资产单独入账的土地，在转让时应按其实际转让收入借记“银行存款”科目，按其账面价值贷记“固定资产”科目，按实际转让收入与账面价值的差额贷记“土地使用权转让收益”科目。如果转让的是有偿取得的土地使用权，则应按其实际转让收入借记“银行存款”科目，按其账面价值贷记“无形资产”科目。按实际转让收入与账面价值的差额贷记“土地使用权转让收益”科目。

无论按上述哪种情况转让土地使用权，都应按规定在转让时缴纳营业税等税费。对于应缴纳的税费，应借记“土地使用权转让收益”科目，贷记“应交税费”等科目。

第二，以土地使用权支付职工的有关费用。按有关规定，企业清算时，从土地转让收入中应首先支付未参加养老、医疗社会保险的离退休职工的离退休费和医疗保险费，以及对自谋职业的职工支付一次性安置费。支付后有剩余的，应将其与其他清算财产统一列入清算财产分配方案。当上述职工安置费向有关部门拨付时，应按实际支付金额，借记

“土地使用权转让收益”科目，贷记“现金”“银行存款”科目。如果土地使用权转让的收入不足以支付职工安置费时，则应按不足支付的金额借记“清算损益”科目，贷记“现金”“银行存款”科目。

4. 分类偿还债务

首先，支付所欠职工工资和社会保险费等费用时，应按实际支付的金额，借记“应付职工薪酬”等科目，贷记“现金”“银行存款”科目，对于在清算过程中发生的支付给职工的各种费用，应直接记入“清算费用”科目，不通过“应付职工薪酬”科目进行核算。其次，缴纳所欠税款时，应按实际缴纳的金额，借记“应交税费”科目，贷记“银行存款”等科目。最后，清偿其他清算债务时，应按清偿各种债务的金额，借记“应付票据”“其他应付款”“借款”等科目，贷记“现金”“银行存款”等科目。

5. 结转清算损益

清算终结时，应将有关科目的余额转入清算损益。将清算费用转入清算损益，借记“清算损益”账户，贷记“清算费用”账户。结转土地使用权转让的净收益并将其计入清算损益，即借记“土地使用权转让收益”账户，贷记“清算损益”账户。将需要核销的各项资产转入清算损益，即借记“清算损益”账户，贷记“库存商品”“无形资产”“投资”等账户。

6. 编制清算会计报表

清算会计报表主要包括清算资产负债表与清算损益表。

清算资产负债表是全面反映清算企业在清算报表日资产、负债和清算净损益的报表。

清算财产表是清算资产负债表的附表，主要是对清算企业在清算期间财产的期初账面金额、预计可变现金额、本期变现金额和期末账面金额进行更加详细的反映。

清算损益表则是反映清算企业在清算期间发生的清算收益、清算损失、清算费用等情况的报表，相当于正常经营期间的利润表，如表 11-3 所示。

清算财产分配表。当清偿完毕所有债务后，剩余财产将向股东分配，因此该会计报表将由两部分构成，如表 11-4 所示。

净资产变动表。由于清算过程跨度过长，因此清算组应当提供给企业股东查看其可能分配剩余资产的会计报表，该报表类似于所有者权益变动表，如表 11-5 所示。

表 11-3　清算损益表

项目	本期数	清算期间累计数
清算收益		
清算损失		

续表

项目	本期数	清算期间累计数
清算费用		
共益债务		
清算损益		
所得税		
清算净损益		

表 11-4 清算财产分配表

项目	账面数	确认数	偿还比例	本次偿还	累计偿还	未偿还	备注
有担保债务							
……							
小计							
普通债务							
应付工薪							
应付税费							
……							
小计							
剩余财产分配							
……							
小计							
总计							

表 11-5 净资产变动表

项目		
清算开始日净资产		
期初净资产		

续表

项目		
清算损益		
……		
所得税		
清算终结日净资产		

在清算结束前，资产 = 负债 + 清算净资产 ± 清算损益。企业清算后，由于全部资产用于清偿债务，清算损益抵减清算净资产，净资产分配给投资者。因此，清算结束后各要素的关系为：资产 = 负债 + 清算净资产 − 清算损益 =0。

【例 11-1】假设甲公司于 2019 年 1 月 3 日召开年度股东会，因对未来发展意见分歧太大，股东会于 2019 年 1 月 19 日决定进行公司清算，并于次日成立清算组。甲公司（以下简称清算企业）2019 年 1 月 1 日的科目余额表如表 11-6 所示。

表 11-6　2019 年 1 月 1 日的科目余额表

编制单位：甲公司　　　　2019 年 1 月 1 日　　　　单位：元

科目名称	借方余额	贷方余额	科目名称	借方余额	贷方余额
现金	1 000		短期借款		281 200
银行存款	2 020 000		应付票据		201 400
其他货币资金	19 000		应付账款	2 600	261 800
应收票据	13 200		预收账款		447 600
应收账款	228 000				
坏账准备		2 280	应付职工薪酬		533 600
预付账款	15 600	6 000	应交税费		209 000
其他应收款	3 560		应付股利		19 400
库存商品	204 000				
交易性金融资产	524 200		长期借款		592 500
固定资产	620 000		应付债券		116 800

续表

科目名称	借方余额	贷方余额	科目名称	借方余额	贷方余额
累计折旧		216 000	长期应付款		29 000
固定资产清理	38 000		实收资本		500 000
在建工程	220 000		资本公积		74 000
无形资产	320 000		盈余公积		125 000
长期待摊费用	67 420		利润分配		681 000
合计	4 293 980	224 280	合计	2 600	4 072 300

清算企业在2019年1月1日至1月20日的清算期间又发生了以下业务：

（1）销售商品一批，价款10 000元，收取增值税1 300元，全部货款已由银行收讫。

借：银行存款　　11 300

　贷：主营业务收入　　10 000

　　　应交税费——应交增值税（销项税额）　　1 300

（2）结转该批商品的成本8 000元。

借：主营业务成本　　8 000

　贷：库存商品　　8 000

（3）支付销售费用1 000元。

借：销售费用　　1 000

　贷：银行存款　　1 000

（4）计算应交纳的城建税等65元，尚未缴纳。

借：税金及附加　　65

　贷：应交税费——应交城建税　　65

（5）支付管理费用4 000元，银行存款支付。

借：管理费用　　4 000

　贷：银行存款　　4 000

（6）用银行存款支付一笔罚款支出900元。

借：营业外支出　　900

　贷：银行存款　　900

企业的会计处理。

在决定清算后，企业的财产核实与负债确认产生了如下会计事项：

（1）进行财产清查，有关情况如下：盘亏库存商品一批，成本 40 000 元，盘亏机器一台，账面原值 100 000 元，已提折旧 30 000 元。

借：待处理财产损益——待处理流动资产损益　　40 000
　贷：库存商品　　40 000
借：待处理财产损益——待处理固定资产损益　　70 000
　　累计折旧　　30 000
　贷：固定资产　　100 000

（2）计算截至破产宣告日的应付利息 8 150 元，该利息全部计入长期借款。

借：财务费用　　8 150
　贷：长期借款　　8 150

（3）将本月发生的有关损益科目的发生额结转"本年利润"科目。

借：主营业务收入　　10 000
　贷：本年利润　　10 000
借：本年利润　　22 115
　贷：主营业务成本　　8 000
　　　销售费用　　1 000
　　　税金及附加　　65
　　　管理费用　　4 000
　　　财务费用　　8 150
　　　营业外支出　　900

破产企业根据上述资料，编制该企业 2019 年 1 月 20 日的科目余额表、资产负债表和 2019 年 1 月 1 日至 1 月 20 日的利润表，如表 11-7 ～表 11-9 所示。

表 11-7　2019 年 1 月 20 日的科目余额表

编制单位：甲公司　　2019 年 1 月 20 日　　单位：元

科目名称	借方余额	贷方余额	科目名称	借方余额	贷方余额
现金	1 000		待处理财产损益	110 000	
银行存款	2 020 000		短期借款		281 200
其他货币资金	19 000		应付票据		201 400
应收票据	13 200		应付账款	2 600	261 800

续表

科目名称	借方余额	贷方余额	科目名称	借方余额	贷方余额
应收账款	228 000		预收账款		447 600
坏账准备		2 280	应付职工薪酬		533 600
预付账款	15 600	6 000	应交税费		210 365
其他应收款	3 560		应付股利		19 400
库存商品	204 000		长期借款		600 650
长期股权投资	524 200		应付债券		116 800
固定资产	520 000		长期应付款		29 000
累计折旧		186 000	实收资本		500 000
固定资产清理	38 000		资本公积		74 000
在建工程	220 000		盈余公积		125 000
无形资产	320 000		本年利润	12 115	
长期待摊费用	67 420		利润分配		681 000
合计	4 151 780	194 280	合计	124 715	4 081 815

表 11-8 2019 年 1 月 20 日的资产负债表

编制单位：甲公司　　2019 年 1 月 20 日　　单位：元

资产	期末余额	年初余额	负债和所有者权益（或股东权益）	期末余额	年初余额
流动资产：			流动负债：		
货币资金	2 045 800		短期借款		
交易性金融资产			交易性金融负债		
衍生金融资产			衍生金融负债		
应收票据	13 200		应付票据		
应收账款	225 720		应付账款		
应收款项融资	18 200		预收款项		
预付款项			合同负债		

续表

资产	期末余额	年初余额	负债和所有者权益（或股东权益）	期末余额	年初余额
其他应收款	3 560		应付职工薪酬		
存货	156 000		应付税费		
合同资产			其他应付项		
持有待售资产			持有待售负债		
一年内到期的非流动资产			一年内到期的非流动负债		
其他流动资产			其他流动负债		
流动资产合计	2 462 480		流动负债合计		
非流动资产：			非流动负债：		
债券投资			长期借款		
其他债券投资			应付债券		
长期应收款			其中：优先股		
长期股权投资	524 200		永续债		
其他权益工具投资			租赁负债		
其他非流动金融资产			长期应付款		
投资性房地产			预计负债		
固定资产	172 000		递延收益		
在建工程	220 000		递延所得税负债		
生产性生物资产			其他非流动负债		
油气资产			非流动负债合计		
使用权资产			负债合计		
无形资产	320 000		所有者权益（或股东权益）：		
开发支出			实收资本（或股本）		
商誉			其他权益工具		

续表

资产	期末余额	年初余额	负债和所有者权益（或股东权益）	期末余额	年初余额
长期待摊费用			其中：优先股		
递延所得税资产			永续债		
其他非流动资产			资本公积		
非流动资产合计			减：库存股		
			其他综合收益		
			专项储备		
			盈余公积		
			未分配利润		
			所有者权益（或股东权益）合计		
资产总计			负债和所有者权益（或股东权益）总计		

表 11-9　2019 年 1 月 1 ～ 20 日的利润表

编制单位：甲公司　　2019 年 1 月 1 ～ 20 日　　单位：元

项目	本期数
一、主营业务收入	10 000
减：主营业务成本	8 000
营业税金及附加	850
二、主营业务利润（亏损以“–”号填列）	1 150
加：其他业务利润（亏损以“–”号填列）	
减：营业费用	1 000
管理费用	4 000
财务费用	8 150
三、营业利润（亏损以“–”号填列）	–12 000
加：投资收益（亏损以“–”号填列）	

续表

项目	本期数
补贴收入	
营业外收入	
减：营业外支出	900
四、利润总额（亏损总额以“–”号填列）	–12 900
减：所得税	
五、净利润（净亏损以“–”号填列）	–12 900

企业在编制上述会计报表后，即可向“清算组”移交会计档案。如该企业系国有企业，还应将编制的会计报表报送主管财政机关、国有资产管理部门和企业主管部门。

清算组的会计处理如下。

（1）结转期初余额。

清算开始时，清算组按规定设立新的会计科目，将企业原各科目的余额转入新设立的科目中，并编制新的科目余额表。

（2）编制清算开始时的科目余额表，如表 11-10 所示。

表 11-10　2019 年 1 月 20 日的清算科目余额表

单位：元

科目名称	借方余额	科目名称	贷方余额
现金	1 000	借款	881 850
银行存款	2 044 800	应付票据	201 400
应收票据	13 200	其他应付款	605 600
应收款	249 760	应付职工薪酬	533 600
库存商品	156 000	应交税费	211 550
投资	524 200	应付股利	19 400
固定资产	334 000	应付债券	116 800
在建工程	220 000	清算净资产	1 367 100

续表

科目名称	借方余额	科目名称	贷方余额
无形资产	320 000	清算损益	−74 340
合计	3 862 960	合计	3 862 960

上表应当具有“资产＝负债＋清算净资产 ± 清算损益”的恒等关系，“清算损益”属于将科目余额表中无法变现的项目集中列示。

假设该企业不存在担保的资产和担保的债务等情况，预计各种应收款项可收回金额为210 400元，各项实物资产可变现金额为532 500元，投资变现金额为445 600元，无形资产变现金额为256 000元，导致清算净收益亏损增加372 660元，即由账面的74 340元增加至447 000元，其他各项债务的确认数与账面金额一致。清算组编制2019年1月20日的清算资产负债表，如表11-11所示。

表11-11　2019年1月20日的清算资产负债表

单位：元

资产	账面金额	预计净值	债务及净损益	账面金额	确认数
用作担保的资产：			有担保的债务：		
……			……		
小计			小计		
普通资产：			普通债务：		
货币资金	2 045 800	2 045 800	应付员工费用	533 600	533 600
应收款项	262 960	210 400	应付税费	211 550	211 550
实物资产	710 000	532 500	其他普通债务	1 825 050	1 825 050
投资	524 200	445 600	小计	2 570 200	2 570 200
有转让价值的无形资产	320 000	256 000	债务合计	2 570 200	2 570 200
			清算净损益：		
			清算净收益	−74 340	−447 000

续表

资产	账面金额	预计净值	债务及净损益	账面金额	确认数
小计	3 862 960	3 490 300	清算净资产	1 367 100	1 367 100
资产总计	3 862 960	3 490 300	债务及净损益总计	3 862 960	3 490 300

（3）处置破产财产、清偿破产债权。

第一阶段，甲公司清算组1月20日至1月31日针对破产财产的处置情况如下：

①收回应收票据4 000元。

借：银行存款　　4 000

　贷：应收票据　　4 000

②收回应收款100 000元。

借：银行存款　　100 000

　贷：应收款　　100 000

③出售库存商品一批，账面价值17 600元，售价14 600元，取得增值税2 482元。

借：银行存款　　17 082

　　清算损益　　3 000

　贷：库存商品　　17 600

　　　应交税费——应交增值税（销项税额）　　2 482

④支付破产费用30 000元，其中职工生活费20 000元，设备维护费6 000元，财产保管费4 000元。

借：清算费用——职工生活费　　20 000

　　　　　　——设备设施维护费　　6 000

　　　　　　——财产保管费　　4 000

　贷：银行存款　　30 000

随后，清算组可以根据上述业务编制1月31日的清算期间的清算资产负债表，如表11-12所示，和1月20日至31日的清算损益表，如表11-13所示。

表11-12　2019年1月31日的清算资产负债表

单位：元

资产	账面金额	预计金额	债务及净损益	账面金额	确认数
用作担保的资产：			有担保的债务：		

续表

资产	账面金额	预计金额	债务及净损益	账面金额	确认数
……			……		
小计			小计		
普通资产:			普通债务:		
货币资金	2 136 882	2 136 882	应付员工费用	533 600	533 600
应收款项	158 960	127 200	应付税费	214 032	214 032
实物资产	692 400	514 900	其他普通债务	1 825 050	1 825 050
投资	524 200	445 600	小计	2 572 682	2 572 682
有转让价值的无形资产	320 000	256 000	债务合计	2 572 682	2 572 682
			清算净损益:		
			清算净资产	1 367 100	1 387 900
小计	3 832 442	3 480 582	清算净收益	−107 340	−480 000
资产总计	3 832 442	3 480 582	债务及净损益总计	3 832 442	3 480 582

上表中，账面清算净收益＝原清算净收益（−74 340）＋出售库存商品净收益（−3 000）－清算费用（30 000）=−107 340 元；确认清算净收益＝原确认清算净收益（−447 000）＋出售库存商品净收益（−3 000）－清算费用（30 000）＝−480 000 元。

表 11−13　2019 年 1 月 20 ～ 31 日的清算损益表

单位：元

项目	预计数	本期数	累计数
一、清算收益	−80 000	−3 000	−3 000
二、清算费用	664 000	30 000	30 000
1. 职工生活费	120 000	20 000	20 000
2. 诉讼费	400 000		
3. 设备设施维护费	20 000	6 000	6 000

续表

项目	预计数	本期数	累计数
4. 审计评估费	100 000		
5. 财产保管费	24 000	4 000	4 000
……			
三、土地使用权转让净收益		0	0
其中：土地使用权转让收入		0	0
安置职工支出		0	0
四、清算净收益	−744 000	−33 000	−33 000

说明：清算期间的每一个期间都需要编制清算资产负债表和清算损益表，编制方法同上。第二阶段，2019 年 2 月 1 日至 4 月 30 日，清算组再次进行了处置资产与偿还债务的工作，具体情况如下：

①实际收回应收票据 8 000 元，账面金额为 9 200 元。

借：银行存款　　8 000

　　清算损益　　1 200

　贷：应收票据　　9 200

②应收款账面余额为 149 760 元，其中有 30 000 元确认为不能收回的坏账，其余 119 760 元中，实际收回了 118 000 元。

借：银行存款　　118 000

　　清算损益　　31 760

　贷：应收款　　149 760

③库存商品账面价值为 81 800 元，处置收入为 57 200 元，收取的增值税为 7 436 元。

借：银行存款　　64 636

　　清算损益　　24 600

　贷：库存商品　　81 800

　　　应交税费——应交增值税（销项税额）　　7 436

④库存商品账面价值为 56 600 元，处置收入为 52 400 元，收取增值税 6 812 元。

借：银行存款　　59 212

清算损益　　4 200

贷：库存商品　　56 600

应交税费——应交增值税（销项税额）　　6 812

⑤投资的账面价值为 524 200 元，处置收入为 488 000 元。

借：银行存款　　488 000

清算损益　　36 200

贷：投资　　524 200

⑥固定资产的账面价值为 334 000 元　处置收入为 318 000 元。

借：银行存款　　318 000

清算损益　　16 000

贷：固定资产　　334 000

⑦在建工程的账面价值为 220 000 元，处置收入为 230 000 元。

借：银行存款　　230 000

贷：在建工程　　220 000

清算损益　　10 000

⑧无形资产的账面价值为 320 000 元，处置收入为 390 000 元。

借：银行存款　　390 000

贷：无形资产　　320 000

清算损益　　70 000

⑨处置固定资产、在建工程、无形资产和库存商品等应交纳的增值税、城建税等合计 62 000 元，教育费附加 800 元。

借：清算损益　　62 800

贷：应交税费——应交增值税　　62 800

⑩转让原来无偿划拨取得的土地（未入账），实际转让价款为 1 700 000 元，按规定应交纳的税费为 85 000 元。

借：银行存款　　1 700 000

贷：土地使用权转让收益　　1 700 000

借：土地使用权转让收益　　85 000

贷：应交税费　　85 000

⑪支付有关破产费用如下：清算期间职工生活费 104 800 元，破产案件诉讼费 320 000 元，审计评估费 90 000 元，设备设施维护费 22 000 元，财产保管费 16 000 元。

借：清算费用——职工生活费　　104 800

——诉讼费　　320 000

——审计费　　90 000

——设备设施维护费　　22 000

——财产保管费　　16 000

贷：银行存款　　552 800

⑫根据土地使用权转让收入的专项用途，从银行存款中提取现金305 200元支付未参加养老、医疗社会保险的离退休职工的离退休费和医疗保险费306 200元，其中用原有现金余额支付1 000元。

借：现金　　305 200

贷：银行存款　　305 200

借：土地使用权转让收益　　306 200

贷：现金　　306 200

⑬通过银行转账结算，从土地使用权转让所得中向再就业中心划转职工安置费960 000元。

借：土地使用权转让收益　　960 000

贷：银行存款　　960 000

⑭支付所欠职工薪酬533 600元。

借：应付职工薪酬　　533 600

贷：银行存款　　533 600

⑮交纳所欠的税金375 464（207 350+2 482+9 724+8 908+62 000+85 000）元，其他应交款5 000（4 200+800）元。

借：应交税费　　380 464

贷：银行存款　　380 464

⑯剩余普通债权偿还。

借：借款　　881 850

应付票据　　201 400

其他应付款　　605 600

应付股利　　19 400

应付债券　　116 800

贷：银行存款　　1 825 050

⑰将“清算费用”科目的余额转入清算损益。其中“清算费用”科目的余额=30 000+552 800=582 800元。

借：清算损益　　582 800

贷：清算费用　　582 800

⑱将土地使用权转让净收益转入清算损益。其中土地使用权转让净收益 =1 700 000-85 000-306 200-960 000=348 800 元。

借：土地使用权转让收益　　348 800

　贷：清算损益　　348 800

⑲将应清算损益净额分配给投资人。

借：清算净资产　　1 367 100

　贷：银行存款　　959 000

　　清算损益　　408 100

根据上述业务，编制清算结束时的清算损益表，如表 11-14 所示，和债务清偿表，如表 11-15 所示。

表 11-14　2019 年 2 月 1 日～ 4 月 30 日的清算损益表

单位：元

项目	预计数	本期数	累计数
一、清算收益	-80 000	-96 760	-99 760
二、清算费用	664 000	552 800	582 800
1. 职工生活费	120 000	104 800	124 800
2. 诉讼费	400 000	320 000	320 000
3. 设备设施维护费	20 000	22 000	28 000
4. 审计评估费	100 000	90 000	90 000
5. 财产保管费	24 000	16 000	20 000
……			
三、土地使用权转让净收益		348 800	348 800
其中：土地使用权转让收入		1 700 000	1 700 000
安置职工支出		960 000	960 000
四、清算净收益	-744 000	-300 760	-333 760

说明：累计数=本期数+上期累计数。

表 11-15　2019 年 4 月 30 日的债务清偿表

单位：元

债务项目	账面金额	确认金额	偿还比例	实际需偿还金额	本期偿还金额	累计偿还金额	尚未偿还金额
有担保的债务							
×× 企业							
……							
小计							
普通债务：							
应付职工薪酬	533 600	533 600	100%	533 600	533 600	533 600	0
应付税费	380 464	380 464	100%	380 464	380 464	380 464	0
借款	881 850	881 850	100%	881 850	881 850	881 850	0
其中：×× 银行			100%				
应付票据	201 400	201 400	100%	201 400	201 400	201 400	0
其中：×× 企业			100%				
其他应付款	605 600	605 600	100%	605 600	605 600	605 600	0
其中：×× 企业			100%				
应付股利	19 400	19 400	100%	19 400	19 400	19 400	0
其中：×× 企业			100%				
应付债券	116 800	116 800	100%	116 800	116 800	116 800	0
其中：×× 企业			100%				
小计	2 739 114	2 739 114		2 739 114	2 739 114	2 739 114	0
合计	2 739 114	2 739 114		2 739 114	2 739 114	2 739 114	0

第三节 企业破产会计

一、企业破产的会计影响

破产与清算在非持续经营、注销法人资格等方面是相似的，因此法律规范对于两者的会计影响极为相似。只不过破产通常处于资不抵债的状况，导致法律规范方面的严密，同时有着明确的会计规范。早在 1997 年，财政部就颁布了《国有企业试行破产有关会计处理问题暂行规定》（财会字〔1997〕28 号），之后财政部会计司发布了“财政部会计司对《国有企业试行破产有关会计处理问题暂行规定》的说明”（以下简称“说明”）这里的介绍以该“说明”为主。

与传统会计不同，企业破产过程中涉及的破产财产与破产债权都有特点。其中，破产财产具有产权明晰性、确认时限性、构成法定性的特点。破产财产产权明晰性要求破产财产仅包括破产企业有权处分的财产，即使其占有但产权不属于破产企业的财产则不属于破产财产。确认的时限性要求对于破产财产的确认有着明确的时间段落的要求，向前、向后追溯都有着明确的时间界限。构成的法定性使得构成破产财产的具体类型不能超越法律的具体规定。同时，破产债权（即破产企业的债务）的构成也有着时限性、无担保性的特征。时限性要求仅有破产宣告前的债权为破产产权，破产执行过程中债权则为破产企业的共益债务，不属于破产债权。仅有无担保的债权或者担保债权中超过担保物价值部分的债权才成为破产债权。因为有担保的债权不必通过破产偿债程序就可以实现自己的利益，除非其放弃该权利。

与清算会计类似，破产会计也可以分为企业的会计处理，即财产清查与相关会计报表的编制和管理人会计处理两个阶段。对于前一阶段，进行会计处理的人员仍然为破产企业的会计人员，其内容与清算会计没有区别，因此本节不再赘述。

而对管理人的会计处理则与企业清算时的清算组的会计处理有所不同：一方面在于处理内容中债务不能被足额清偿，这是属于经济特征的不同；另一方面在于会计规范的不同。清算仅仅有一个尚处于征求意见的“清算准则”，而破产则有着已经生效的“暂行规定”与具体的“说明”。破产终结时，按有关规定，对于破产财产不足以清偿的债务，不再清偿，而予以注销。另根据《破产法》规定，如实际破产收入小于破产费用，应立即终止破产程序，未清偿的破产债务不再清偿，有关破产费用、破产损益的结转按上述规定处理。

二、企业破产会计处理举例

【例 11-2】假设乙企业因不能清偿到期债务而被债务人向法院申请破产，法院于2019年1月20日宣告破产，并于即日组成管理人组接管企业。该企业2019年1月1日的科目余额表如表11-16所示。

表 11-16 2019 年 1 月 1 日的科目余额表

编制单位：乙企业 2019年1月1日 单位：元

科目名称	借方余额	贷方余额	科目名称	借方余额	贷方余额
现金	1 000		短期借款		281 200
银行存款	20 000		应付票据		201 400
其他货币资金	19 000		应付账款	2 600	220 600
应收票据	13 200		预收账款		447 600
应收账款	228 000		其他应付款		41 200
坏账准备		2 280	应付职工薪酬		533 600
预付账款	15 600	6 000	应交税费		209 000
其他应收款	3 560		应付股利		19 400
库存商品	204 000		长期借款		592 500
持有至到期投资	524 200		应付债券		116 800
固定资产	620 000		长期应付款		29 000
累计折旧		216 000	实收资本		500 000
固定资产清理	38 000		资本公积		74 000
在建工程	220 000		盈余公积		125 000
无形资产	320 000		利润分配	1 319 000	
长期待摊费用	67 420				
合计	2 293 980	224 280	合计	1 321 600	3 391 300

说明：本例实质上是接续【例 11-1】，主要差异在于乙公司银行存款较甲公司少 2 000 000 元，并因此导致乙公司资不抵债而破产。其余的原始数据、资料基本相同。因此，对于与【例 11-1】的相同之处不再赘述，而不同之处则单项说明。具体内容为：

第一，该企业在 2019 年 1 月 1 ～ 20 日之间发生了六项经济业务的会计分录。

第二，破产宣告后，乙企业进行财产清查时所进行的有关会计处理分录。

不过，因为原始数据（表 11-16）的不同，因此而编制的破产宣告日（即前例的清算决定日）的科目余额表、资产负债表和 1 ～ 20 日的利润表也不同，如表 11-17、表 11-18、表 11-19 所示。

表 11-17　2019 年 1 月 20 日的科目余额表

编制单位：乙企业　　　　2019 年 1 月 20 日　　　　单位：元

科目名称	借方余额	贷方余额	科目名称	借方余额	贷方余额
现金	1 000		待处理财产损益	110 000	
银行存款	25 800		短期借款		281 200
其他货币资金	19 000		应付票据		201 400
应收票据	13 200		应付账款	2 600	220 600
应收账款	228 000		预收账款		447 600
坏账准备		2 280	其他应付款		41 200
预付账款	15 600	6 000	应付职工薪酬		533 600
其他应收款	3 560		应交税费		211 550
库存商品	204 000		应付股利		19 400
持有至到期投资	524 200		长期借款		600 650
固定资产	520 000		应付债券		116 800
累计折旧		186 000	长期应付款		29 000
固定资产清理	38 000		实收资本		500 000
在建工程	220 000		资本公积		74 000
无形资产	320 000		盈余公积		125 000
长期待摊费用	67 420		本年利润	12 900	
			利润分配	1 319 000	
合计	2 151 780	194 280	合计	1 444 500	3 402 000

表 11-18　2019 年 1 月 20 日的资产负债表

编制单位：乙企业　　2019 年 1 月 20 日　　单位：元

资产	余额	负债及所有者权益	余额
流动资产：		流动负债：	
货币资金	45 800	短期借款	281 200
应收票据	13 200	应付票据	201 400
应收账款	225 720	应付账款	267 800
预付账款	18 200	预收账款	447 600
其他应收款	3 560	应付职工薪酬	533 600
存货	156 000	应交税费	211 550
流动资产合计	462 480	应付股利	19 400
非流动资产：		流动负债合计	1 962 550
持有至到期投资	524 200	非流动负债：	
固定资产净值	334 000	长期借款	600 650
固定资产清理	38 000	应付债券	145 800
在建工程	220 000	非流动负债合计	746 450
待处理财产损益	110 000	负债合计	2 709 000
无形资产	320 000	所有者权益：	
长期待摊费用	67 420	实收资本	500 000
非流动资产合计	1 613 620	资本公积	74 000
		盈余公积	125 000
		未分配利润	−1 331 900
		所有者权益合计	−632 900
资产总计	2 076 100	负债及所有者权益总计	2 076 100

表 11-19　2019 年 1 月 1 ~ 20 日的利润表

编制单位：乙企业　　2019 年 1 月 20 日　　单位：元

项目	本期数
一、主营业务收入	10 000
减：主营业务成本	8 000

续表

项目	本期数
营业税金及附加	850
二、主营业务利润（亏损以“–”号填列）	1 150
加：其他业务利润（亏损以“–”号填列）	
减：营业费用	1 000
管理费用	4 000
财务费用	8 150
三、营业利润（亏损以“–”号填列）	–12 000
加：投资收益（亏损以“–”号填列）	
补贴收入	
营业外收入	
减：营业外支出	900
四、利润总额（亏损总额以“–”号填列）	–12 900
减：所得税	
五、净利润（净亏损以“–”号填列）	–12 900

第三，管理人所编制的破产开始时的科目余额表和破产资产负债表的数据也会有所不同，数据不同的有关会计报表如表 11–20、表 11–21 所示。

表 11–20　2019 年 1 月 20 日的科目余额表

编制单位：乙企业　　2019 年 1 月 20 日　　单位：元

科目名称	借方余额	科目名称	贷方余额
现金	1 000	借款	881 850
银行存款	44 800	应付票据	201 400
应收票据	13 200	其他应付款	605 600
应收款	249 760	应付职工薪酬	533 600
库存商品	156 000	应交税费	211 550

续表

科目名称	借方余额	科目名称	贷方余额
投资	524 200	应付股利	19 400
固定资产	334 000	应付债券	116 800
在建工程	220 000		
无形资产	320 000	破产损益	-707 240
合计	1 862 960	合计	1 862 960

表 11-21　2019 年 1 月 20 日的破产资产负债表

单位：元

资产	账面金额	预计净值	债务及净损益	账面金额	确认数
用作担保的资产：			有担保的债务：		
……			……		
小计			小计		
普通资产：			普通债务：		
货币资金	45 800	45 800	应付员工费用	533 600	533 600
应收款项	262 960	210 400	应付税费	211 550	211 550
实物资产	710 000	532 500	其他普通债务	1 825 050	1 825 050
投资	524 200	445 600	小计	2 570 200	2 570 200
有转让价值的无形资产	320 000	256 000	债务合计	2 570 200	2 570 200
			破产净损益：		
小计	1 862 960	1 490 300	破产净收益	-707 240	-1 079 900
资产总计	1 862 960	1 490 300	债务及净损益总计	1 862 960	1 490 300

第四，管理人于 2019 年 1 月 20～31 日所进行的处置破产财产的会计分录均相同。因为破产宣告日会计报表（表 11-16）不同，所以编制的 2019 年 1 月 31 日的破产资产负债表与该期间的破产损益表也会不同，参见表 11-22 和表 11-23。

表 11-22 2019 年 1 月 31 日的破产资产负债表

单位：元

资产	账面金额	预计金额	债务及净损益	账面金额	确认数
用作担保的资产：			有担保的债务：		
……			……		
小计			小计		
普通资产：			普通债务：		
货币资金	136 882	136 882	应付员工费用	533 600	533 600
应收款项	158 960	127 200	应付税费	214 032	214 032
实物资产	692 400	514 900	其他普通债务	1 825 050	1 825 050
投资	524 200	445 600	小计	2 572 682	2 572 682
有转让价值的无形资产	320 000	256 000	债务合计	2 572 682	2 572 682
			破产净损益：		
小计	1 832 442	1 480 582	破产净收益	−740 240	−1 112 900
资产总计	1 832 442	1 480 582	债务及净损益总计	1 832 442	1 480 582

上表中，账面破产净收益 = 原破产净收益（−707 240）+ 出售半成品净收益（−3 000）− 破产费用（30 000）=−740 240 元。确认破产净收益 = 原破产净收益（−1 079 900）+ 出售半成品净收益（−3 000）− 破产费用（30 000）=−1 112 900 元。

表 11-23 2019 年 1 月 20 ～ 31 日的破产损益表

单位：元

项目	预计数	本期数	累计数
一、破产收益	−80 000	−3 000	−3 000
二、破产费用	664 000	30 000	30 000
1. 职工生活费	120 000	20 000	20 000
2. 诉讼费	400 000		

续表

项目	预计数	本期数	累计数
3. 设备设施维护费	20 000	6 000	6 000
4. 审计评估费	100 000		
5. 财产保管费	24 000	4 000	4 000
……			
三、土地使用权转让净收益		0	0
其中：土地使用权转让收入		0	0
安置职工支出		0	0
四、破产净收益	−744 000	−33 000	−33 000

第五，破产管理人于 2019 年 2 月 1 日至 4 月 30 日处置资产的会计分录以及该期间的破产损益表与清算会计是相同的，此处略。

第六，因为本例为破产例题，乙公司缺乏足够资金偿还所有债务。当乙公司足额偿还具有优先权的工薪负债和应交税费之后，无法足额偿还普通负债。那么，根据规定要按照比例偿还。因此需要如下计算：货币资金余额 =784 050 元，其他破产债权余额 = 原破产债权总额 2 570 200 − 支付所欠职工薪酬 533 600 − 缴纳原欠交税金 207 350− 缴纳原欠交其他应交款 4 200=1 825 050 元。偿还比例为 784 050/1 825 050=42.96%。因此，会计分录为：

借：借款　　378 842.76

　　应付票据　　86 521.44

　　其他应付款　　260 165.76

　　应付股利　　8 334.24

　　应付债券　　50 185.80

　贷：银行存款　　784 050

同时，针对不再清偿的其他债务转入破产损益，会计分录如下：

借：借款　　503 007.24

　　应付票据　　114 878.56

　　其他应付款　　345 434.24

应付股利　　11 065.76

应付债券　　66 614.20

贷：破产损益　　1 041 000

针对破产费用与土地使用权转让净收益转入破产损益，则与前例相同。但是，因为普通负债没有足额偿还，因此最后需要编制的债务清偿表也是有所差异的，见表 11-24。

表 11-24　2019 年 4 月 30 日的债务清偿表

单位：元

债务项目	账面金额	确认金额	偿还比例	实际需偿还金额	本期偿还金额	累计偿还金额	尚未偿还金额
有担保的债务							
××企业							
……							
小计							
普通债务：							
应付职工薪酬	533 600	533 600	100%	533 600	533 600	533 600	0
应付税费	380 464	380 464	100%	380 464	380 464	380 464	0
借款	881 850	881 850	42.96%	378 842.76	378 842.76	378 842.76	0
其中：××银行							
应付票据	201 400	201 400	42.96%	86 521.44	86 521.44	86 521.44	0
其中：××企业							
其他应付款	605 600	605 600	42.96%	260 165.76	260 165.76	260 165.76	0
其中：××企业							
应付股利	19 400	19 400	42.96%	8 334.24	8 334.24	8 334.24	0
其中：××企业							
应付债券	116 800	116 800	42.96%	50 185.80	50 185.80	50 185.80	0
其中：××企业							
小计	2 739 114	2 739 114		1 698 114	1 698 114	1 698 114	0
合计	2 739 114	2 739 114		1 698 114	1 698 114	1 698 114	0

第四节　企业重整会计

一、企业重整的会计影响

在前两节中介绍的清算、破产的会计影响包括基础概念、会计信息质量特征与会计处理（或会计报表）三方面。但是，对于企业重整，则没有这些会计影响。因为企业重整本质上体现为债权人的减免、债务企业股东的努力，是一项实现债务企业再生的制度安排。因为不是利用财产进行债务清偿，因此其对财务会计的影响与企业清算、破产都是不同的。其中，会计主体、会计分期、货币计量基础概念都没有变化，此时的持续经营仅仅是暂时的中止经营而非终止经营，当企业成长计划开始执行后，又恢复了持续经营的假设。

但是，我们将其与清算、破产进行合并介绍，是因为它们有着一定的共同特征，即暂时的非持续经营。该暂时仅仅适用于重整计划制定、审批的期间，之后要么因为重整计划得以批准而重新恢复到持续经营，企业重新由债务人管理，与传统会计没有差异，要么因为重整计划被否决而进入破产环节，成为企业破产会计之内容。

企业重整会计仅限于重整计划得以执行的一个特定期间，该期间开始于企业被申请破产后破产宣告之前的重整申请时，结束于重整计划的开始实施。企业重整计划被批准后，需要会计对该计划进行处理，其处理内容以债务（债权）重组为主，另外通常还包括着资本结构的变化。另外，当重整计划不被债务人执行，或者在执行过程中被人民法院裁定终止的，曾经让步债权人的让步部分要恢复成为（破产）债权。

因此，企业重整会计的核算内容包括以下三点：第一，重整计划中债务（债权）重组的处理。第二，重整计划中资本结构变化的处理。因为所有者权益构成项目的用途受制于《公司法》的限制，资本结构变化通常是股东的再次注资。第三，重整计划被提前终止后，债务（债权）重组获利（让步）恢复。

二、企业重整主要方式

（一）以资产清偿债务

以资产清偿债务指债务人转让其资产给债权人以清偿债务的债务重组方式。债务人通常用于偿债的资产主要有：现金、债券投资、股权投资、存货、固定资产、无形资产等。这里所指的现金包括库存现金、银行存款和其他货币资金。在债务重组的情况下，以现金清偿债务，是指以低于债务的账面价值的现金清偿债务。如果以等量的现金偿还所欠债务，则不属于本章所指的债务重组。

（二）将债务转为资本

将债务转为资本指债务人将债务转为资本，同时债权人将债权转为股权的债务重组方式。但债务人根据转换协议，将应付可转换公司债券转为资本的，则属于正常情况下的债务转为资本，不能作为本章所指债务重组。

债务转为资本时，对股份有限公司而言，是将债务转为股本，对其他企业而言，是将债务转为实收资本。将债务转为资本的结果是：债务人因此而增加股本（或实收资本），债权人因此而增加股权。

（三）修改其他债务条件

修改其他债务条件指修改不包括上述第一、第二种情形在内的债务条件进行债务重组的方式，如减少债务本金、降低利率、免去应付未付的利息、延长偿还期限等。

另外还可以将以上三种方式进行组合，共同清偿债务。例如，以转让资产清偿某项债务的一部分，另一部分债务通过修改其他债务条件进行债务重组。

（四）改变资本结构

改变资本结构即减少实收资本，调整所有者权益不同项目之间的金额。具体方法虽然有多种，但原则是一条：即债务企业股东应当投入资本、弥补亏损，以减轻债务企业负担、提高盈利能力，促使债务企业尽快得以再生。

三、企业重整会计处理举例

（一）以现金清偿债务

以现金清偿债务的，债务人应当在满足金融负债终止确认条件时，终止确认重组债务，并将重组债务的账面价值与实际支付现金之间的差额计入当期损益。债权人应当将重组债权的账面余额与收到的现金之间的差额，计入当期损益（营业外支出）。债权人已对债权计提减值准备的，应当先将该差额冲减减值准备，冲减后尚有余额的，计入营业外支出（债务重组损失），冲减后减值准备仍有余额的，应予转回并抵减当期资产减值损失。

【例 11-3】甲企业于 2019 年 1 月 20 日销售一批材料给乙企业，不含税价格为 200 000 元，增值税税率为 17%，按合同规定，乙企业应于 2019 年 4 月 1 日前偿还货款。由于乙企业发生财务困难，无法按合同规定的期限偿还债务，经双方协商于 7 月 1 日进行债务重组。债务重组协议规定，甲企业同意减免乙企业 30 000 元债务，余额用现金立即偿清。甲企业已于 7 月 10 日收到乙企业通过转账偿还的剩余款项。甲企业已为该项应收债权计提了 20 000 元的坏账准备。

对于上述业务，债务人乙企业的账务处理如下：

（1）计算债务重组利得。

债务重组利得 = 应付账款账面余额 − 支付的现金 = 234 000 − 204 000 = 30 000

（2）编制会计分录。

借：应付账款　　234 000

　贷：库存现金　　204 000

　　营业外收入——债务重组利得　　30 000

但是，如果企业重整计划失败而终止后，债务人需要将上述所得债务重组利得转回，以使得债权人的债权得以全面反映。债务人最为简单的做法就是采用红字冲回。

（二）以非现金资产清偿债务

债务人以非现金资产清偿债务的，应当在符合金融负债终止确认条件时，终止确认重组债务，并将重组债务的账面价值与转让的非现金资产的公允价值之间的差额计入当期损益（营业外收入）。转让的非现金资产的公允价值与其账面价值的差额为转让资产损益，计入当期损益。

债务人在转让非现金资产的过程中发生的一些税费，如资产评估费、运杂费等，直接计入转让资产损益。对于增值税应税项目，如债权人不向债务人另行支付增值税，则债务重组利得应为转让非现金资产的公允价值和该非现金资产的增值税销项税额与重组债务账面价值的差额，如债权人向债务人另行支付增值税，则债务重组利得应为转让非现金资产的公允价值与重组债务账面价值的差额。

债务人以非现金资产清偿债务，债权人在债务重组日，重组债权的账面价值与受让的非现金资产的公允价值之间的差额在满足金融资产终止确认条件时，计入当期损益。债权人已对债权计提减值准备的，应当先将该差额冲减减值准备，冲减后尚有余额的，计入营业外支出，冲减后减值准备仍有余额的，应予转回并抵减当期资产减值损失。

对于增值税应税项目，如债权人不向债务人另行支付增值税，则增值税进项税额可以作为冲减重组债权的账面余额处理，如债权人向债务人另行支付增值税，则增值税进项税额不能作为冲减重组债权的账面余额处理。

债权人收到非现金资产时，应按受让的非现金资产的公允价值计量。债权人发生的运杂费、保险费等，也应计入相关资产的价值。

1. 以库存材料、商品产品抵偿债务

债务人以库存材料、商品产品抵偿债务，应视同销售进行核算。企业可将该项业务分为两部分：一是将库存材料、商品产品出售给债权人，取得货款。出售库存材料、商品产品业务与企业正常的销售业务处理相同，其发生的损益计入当期损益。二是以取得的货币清偿债务。但在这项业务中并没有实际的货币流入与流出。

【例 11-4】甲公司欠乙公司购货款 350 000 元。由于甲公司财务发生困难，短期内不能支付已于 2019 年 5 月 1 日到期的货款。2019 年 7 月 10 日，经双方协商，乙公司同意甲公司以其生产的产品偿还债务。该产品公允价值为 200 000 元，实际成本为 120 000 元。甲公司为增值税一般纳税适用的增值税税率为 17%。乙公司于 2019 年 8 月 10 日收到甲公司抵债的产品，并作为产成品入库，乙公司对该项应收账款计提了 50 000 元的坏账准备。

债务人甲公司的账务处理如下：

①计算债务重组利得。

债务重组利得 = 应付账款的账面余额 − 所转让产品的公允价值 − 增值税销项税额 = 350 000 − 200 000 − 200 000 × 17% = 116 000

②编制会计分录。

借：应付账款　　350 000

　贷：主营业务收入　　200 000

　　应交税费——应交增值税（销项税额）　　34 000

　　营业外收入——债务重组利得　　116 000

2. 以固定资产抵偿债务

债务人以固定资产抵偿债务，应将固定资产的公允价值与该项固定资产账面价值和清理费用的差额作为转让固定资产的损益处理。将固定资产的公允价值与重组债务的账面价值的差额作为债务重组利得。债权人收到的固定资产按公允价值计量。

【例 11-5】甲公司于 2013 年 1 月 1 日销售给乙公司一批材料，含税价值 400 000 元，按购销合同约定，乙公司应于 2013 年 10 月 31 日前支付货款。但至 2019 年 1 月 31 日乙公司尚未支付货款。由于乙公司发生财务困难，短期内不能支付货款。2019 年 2 月 3 日，经过协商，甲公司同意乙公司以一台设备偿还债务。该项设备的账面原价为 350 000 元，已提折旧 50 000 元，设备的公允价值为 360 000，假设企业转让该项设备不需要交纳增值税。甲公司对该项应收账款提取坏账准备 20 000 元。设备已于 2019 年 3 月 10 日运抵甲公司。假定不考虑与该项债务重组相关的税费。

债务人乙公司的账务处理如下：

①计算固定资产清理损益。

处理固定资产净收益 = 固定资产公允价值 − 固定资产净值 = 360 000 − 300 000 = 60 000

②计算债务重组利得。

债务重组利得＝应付账款的账面余额－固定资产公允价值＝400 000－360 000＝40 000

③编制会计分录。

首先，将固定资产净值转入固定资产清理：

借：固定资产清理　　300 000

　　累计折旧　　50 000

　贷：固定资产　　350 000

其次，结转债务重组利得：

借：应付账款　　400 000

　贷：固定资产清理　　360 000

　　　营业外收入——债务重组利得　　40 000

最后，结转转让固定资产的利得：

借：固定资产清理　　60 000

　贷：营业外收入——处置固定资产利得　　60 000

3. 以股票、债券等金融资产抵偿债务

债务人以股票、债券等金融资产抵偿债务，应按相关金融资产的公允价值与其账面价值的差额，作为转让金融资产的利得或损失处理，相关金融资产的公允价值与重组债务的账面价值的差额作为债务重组利得。债权人收到的相关金融资产按公允价值计量。

【例 11-6】甲公司于 2018 年 7 月 1 日销售给乙公司一批产品 450 000 元（包括应收取的增值税税额），乙公司于当日开出六个月承兑商业汇票。乙公司于 2018 年 12 月 31 日尚未支付货款。由于乙公司发生财务困难，短期内不能支付货款。经协商，甲公司同意乙公司以其所拥有并作为以公允价值计量且其变动计入当期损益的某公司股票抵偿债务。股票的账面价值 400 000 元（为取得时的成本），公允价值 380 000 元，乙公司将该股票作为可供出售的金融资产。假定甲公司为该项应收账款提取了账准备 40 000 元。用于抵债的股票已于 2019 年 1 月 22 日办理了相关转手续，甲公司将取得的某公司股票作为以公允价值计量且其变动计入当期损益的金融资产。甲公司已将该项应收票据转入应收账款，乙公司已将应付票据转入应付账款。

债务人乙公司的账务处理如下：

①计算债务重组利得。

债务重组利得＝应付账款的账面余额－股票的公允价值＝450 000－380 000＝70 000

②计算转让股票收益。

转让股票损益 = 股票的公允价值 − 股票的账面价值 = 380 000 − 400 000 = −20 000

③编制会计分录。

借：应付账款　　　　　　　　　　　　　　　　450 000
　　投资收益　　　　　　　　　　　　　　　　20 000
　贷：交易性金融资产　　　　　　　　　　　　　400 000
　　　营业外收入——债务重组利得　　　　　　　　70 000

4. 将债务转为资本

债务人为股份有限公司时，债务人应当在满足金融负债终止确认条件时，终止确认重组债务，并将债权人因放弃债权而享有股份的面值总额确认为股本，股份的公允价值总额与股本之间的差额作为资本公积。重组债务的账面价值与股份的公允价值总额之间的差额作为债务重组利得，计入当期损益（营业外收入）。

债务人为其他企业时，债务人应当在满足金融负债终止确认条件终止确认重组债务，并将债权人因放弃债权而享有的股权份额确认为实收资本，股权的公允价值与实收资本之间的差额确认为资本公积。重组债多面价值与股权的公允价值之间的差额作为债务重组利得计入当期损益（营业外收入）。

债权人在债务重组日，应当将享有股权的公允价值确认为长期股权投资，重组债权的账面余额与因放弃债权而享有的股权的公允价值之差额，先冲减已提取的减值准备，减值准备不足冲减的部分（或未提取损失准备的）将该差额确认为债务重组损失。以债务转为资本，债权人应将因放弃债权而享有的股权按公允价值计量。发生的相关税费，分别按长期股权投资或者金融工具确认计量的规定进行处理。

【例 11-7】2019 年 7 月 1 日，甲公司应收乙公司账款的账面余额为 60 000 元，由于乙公司发生财务困难，无法偿付该应付账款。经双方协商同意，乙公司以其普通股偿还债务。假定普通股的面值为 1 元，乙公司以 20 000 股抵偿该项债务，股票每股市价为 2.5 元。甲公司对该项应收账款计提了坏账准备 2 000 元。股票登记手续已于 2019 年 8 月 9 日办理完毕，甲公司将其作为长期股权投资核算。

债务人乙公司的账务处理如下：

①计算应计入资本公积的金额。

应计入资本公积 = 股票的公允价值 − 股票的面值总额 = 50 000 − 20 000 =30 000

②计算债务重组利得。

债务重组利得 = 债务账面价值 − 股票的公允价值 = 60 000 − 50 000 = 10 000

③编制会计分录。

借：应付账款　　　　　　　　　　　　60 000

　贷：股本　　　　　　　　　　　　　　20 000

　　　资本公积——股本溢价　　　　　　30 000

　　　营业外收入——债务重组利得　　　10 000